현대인을 위한 고전 다시 읽기 06

한비자

1

06 현대인을 위한 고전 다시 읽기

韓非子

한비자 1

【박건영 이원규 평역】

청아출판사

머리말

 본 역서 《한비자》는 중국의 고전 명저로 지금으로부터 약 2200여 년 전B.C.235년 이전에 한비韓非라는 한 불우한 사상가에 의해 쓰인 책이다.

 이 책이 쓰였던 전국시대戰國時代는 중국 역사상 어느 시대에도 비견할 수 없을 만큼 혼란했던 시기로 각 제후국 간에는 '약육강식弱肉强食'의 논리만이 존재하여 온 중국 천하는 전란이 그칠 날이 없었다.

 이런 시대 상황 속에서 자신의 정치 이념을 앞세워 군주들을 계도하고자 하는 재사才士들이 무수히 나오게 되었으니 이 시대를 '제자백가諸子百家' 혹은 '백가쟁명百家爭鳴'의 시기라고도 한다. 유가儒家, 도가道家, 묵가墨家, 명가名家, 병가兵家, 법가法家 들과 또 각 학파 내의 개인적 편차를 지닌 사상들이 있었으니 실제 '백가百家' 이상의 무수한 주의주장이 나왔던 것이다.

 한비는 전국시대 말기 한韓나라의 서얼庶孼 공자公子로 그의 부친은 한의 이왕釐王이거나 혹은 환혜왕桓惠王일 것으로 추측되며, 서얼 태생이어서 세를 얻지 못했다. 그는 전란이 끊이지 않던 전국시기에 태어나 자랐으며 한나라는 당시에 가장 쇠약한 국가로 늘 외침을 당하고 조정의 정치는 중신들의 손아귀에서 놀아났다. 그는 선배 법가들인 관중管仲, 자산子産, 오기吳起, 상앙商鞅 등의 성취를 이해하고, 신불해申不害가 한韓 소후昭侯를 보좌하여 나라가 잘 다스려지고 국력이 강해져서 제후들이 감히 침범하지 못했던 사례들로부터 큰 영향을 받았다. 그래서 형명刑名, 법술法術의 사상을 본받고 궁구하고자 노력했다. 초楚나라로 가서 당시 유가의 종사宗師였던 순경荀卿에게서 가르침을 받았는데, 훗날 진秦의 승상이 된 이사李斯가 그와 함께 공부했다. 이사는 자신의 재주가 그에게 미치지 못한다고 생각했고, 끝내는 이런 마음에서 한비를 시기하기에 이르렀다.

한비는 한나라로 돌아온 후에 법치를 시행하여 나라를 부강하게 하자는 주장을 한왕에게 거듭 건의하였다. 그러나 그는 언변이 뛰어나지 못했으며 심지어 말을 더듬는 버릇까지 있었다. 결국 권신들의 제지를 받아 그의 주장은 채택되지 않았다. 이에 발분하여 저술을 시작하였고 현재 편명으로 보이는 〈고분孤憤〉, 〈오두五蠹〉, 〈내외저설內外儲說〉, 〈세난說難〉 등 십여 만

자에 달하는 글을 쓰게 되었다.

그의 저술이 세상에 전해지면서 서쪽으로 진나라에까지 들어가게 되었는데 진秦 시황始皇이 그의 책을 읽은 후 "내가 이 사람을 만나보고 이야기를 나눌 수 있다면 죽어도 여한이 없겠다."라고 말할 정도로 감탄하였다고 한다. 그때 진의 승상으로 올라 있던 이사가 이 책은 한비가 지은 것이라고 왕에게 알려 주었다. 후에 진이 한을 공격하려고 하자 한왕은 한비를 진으로 파견하여 침공을 막으려고 하였다.

진왕 정政 13년B.C.234년, 한비는 함양咸陽에 이르러 진 시황을 알현했다. 그는 진왕에게 한은 존속시키고 조趙나라를 치는 것이 진에게 유리하다고 진언하며 진의 대신 요가姚賈의 주장을 공박하였다. 진왕은 한비가 아주 마음에 들었으나 그의 주장은 신임하지 않았다. 이때 이사는 한비의 재주에 대한 시기심이 발동하여 그가 진에서 중용될 것을 두려워한 나머지 요가와 연합하여 한비를 공격하였다. 그들은 한비가 한의 공자이므로 그가 진에 온 진짜 목적은 한을 돕고자 하는 것이지 진을 위해 이로운 의견은 내지 않을 것이라는 건의를 올렸다. 또 그가 진에 오래 머물렀기 때문에 진의 사정을 깊이 알게 되었으니 만일 한으로 돌아간다면 반드시 진에 불리할 것이므로 죄를 씌워서 처형해야 할 것이라는 의견을 왕에게 올렸다. 진왕은 그들의 말을 받아들여 한비를 감옥에 가두었다. 한비는 진왕에게 상소를 올리고자 했으나 허락되지 않았고, 이사는 은밀히 그에게 독약을 보내 자살하도록 만들었다.

진왕 정 14년, 한비는 운양雲陽에 있는 옥중에서 마침내 죽고 말았다. 그즈음 진왕은 한비에 대한 처사를 후회하여 사람을 보내 그를 사면하고자 했으나 이미 한비는 사망한 후였다.

이상이 한비라는 사상가의 인생 역정이다. 책의 내용을 읽기 전에 한비라는 인간 개인에 대한 이해가 필요하리라 생각되어 여기에 소개하였다.

그간 《한비자》의 초역抄譯이 많았던 이유는 원문의 양이 방대하기 때문이라 생각되며 그런 사정에 비추어볼 때 완역을 출판하고자 기획한 것은 동양 고전의 번역에 큰 기여를 한 것이라 생각한다.

역자 일동

한비자 1

차례

머리말 4

【첫 번째 장】 군주가 군주다우려면

1. 초견진初見秦 14
2. 존한存韓 28
3. 난언難言 42
4. 애신愛臣 50
5. 주도主道 56
6. 유도有度 64
7. 이병二柄 76
8. 양권揚權 84
9. 팔간八姦 98
10. 십과十過 108
11. 고분孤憤 142
12. 세난說難 154
13. 화씨和氏 164

14. 간겁시신 姦劫弑臣 170

15. 망징 亡徵 194

【두 번째 장】 법도를 세워 원칙을 지키다

16. 삼수 三守 210

17. 비내 備內 216

18. 남면 南面 226

19. 식사 飾邪 236

20. 해로 解老 254

21. 유로 喩老 298

22. 세림 說林 상上 322

23. 세림 說林 하下 348

24. 관행 觀行 368

25. 안위 安危 372

26. 수도 守道 380

27. 용인 用人 386

28. 공명 功名 394

29. 대체 大體 400

한비자 2

차례

머리말 4

【세 번째 장】 현명한 군주의 치도

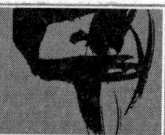

30. 내저설內儲說 상上 14
31. 내저설內儲說 하下 50
32. 외저설外儲說 좌상左上 88
33. 외저설外儲說 좌하左下 130
34. 외저설外儲說 우상右上 164
35. 외저설外儲說 우하右下 210
36. 난難 일一 244
37. 난難 이二 266
38. 난難 삼三 282
39. 난難 사四 302
40. 난세難勢 314

【네번째 장】 국가를 보전하려면

41. 문변問辯 326
42. 문전問田 330
43. 정법定法 334
44. 설의設疑 340
45. 궤사詭使 356
46. 육반六反 366
47. 팔설八說 382
48. 팔경八經 396
49. 오두五蠹 416
50. 현학顯學 442
51. 충효忠孝 458
52. 인주人主 468
53. 칙령飭令 474
54. 심도心度 480
55. 제분制分 486

현명한 군주는
도처럼 유일하게 홀로 존재하는 그 위치를 중히 여기고
또 그렇게 되도록 해야 한다.
군신의 도는 각각 다른 것이다.
신하는 군주에게서 진언을 통해 복을 구하고
군주는 그 명을 조정하며 다시 신하로 하여금
일의 결과를 통하여 충성을 다하게 한다.
이로써 신하의 진언과 그 결과가 일치하게 된다면
상하 군신이 조화를 이룰 수 있다.

- 〈양권〉 중에서

韓非子

一.
초견진

초견진初見秦은 한비가 진秦으로 와서 진 시황을 처음 알현하게 되었을 때 올린 글처럼 되어 있다. 그러나 이는 옛날 사람들이 잘못 넣은 것으로 《전국책戰國策》〈조책趙策〉에 "장의세진왕왈張儀說秦王曰" 하고 이하 본문과 같은 글이 수록되어 있다. 하지만 장의張儀 역시 글쓴이는 아닌 것으로 보이며 작자 미상의 글이다. 본문 중의 진왕은 대략 진 소왕昭王으로 고증되며, 내용은 합종책을 깨고 패왕霸王에 오를 수 있는 책략을 왕에게 상소한 것이다.

 신이 듣건대 "알지 못하면서 말을 꺼내는 사람은 지혜롭지 못한 사람이며, 알면서도 말하지 않는다면 불충한 사람이다."라고 합니다. 신하는 충성을 다하지 않으면 죽어 마땅한 것이지만, 또한 말을 상주하였어도 그 말이 부당한 것일 때는 마땅히 죽음을 감수해야 할 것입니다. 비록 그렇다고 할지라도 소신은 들은 바를 모두 아뢰고자 하오니 대왕께서는 저의 죄를 헤아려 단죄하여 주십시오.

 지금 천하의 제후들은 조趙나라를 중심으로 하여 북쪽으로는 연燕나라, 남쪽으로는 위魏나라와 연합하고, 또한 형荊나라와도 결탁하여 제齊나라를 강력하게 해 주며, 거기에 한韓나라까지 끌어들여 합종合從의 맹약을 세운다면, 서쪽으로 강대한 진秦나라와 대적할 수 있으리라 생각하고 있습니다. 그러나 신은 마음속으로 그들을 비웃어 봅니다. 천하에는 세 가지 패망의 원인이 있는데, 육국(六國, 함곡관 동쪽의 초, 연, 제, 한, 위, 조나라를 통칭)은 저마다 그 요소들을 가지고 있으면서 강국인 진나라를 치려고 하기 때문입니다. 그들이 지금껏 실패를 겪어 온 원인은 다른 데 있는 것이 아닙니다. 들건대 "안으로 혼란을 겪고 있는 국가가 치세를 누리는 국가를 공격하면 망할 것이요, 사악한 정부의 국가가 정도를 가는 국가를 공격한다면 망할 것이며, 패역무도한 국가가 순리를 따르는 국가를 공격한다면 망할 것이다."라고 합니다.

지금 천하 육국은 모두 국고가 바닥나고 창고의 양식도 떨어졌는데, 그럼에도 많은 백성들을 징발하여 수십만에서 백만에 이르는 군대를 거느리고 있습니다. 그러나 그들 중에 머리에 투구를 쓰고 등에는 깃으로 장식한 화살 전통을 메고 장군이 되어 앞장서서 죽음을 무릅쓰겠다고 하는 자는 일천 명도 되지 않습니다. 지금은 수많은 군사들이 하나같이 결사를 외치고 있지만 실제로 전투에 임해서 교전이 벌어지면 비록 뒤에서 부질(斧質, 죄인의 허리를 베는 도끼)로 몰아세운다 하여도 모두 달아나며 목숨을 아까워할 것입니다. 이것은 그 백성들이 희생하려고 하지 않아서라기보다는 위에서 군주가 백성의 마음을 장악하지 못해서입니다. 상을 준다고 하고는 주지 않고 벌을 내린다고 하고는 실행하지 않으니 상벌을 불신하는 까닭에 백성들이 자신을 희생하고자 하지 않는 것입니다.

지금 진나라는 영을 내려 상벌을 분명히 시행하고, 공이 있고 없고는 반드시 사실을 근거로 결정하고 있습니다. 그래서 백성 중에 막 부모의 품에서 나와 생전 적군을 본 적 없는 사람이라도 전쟁이 벌어질 것이란 말만 들으면 격분하여 땅을 박차고 달려와 맨몸으로 적의 칼에 대항하고 불타는 숯불도 밟고 앞장서 목숨을 던질 수 있게 된 것입니다. 죽음을 각오하고 싸우는 것과 반드시 살아남기를 바라는 것이 하늘과 땅 차이라는 것은 두말할 나위도 없습니다. 이처럼 백성들이 자신을 희생하고자 하는 것은 군주가 백성의 분투와 전사를 귀하게 여기고 공이 있는 자에게는 반드시 상을 내리는 까닭에서입니다. 그 결과 한 사람이 결사를 각오한다면 열 명을 당해 낼 수가 있고, 그런 자가 열 명이면 백 명을 상대할 수 있고, 백 명을 가졌다면 천 명을 상대할 수 있고, 만 명이면 천하를 이길 수 있습니다.

 진나라의 영토는 사방 천 리에 달하며, 위세를 떨치는 군대 또한 백만에 달하고 있습니다. 명령체계와 상벌제도가 엄정하고, 지형의 이로움이 온 천하에서 비할 나라가 없으므로 천하와 겨루어도 전부를 굴복시키기에 어렵지 않습니다. 그러므로 진나라가 싸워서 이기지 못한 적이 없었고,

공격하여 점령치 못한 곳이 없었고, 맞서는 적을 격파하지 못한 적이 없었으니 영토를 수천 리나 넓힌 것은 큰 성과라고 아니할 수 없습니다. 그런데 오히려 지금 군사력은 무디어졌고 백성들은 지쳐 병들었으며 축적됐던 힘은 고갈하였고 논밭도 황폐하며 창고도 비었으니 사방 제후들이 불복하는 지경에까지 이르렀습니다. 이렇듯 패왕의 위명을 이루지 못하게 된 까닭은 다름이 아니라 바로 지혜를 내어야 할 신하들이 그 충성을 다하지 않았기 때문입니다.

신이 감히 말씀드리거니와 지난날 제나라는 남쪽으로 형 땅을 파하고 또 동쪽으로 송宋을 깨뜨렸으며, 서쪽으로는 진을 복종시켰고 북으로는 연을 격파하면서 중원에 있는 한, 위 두 나라도 거느릴 수 있었습니다. 영토가 넓고 병사가 강했으니 싸우면 이겼고 공격하면 취할 수 있었으므로 천하를 호령할 수 있는 지위에까지 올랐었습니다. 그런 제나라에 지형적으로 제수濟水와 황하가 천연의 국경이 되고, 또 인공적으로 장성을 쌓아 방책을 마련하니 물샐틈없는 방어가 구축되었습니다. 하지만 다섯 차례의 전쟁에서 승리하며 패배를 몰랐던 강한 제나라도 단 한 번의 전투에서 패하자 거의 멸망의 지경에 이르렀습니다. 이로 보건대 무릇 전쟁이란 전차 만 대를 보유한 대국일지라도 존망이 걸린 문제인 것입니다. 그래서 "후환이 없으려면 뿌리를 남기지 말 것이며, 화 될 일과 가까이 말아야 화가 미치지 않을 것이다."라고 합니다.

진나라는 형(荊. 楚를 낮추어서 부르는 이름. 당시 중원의 국가들은 남쪽에 있는 초나라를 야만족이라 여겨서 그렇게 불렀다)과 전쟁을 하여 크게 격파하고 형의 수도인 영郢으로 쳐들어가 점령한 적이 있었습니다. 당시 계속해서 형 땅에 있는 동정洞庭, 오호五湖, 강남江南 지방을 공략하였으므로 형왕은 동쪽의 진陳으로 달아나 몸을 숨겼습니다. 그때 계속 형왕을 추격하였더라면 형을 멸망시킬 수 있었을 것입니다. 형을 멸망시킬 수 있었더라면 진나라 백성들은 풍족한 생활을 누릴 수 있었을 것이고 지형의 이로움도 얻게 되었을 것이니, 동쪽으로 제나라와 연나라의 세력은 약화되고 중원 삼진(三晉. 중원의 강대했던 진晉에서 분열한 한, 위, 조 삼국을 합칭)도 손에 넣을 수 있었을 것입니다. 그런즉 일거에 패왕의 자리에 오르게 되고 사방의 제후로 하여금 조공을 바치게 할 수 있었을 것입니다. 그러나 왕 곁에 있는 모신謀臣들이 그렇게 하지 않고 형나라와 화친을 체결하였습니다. 그것은 형으로 하여금 망국을 수습하여 흩어진 백성들을 모으고, 다시 사직과 종묘를 관장할 수 있게 하여 나라를 재건하게 하는 기회를 줘 버린 것입니다. 이제는 천하를 영도하여 서쪽을 향하니 진나라에는 어려운 상대가 되었습니다. 이것이 패왕에 오를 기회를 잃게 한 첫 번째 원인입니다.

둘째로 천하 제후가 다시 연합하여 화양華陽의 아래에 모여 진나라를 치고자 하였을 때 왕께서는 적의 군사와 맞서서 격파하라고 명하셨습니다. 그때 계속해서 병사를 몰아 위나라의 수도인 양梁의 도성까지 추격하였을 때, 몇십 일 동안만 포위하였더라면 함락시킬 수 있었고 위나라는 멸망하였을 것입니다. 위나라를 멸하게 되면 형과 조의 동맹관계를 끊을 수 있고 그 관계가 해체되면 조나라는 위태로움에 빠지고 형나라는 고립될 것이니, 동쪽으로는 제와 연의 세력을 약화시키고 중원의 삼진을 손에 넣을 수 있었을 것입니다. 그런즉 일거에 패왕의 자리에 오르게 되고 사방 제후의 조공을 받을 수 있었을 텐데, 모신들이 그렇게 하지 않고 군대를 철수시키고 위나라와 화친하였던 까닭에 이루지 못했던 것입니다. 그 틈에 위나라는 망국을 수습하여 흩어졌던 사람들을 모으고 사직을 세우며 종묘를 재건하여 다시 일어설 수 있게 되었던 것입니다. 이젠 천하를 영도하여 서쪽으로 진나라에 어려운 상대가 되었으니 이것이 패왕에 오를 기회를 잃은 두 번째 원인입니다.

예전에 재상 양후穰侯가 진나라의 국정을 담당하고 있을 때 나라의 군대를 이끌고 멀리 제나라로 원정을 나서며 나라를 위해서라는 명분을 내세웠지만 실상 그는 자신의 봉읍을 넓히고자 하는 욕심에서 출정하였던 것입니다. 이 때문에 병사들은 국외에서 평생토록 고초를 겪어야 했으며 국내의 백성들은 지치고 병들게 되었으니 이것이 패왕이 되지 못한 세 번째 원인입니다.

조나라는 북쪽의 연나라, 동쪽의 제나라, 남쪽의 위나라, 서쪽의 한나라로 둘러싸인 중앙에 있는 나라입니다. 그래서 이웃 백성들이 옮겨 와 뒤섞여 살고 있으며 그 백성들도 이해타산에 밝아 전투에 쓰기가 어렵습니다. 상급의 명령대로 다스려지지 않고 상벌도 공평치 못하며, 게다가 지형적으로 사방을 경계해야 하는 불리함에 처했으니 국가는 그 백성의 힘을 응집할 수가 없습니다. 이것은 망국의 형세임에도 백성들을 돌아보지 않고 몰아세워, 장평長平의 아래로 진출해서는 한나라의 상당上黨 지방을 차지하고자 하니 진나라와의 일전이 불가피하게 되었습니다. 대왕께서 조칙을 내려 격파하라 하시매 조나라 무안武安 땅까지 점령하게 되었는데 당시 조나라는 상하 계급 간에 반목과 불신으로 가득했으므로 수도인 한단邯鄲조차 방비할 수 없었습니다. 그때 한단을 함락시켰으면 태행산太行山 동쪽의 땅과 하간河間의 땅은 자연히 손안에 들어왔을 것이며, 계속 진군하여 서쪽으로 수무修武 지역을 치고 태행의 양장도羊腸道를 넘어 공격하였다면 대代와 상당의 두 지역을 항복시킬 수 있었을 것입니다. 그러면 대 지방의 46현과 상당의 70현은 1개 조의 기갑대도 쓰지 않고 한 명의 백성도 고생시킴 없이 진나라가 차지할 수 있었을 것입니다.

제와 연 또한 이 좋은 기회를 놓치지 않을 것이니, 마찬가지로 전쟁을 치르지도 않고 조나라의 영토인 동양東陽과 하외河外 지역은 제나라가 가져가고, 중산中山과 호타呼沱의 북쪽은 연나라가 차지하게 되었을 것입니다. 그런즉 조나라는 멸망할 것이며 조가 멸망하면 한나라도 망하게 될 것이고, 한이 망하면 형나라와 위나라도 위태로워질 것입니다. 이것이 바로 일거에 한을 붕괴시키고 위에 해를 입히며 형을 누름으로써 동쪽으로 제와 연도 약화시키는 것입니다. 또한 백마白馬 나루의 하구를 터서 위나라의 도성을 물에 잠기게 했다면 일거에 삼진을 멸망시키는 것이니 합종책으로 진나라에 대항하려는 자들은 패배하고 말았을 것입니다. 대왕께서는 팔짱만 끼고 기다리셔도 천하는 차례로 복속되었을 것이며 패왕의 위명도 이룰 수 있었을 것입니다.

그러나 모신들이 그렇게 하지 않고 군대를 철수시키고 다시 조나라와 화친을 맺었습니다. 대왕의 영명하심과 진의 강한 병사로도 패왕의 위업을 이루지 못하였을 뿐만 아니라 땅조차도 얻지 못하고 망해 가는 조나라에 도리어 속임만 당했으니 이것은 모신들이 어리석었던 때문입니다. 다시 말해서 조나라는 망해야 하는데 망하지 않고, 진나라는 패자霸者가 되어야 하는데 되지 못했다는 사실은 천하의 제후들이 이미 진나라의 모신들이 무능함을 간파하고 있다는 것으로 이것이 첫 번째 실패입니다.

다시 대군을 출동시켜 조의 한단을 공격하였지만 함락시키지 못하고 도리어 갑옷을 버리고 활을 둘러멘 채 허둥지둥 퇴각한 것은 천하 제후들이 진나라의 군사력을 헤아리고 있다는 것으로 이것이 두 번째 실패입니다.

이어 군대를 전면 후퇴시켜 이하李下에 집결하였다가 대왕께서 증파하신 군사와 합류하여 조, 위, 형의 연합군과 재차 접전을 벌였으나 여전히 이길 수가 없었습니다. 또한 보급품을 계속 수송할 수 없게 되고 사상자가 늘어나니 더 이상 버틸 방법이 없어졌습니다. 어쩔 수 없이 귀환할 수밖에 없었는데, 이는 천하 제후가 진나라의 국력을 이미 꿰뚫어 보고 있었던 것으로 이것이 세 번째 실패인 것입니다.

각국의 제후들은 대내적으로 진나라의 모신들이 내는 지략을 모두 간파하고 있으며 대외적으론 진의 군사력을 소모시켜 놓았습니다. 이로 보건대 이제 천하가 합종으로써 진에 대항한다면 어렵지 않게 그들의 뜻을 이루리라 생각합니다. 현재 진나라는 대내적으로는 잦은 전쟁 때문에 국민이 피폐한 상태이며 비축했던 재화도 고갈되었고, 전답은 황폐하여 재생산이 원활하지 않아 국고도 비어 있습니다. 한편 대외정세는 천하가 담합하여 결속을 강화하고자 하고 있습니다. 원컨대 대왕께서는 깊이 유념하시기 바랍니다.

또한 신이 듣기로 "조심하고 경계하며 날로 신중함을 더하라. 진실로 신중히 정치할 수 있다면 천하를 얻을 수 있을 것이다."라는 말이 있습니다. 어째서 그러함을 알 수 있겠습니까?

지난날 은殷나라의 주(紂, 은왕조의 마지막 왕으로 중국 역사상 폭군의 대명사로 불린다)가 천자로 있었을 때, 천하의 군사 백만을 거느리고 왼편으로는 기수淇水의 골짜기에서 말에게 물을 먹이고 오른편으로는 원수洹水의 계곡에서 먹였더니, 강물이 모자라서 기수는 말라 버렸고 원수는 흐르지 못할 정도로 엄청난 대군이었습니다. 무장한 백만의 군사로 주周나라의 무왕武王과 결전하게 되었는데 무왕은 불과 삼천 명의 병사로 단지 하루 동안의 전투에서 은나라의 도성을 함락시키고 주왕을 사로잡았습니다. 무왕이 은의 땅을 취하고 그 백성을 통치하게 되었지만 천하에 어느 누구도 주왕을 가련히 여기는 사람이 없었습니다.

지백(智伯, 진晋의 육경六卿 중의 한 사람)이 한, 위와 동맹을 맺고 함께 군사를 일으켜 진양晋陽에서 조나라를 공격하였습니다. 강의 물줄기를 성벽 쪽으로 돌려 삼 개월 동안 흐르게 하였더니 포위된 진양성은 물에 잠겨 어쩔 수 없이 항복해야 할 지경에 이르렀습니다. 조趙 양자襄子는 거북의 등껍데기에 점괘를 새겨 불에 구워서는 갈라진 모양으로 운수를 보기도 하고 산가지로 길흉을 예측해 보면서 어떻게 하는 것이 유리하며 어느 나라와 교섭하는 것이 좋은가도 따져 보았습니다. 그러고는 신하 장맹담張孟談을 시켜 비밀리에 성을 나가 한, 위 두 나라로 하여금 지백과의 맹약을 배신하게 하고는 그들과 합세하여 도리어 지백을 공격하니 지백은 사로잡히는 신세가 되고 말았습니다. 그래서 조 양자는 원래의 상태로 회복할 수 있었습니다.

지금 진나라의 영토는 긴 곳을 떼어 짧은 곳에 보태어 보면 사방 천 리나 되며 용맹한 병력 또한 백만에 달합니다. 중앙의 명령은 하급기관에서 잘 지켜지며 상벌도 엄정하고 지형적으로도 유리하므로 천하에 비할 만한 국가가 없습니다. 이로써 온 제후국들과 대적함에 천하를 손에 넣고도 남음이 있습니다. 그런 까닭에 신이 죽음을 무릅쓰고 감히 대왕을 알현하고자 한 것은 천하의 합종책을 깰 수 있는 방법을 말씀드리기 위해서입니다. 그것은 조나라를 깨고 한나라를 멸망시키면서 형나라, 위나라는 신하로 복속하고 연나라, 제나라와 잠시만 친선을 유지하는 것으로, 그렇게 하면 패왕의 명성을 이루고 천하 제후들로 하여금 조회를 들게 할 수 있을 것입니다.

만일 대왕께서 신의 계책을 받아들이신 후에도 일거에 천하 합종책을 깨지 못했다면, 다시 말해서 조나라와 한나라를 멸망시켰으나 형나라와 위나라가 와서 신하로 복종하지 않고 제나라, 연나라와도 친교가 이루어지지 않으며 패왕의 위명도 얻지 못하고 제후들이 내조來朝하지 않는다면, 대왕께서는 신을 참수하시어 전국에 효시하셔서 지략을 내는 데 불충했던 자임을 널리 보이시기 바랍니다.

二.
존한

존한 存韓이란 한나라를 침공하는 것은 옳지 못하며 진을 위해서는 오히려 존속시켜야 이롭다는 뜻에서 붙여진 제목이다. 이 장은 한비가 진나라에 와서 진 시황에게 올린 글이지만, 중반 이후의 내용은 이사 李斯의 글이다. 이사의 글도 각기 두 부분으로 나뉘어 하나는 한비의 존한 주장에 반박하여 진왕에게 올린 상소이며, 또 하나는 한왕에게 올린 글이다.

한나라가 진秦을 섬긴 지 30여 년 동안, 전시에는 진나라의 방패가 되었을 뿐만 아니라 평시에는 비복婢僕이 되기를 마다하지 않았습니다. 정벌 시에 진나라는 단지 정예병만을 파견하고 한나라의 군대를 동원하니, 승리하면 진은 토지며 노획물들을 모두 거두어 갔으나, 한나라로서는 천하로부터 침공의 원한만이 쌓여 있습니다. 또한 한은 진나라에 늘 조공을 바치고 있으니 진에는 하나의 군현이나 다름이 없습니다.

지금 저는 진나라 대신들의 계책을 들었기에 말씀드리고자 하는데, 그들은 군대를 일으켜 한나라를 치고자 하고 있습니다. 한편 조나라는 군사들을 모으고 합종의 책사策士들을 기르며 각국의 군대와 연대하여 진의 세력을 견제하지 않는다면 진에 멸망당할 것이라고 설명하면서 서쪽으로 진나라를 치고자 하는 계획을 오랫동안 유지해 왔습니다. 만일 그들의 야심을 경계하지 않고 신하와도 같은 한나라를 공격한다면, 천하의 제후들로 하여금 조나라의 합종책을 따라야 할 것이라고 깨닫게 해 주는 것이나 다름이 없습니다.

무릇 한나라는 작은 나라이지만 천하 사방의 공격에 대응하느라고 군주는 욕을 당하고 신하들은 고통을 겪어서 상하 군신이 서로 근심한 지 오래였습니다. 그래서 수비 태세를 갖추고 강적들을 경계하며, 식량을 비축하고 성곽과 해자를 축조하여 방비를 견고히 하기에 이르렀으니 지금 한나라를 정벌한다고 나선다면 일 년이 걸려도 멸할 수 없을 것입니다. 겨우 한두 개의 성만을 빼앗고 물러난다면 진의 국력을 얕잡아 보게 될 것이며 천하 각국이 연합하여 진의 군대를 꺾으려 할 것입니다. 한나라가 진을 배반하면 위나라가 호응할 것이며 조나라도 반드시 이 기회를 틈타서 제나라를 믿고 원조할 것입니다. 이와 같다면 한, 위로써 제와 조를 돕게 하는 것이며 합종의 역량을 강화시켜 진나라와 더불어 싸우게 하는 것이나 다름이 없습니다. 이것은 조나라의 복이며, 진나라에는 화인 것입니다. 진은 나아가 조를 공격하여도 이길 수 없으며 물러나 한을 쳐도 점령할 수 없으니, 적과 싸우는 병사들은 들판에서 온갖 고생을 겪을 것이며 군량을 수송하는 부대는 국내에서 물자를 공급하느라고 지칠 것입니다. 이렇듯 괴롭고 지친 군사들을 모아 조와 제의 두 강국과 대결해야 한다면, 이것은 한나라를 정벌하려는 계책의 기대하던 결과가 아닙니다. 만약 대신들의 계책만을 믿어 그것을 시행하신다면 진은 반드시 천하 각국 공동의 공격 목표가 될 것입니다. 폐하께서 금석과 같은 천수를 누리신다고 하더라도 천하 통일을 이루는 날은 오지 않을 것입니다.

그런 까닭에 소신의 어리석은 계책은 이렇습니다. 사신을 형나라로 보내시어 현재 형의 권력을 잡고 있는 대신에게 후한 뇌물을 바치면서 조나라가 여러 차례 진나라를 속였던 실정을 설명하는 것입니다. 또한 위나라에는 왕자를 볼모로 보내어 진을 믿게끔 하고 나서 한나라를 이끌고 조를 치십시오. 이렇게 되면 설사 조와 제가 연합하여 대적한다고 하더라도 걱정할 것이 없습니다. 조와 제 양국을 격파한 이후에 한나라는 한 통의 서신이면 해결될 수 있습니다. 이렇게 진나라가 한차례의 출병으로 제와 조를 패망의 형세로 만들게 되면 형과 위 양국은 자연히 복종하게 될 것입니다. 그래서 옛사람들이 이르기를 "병기란 가장 흉험한 물건이다."라고 하였으니 신중히 살펴서 사용하셔야 할 것입니다.

진과 조가 대결함에 있어서 힘으로는 거의 대등하지만 제나라가 조를 돕고 게다가 진이 한을 공격해서 한이 등을 돌린다면, 나머지 형과 위 양국으로 하여금 조나라로 마음이 기울지 않게 붙들어 둘 방법이 없습니다. 만약 한 번의 전투라도 패하는 날에는 여러 방면의 우환이 한꺼번에 몰려올 것입니다. 따라서 계책이란 것은 일의 성패를 결정하는 것이므로 세심히 헤아리지 않으면 안 되는 것입니다. 조와 진나라 간의 누가 강하고 누가 약한지는 금년에 결정이 날 것입니다. 그런데 조와 천하 제후들은 암암리에 진나라를 꺾고자 한 지 오래였으니 진나라가 먼저 출전하였다가 도리어 패배하게 된다면 아주 위험하게 될 것입니다. 계획을 세운 것이 도리어 제후국들로 하여금 진을 섬긴 한나라도 침략을 받았다고 하여 진을 신뢰하지 않게 한다면 그 후의 결과가 어찌 두렵지 않겠습니까! 따라서 한을 친다는 계책은 이런 두 가지 나쁜 결과를 초래하는 것이므로 제후들을 굴복시켜 천하를 제패할 수 있는 방법이 아닌 것입니다.

바라건대 폐하께서는 깊이 생각해 주셨으면 합니다. 한나라를 정벌한다는 것은 곧 합종론자들의 술수에 넘어가 진나라와 한나라 간의 우호만을 깨는 일이니 그때는 후회하셔도 소용이 없습니다.

부附 : 이사가 진왕에게 올린 글

대왕께서 명령하시길 한비가 올린 한나라를 치는 것은 마땅하지 않다는 내용의 글을 제게 심의해 보라 하셨는데 저의 소견으로는 한비의 논의는 옳지 않은 것으로 생각됩니다. 우리 진에 있어서 한이란 존재는 마치 사람에게 있어서 속병과 같아 평시에는 저습한 곳에 거주하는 사람이 불편한 것처럼 심신을 고달프게 하며, 만일 제거하지 않고 지내면 급히 행동해야 할 때 그 기세를 발동할 것입니다. 평시에는 신하처럼 진을 섬겨왔다고 하지만 늘 진의 근심거리가 아닌 적이 없었습니다. 어느 날 갑자기 긴급한 사건이 발생한다면 한은 신뢰할 수 없는 나라가 될 것입니다. 현재 진과 조가 대립하고 있는 상황에서 형소荊蘇를 사신으로 제나라에 파견하여 동맹을 맺으려고 하는데, 그 결과가 어찌 될지 장담할 수 없습니다. 제가 보건대 기존의 제와 조의 동맹은 형소를 파견했다고 해서 단절되지 않을 것입니다. 그렇다면 진은 나라의 총력을 기울여 두 만승지국萬乘之國과 대결해야 할 것입니다.

한이 진을 신하처럼 섬기는 것은 결코 정의를 따르기 위해서가 아니라 진의 위세를 두려워해서입니다. 따라서 진이 총력을 집중하여 제와 조 두 강국과 겨루게 될 때 한나라는 인체 내부의 병과 같이 즉시 발동하기 시작할 것입니다. 또 만일 한이 형 나라와 동맹을 맺고 다른 제후국들이 이에 호응한다면 천하가 공동으로 함곡관函谷關 동쪽 효산崤山의 요새로 쳐들어오는 환란이 반드시 재현될 것입니다. 한비가 진에 온 것은 한나라를 진의 정벌로부터 면하게 하여 그 공로로써 한에서 중용되고자 해서입니다. 그래서 유려한 언변으로 자신의 계략을 가려 진을 속이고 폐하의 심리를 염탐함으로써 한나라를 이롭게 하려는 것입니다. 진과 한이 친교를 새롭게 하면 한비는 중용될 것이니 이것은 자신의 이익도 얻고자 하는 계책이기도 합니다. 한비의 상서를 보건대 그의 교묘한 설변을 수식해 놓은 것이 아주 재기가 넘쳐 있습니다. 소신은 폐하께서 그의 언사에 미혹되어 일의 실정을 상세히 살피지 않으셔서 이익을 노리는 그의 주장을 따르시지나 않을까 염려됩니다.

이제 저의 우매한 계책은 이렇습니다. 진나라는 군대를 출동시키면서 어느 나라를 칠 것인가를 유포하지 않는 것입니다. 그러면 한의 대신들은 침공받을 것을 두려워하여 이전처럼 신하로서 진을 섬기는 방법을 채택할 것입니다. 또한 폐하께 청하옵건대, 신 이사로 하여금 한왕을 만나러 가게 하여 주십시오. 그에게 진나라로 오도록 권해서 폐하를 뵙게 할 것인데 한

왕을 접견하고는 즉시 억류하여 돌려보내지 않는 것입니다. 연후에 한의 중신들을 모두 불러 한왕의 안위를 담보로 대가를 요구하신다면 한의 영토를 마음껏 침탈할 수 있을 것입니다. 이어 몽무蒙武를 파견하여 동군東郡의 군대를 이끌고 변경으로 나아가 무력시위만 보이며 어느 방향으로 진출할 것인지는 밝히지 않게 하십시오. 그러면 제나라는 공격받을까 봐 두려워서 형소의 뜻을 따라 조나라와 단교할 것입니다.

  이와 같이 우리 진의 군대가 국경을 넘어서지 않더라도 억센 한나라는 위세에 눌려 포로와 다름없이 굴복하게 될 것이며 강대한 제나라도 일의 이치대로 복종하게 될 것입니다. 다른 제후들도 이 소식을 듣게 되어 위나라는 겁에 질릴 것이며, 형나라도 머뭇거리던 태도를 수정하여 진나라에 충성을 보이려 할 것입니다. 형나라가 쉽사리 움직이지 못한다면 위는 걱정할 것이 없습니다. 그리하여 점차 제후국들을 잠식해 갈 수 있으니 조나라도 격파하기 어렵지 않을 것입니다. 바라옵건대 폐하께서는 저의 계책을 숙고하셔서 소홀함이 없으셨으면 합니다.

진왕은 곧 이사를 한나라로 파견하였다. 이사가 명을 받고 한왕을 만나러 갔으나 접견이 허락되지 않자 이에 글을 올려 자신의 뜻을 전했다.

부附 : 이사가 한왕에게 올린 글

예전에 진과 한은 서로 침략하는 일 없이 동심협력하였으므로 제후국들이 감히 침범하지 못하고 이와 같이 몇 대를 내려왔습니다. 그래서 조, 위 등의 나라들이 공동으로 한나라를 공격해 왔을 때 진은 즉시 원병을 내어 구원해 주었습니다. 한은 중원에 위치하여 영토도 사방 천 리에 미치지 못하지만 다른 제후들과 동등한 지위를 유지했던 것과 군신들이 서로 보존될 수 있었던 것은 대대로 진을 섬기는 것을 전해 왔기 때문입니다. 그런데 지난번 다섯 제후가 연합하여 진을 공격해 왔을 때 한은 도리어 그들의 선봉이 되어 진으로 들어오는 관문인 함곡관을 들이쳤습니다. 하지만 전투가 대치 상태를 이루자 동맹의 병사들은 피로에 지쳐서 어쩔 수 없이 철군하지 않으면 안 되었습니다.

두창杜蒼이 진의 재상이 되었을 때, 진나라는 병사들을 조련하고 장수들을 길러 침공의 빚을 갚을 수 있게 됐으니 먼저 형나라를 공격하기로 하였습니다. 형의 영윤(令尹, 초나라에만 있는 관명官名으로 다른 나라의 경상卿相에 해당하는 직위)은 이 소식을 듣고

"한은 진이 하는 일이 정의롭지 못하다는 것을 알면서도 진과 형제 관계를 유지하며 함께 천하를 괴롭히더니 그 후에는 또 진을 배반하고 동맹국의 선봉이 되어 함곡관을 치지 않았던가. 그것은 한이 중원에 위치하였으므로 정세에 따라 강자의 편에 붙으려고 했던 것으로 늘 언제 배반할지 알 수 없다." 하고는 각 제후국과 모의하여 한나라 일급의 성읍城邑 열 개를 분할하여 진에게 바치면서 사과의 표시와 아울러 철병해 주기를 청원했었습니다. 한은 진을 한 차례 배반한 것으로 해서 국정이 곤란을 겪게 되었으며 영토도 깎이고 군사력도 미약해진 채 지금에 이르렀습니다. 이것은 어떤 연유에서였겠습니까? 간신들의 잘못된 진언을 믿어 실제를 헤아리지 못했던 까닭이니 일이 일어나고 난 후에 간신들을 처형해 본들 나라를 다시 강성하게 만들 수는 없는 것입니다.

현재 조나라는 군사를 모아 놓고 진나라를 치고자 하니 한에게 길을 빌려 달라고 합니다. 그러나 형세로 보건대 조가 진을 치려면 마땅히 한을 먼저 정복한 후에 진을 칠 것입니다. 순망치한脣亡齒寒, 즉 입술이 없으면 이가 시리다는 말이 있는데 진과 한 두 나라가 환란에 함께 대처해야 한다는 형세를 말해 주고 있습니다. 위나라도 군대를 내어 한을 치고자 하여 사신을 진으로 보냈는데 진은 양국 간의 우의를 위해 도리어 위에서 온 사신을 한으로 보내려 합니다. 진왕께서 저를 한으로 보내셨는데도 폐하께서는 접견하지 않으시니 아마도 이전처럼 간신들의 계책으로 인하여 국토를 잃었던 일이 다시 일어나지 않을까 염려됩니다. 제가 폐하를 알현치 못하고 돌아가 진왕께 보고한다면 진과 한의 국교는 반드시 단절될 것입니다. 제가 한에 사신으로 온 것은 진왕의 명을 받들어 한을 지키고자 하는 마음에서뿐만 아니라 한에 유리한 계책을 바치고자 해서인데 폐하께서 접견하지 않으시니 이것이 진의 사신을 영접하는 예우입니까?

저는 폐하와 단 한 차례라도 만나서 우매한 저의 계책을 상주할 수 있기를 고대합니다. 그 후에는 능지처참을 당한다 할지라도 달게 받겠사오니 원컨대 폐하께서는 윤허하여 주십시오. 지금 폐하께서 저를 처형하시는 것은 한이 강성해지는 데 조금의 보탬도 되지 않습니다. 오히려 제 말을 듣지 않으신다면 그때는 전란이 생길 것입니다. 진은 반드시 군사를 일으켜 주야를 쉬지 않고 진군해 올 것이니 한의 사직은 몹시 위태로울 것입니다. 저의 시신이 한나라의 시장에 내걸린 후에 저의 어리석고 충정 어린 계책을 헤아리시는 것은 아무 소용없는 일입니다. 변경 지역은 이미 초토화되었고 도읍만을 겨우 지키느라고 독려하는 북소리와 목탁소리가 귀에 들릴 때, 저의 계책을 재고하시는 것은 때가 너무 늦은 것입니다.

또한 한나라의 군대가 제후국 중에서 가장 약하다는 것은 누구나 알고 있는 것인데, 지금 강대한 진나라를 배반하면 곧 전쟁이 일어날 것입니다. 만약 전방의 성읍을 포기하고 군대를 후퇴시킨다면 내부의 반역 세력이 반드시 성을 습격할 것이며, 성을 잃게 되면 백성들이 흩어지고 백성들이 흩어지면 군대 또한 무너질 것입니다. 성들을 지키자니 진의 병사들은 수도를 포위할 것이며 그래서 도로가 차단되면 진정 마땅한 책략이 없게 될 것인즉 그런 상황까지 되면 구원받을 수 없는 것입니다. 폐하의 막료들은 한이 현재 처한 상황에 대해 정확히 보지 못하고 있으니 이를 잘 숙고하시기 바랍니다. 만일 제가 드린 말이 사실에 적합지 않다면 바라건대 대왕의 앞에서 마음껏 진언케 하신 연후에 형리에게 넘겨 벌을 주셔도 늦지 않을 것입니다. 진왕께서는 지금 조나라에 대해서 정신을 집중하고 계셔서 식사를 해도 맛을 알지 못하시고 유람을 해도 즐겁지 못하십니다. 그래서 저를 한으로 파견하여 직접 폐하께 상주하라 하신 까닭에 급히 알현하여 계책을 논의하고자 하는 것입니다. 진의 사신을 접견하지 않는다는 것은 한의 신의를 의심할 수밖에 없는 것으로 진은 조와의 환란을 염려하기에 앞서 한으로 군사행동을 전개할 것입니다. 원컨대 폐하께서는 다시 한 번 살펴셔서 신에게 최후 결정의 회답을 주시기 바랍니다.

三.
난언

난언難言이란 '말하기 어렵다'는 뜻으로, 이 장에서 한비는 군주에게 진언을 올리는 일이 함부로 할 수 없는 것이기에 어려운 일이라 설명하고 있다. 이 글은 대략 한비가 진秦에서 이사의 간계에 빠져 옥에 갇혀 있을 때 진왕에게 상소한 글이라고 여겨진다. 제12장 세난說難편과 유사하다.

 소신 한비는 진언을 올리는 것을 어려워하는 것은 결코 아닙니다. 그러나 쉽게 진언하지 못하는 까닭은 이러한 연유에서입니다.

 말을 하는 것이 전적으로 주상主上의 뜻을 좇아 매끄럽고 아름답다면 그 말이 화려하긴 해도 실질적이지 못하다고 여기시게 되고, 또 말 속에 공경스러움이 가득하면서 강직하고 신중하게만 말한다면 졸렬하며 차례가 없다고 평가받게 됩니다. 또 말을 길게 하면서 빈번히 사물을 거론하고 동류同類를 열거하며 비유를 일삼는다면 내용이 없어 쓸모가 없다고 여기시게 되고, 정미精微한 부분만을 집어내어 요지를 설명하며 수식을 더하지 않고 간략히 말한다면 언사가 생경하여 말재주가 없다는 평을 듣게 됩니다. 주상의 측근을 비판하며 남의 의중까지 탐지하여 말한다면 남을 비방하기 좋아하며 겸손을 모른다고 여겨지게 되고, 말하는 뜻이 넓고 심원하며 멀고도 오묘하여 헤아릴 수 없을 정도가 되면 과장되게 한 말인 듯하여 쓸모가 없다고 오해받기 쉬운 반면에, 집안의 잡일에 대해 얘기하는 것처럼 사건의 수대로 일

일이 설명한다면 소견이 좁고 편협한 듯이 보이게 됩니다. 또한 말하는 것이 세속적이며 주상의 생각에 동조를 일삼는다면 목숨에 연연하여 주상께 아첨하는 것으로 여겨질 것이며, 반대로 세속과 동떨어진 기이하고 허무맹랑한 사실만을 늘어놓는다면 망령되다고 할 것입니다. 말재주가 민첩하고 대답이 막히는 적이 없고 수사가 뛰어나면 국사를 기재하는 사관史官 같다고 생각될 것이며, 학문적인 사항은 버리고 실질만을 말하면 속됨이 지나치다고 여기실 것입니다. 또 말할 때 늘상 경전經典을 인용하며 고대 성왕들을 본받아야 한다는 주장을 편다면 옛 사실들을 들먹이기 좋아한다고 할 것입니다. 이런 까닭에 소신 한비는 화를 자초할까 두려워 진언하기 어려워하는 것입니다.

그러므로 헤아림이 바를지라도 반드시 그 주장이 주상께 채택되는 것은 아니며, 논리가 완전하다 하더라도 반드시 받아들여지는 것은 아닙니다. 대왕으로부터 불신을 받는다면, 작게는 남을 비방하며 해치려 한다는 오해를 받게 되고 크게는 화를 입거나 처형을 당하게 될 것입니다. 그래서 오자서(伍子胥, 오왕 부차夫差를 도와 월越을 이기는 데 큰 공을 세웠으나 모함을 받아 왕명으로 자살하게 되었다)는 지모가 뛰어났지만 오吳나라에 의해 처형을 당했고, 공자孔子는 세상 사람들을 잘 설복하였지만 광匡 지방에서 곤경을 당했으며(양호陽虎가 광 지방을 복속하고는 백성들을 가혹하게 대하였다. 공자가 진陳으로 가는 길에 광을 지나가게 되었는데 그곳 사람들이 공자를 양호로 오인하여 일행을 포위하고 핍박하였다), 관중管仲은 매우 현명하였지만 노魯나라는 그를 속박하여 제齊나라로 송환하였습니다. 이들 세 대부들이 어찌 현명치 않았겠습니까? 그들의 임금들이 명석치 못했던 까닭이었습니다.

상고시대에 탕(湯. 상商 왕조를 세운 왕)이란 임금은 지극한 성현이었으며, 이윤伊尹이란 재상 또한 지혜로운 신하였습니다. 그와 같은 지혜로써도 지극한 성현이라는 탕임금을 유세하는 데 일흔 번이나 시도하였습니다. 그러고도 받아들여지지 않자 그 후 직접 요리하는 기구를 가지고 요리사가 되어 천천히 탕왕에게 접근하여 가니 비로소 그가 현자임을 알고 중용하게 되었습니다. 그래서 말하기를 현명한 지혜를 가진 사람이 지극한 성현을 유세할 경우에 있어서도 받아들여지지 않을 수 있다 하였으니 이윤이 탕왕을 유세했던 일이 그것입니다.

반면에 지혜로운 사람이 어리석은 자를 유세할 때는 반드시 받아들여지지 않는 경우가 허다하였으니 문왕文王이 주왕紂王을 유세했던 일이 그것입니다. 문왕은 주왕에게 유세하다가 감옥에 갇히게 되었으며, 익후翼候는 산 채로 몸이 불에 구워지는 형을 당했고, 귀후鬼候는 고기를 말리듯이 그 몸이 볕에 말려지는 형벌을 받았으며, 매백梅伯은 젓갈을 담그듯이 소금에 절여지는 형을 당했습니다(익후, 귀후, 매백은 주왕의 신하인데 모두 주에게 간언하였다가 혹형을 받았다). 주왕의 숙부였던 비간比干도 심장이 도려지는 혹형을 받았습니다. 관중도 포승줄에 묶인 적이 있으며, 조기(曹羈, 조의 대부) 같은 사람은 진陳으로 달아나지 않았습니까? 또 백리자伯里子는 길에서 걸식해야 했으며, 부열傳說은 노예처럼 건축일을 하다가 등용되었으며, 전술에 뛰어났던 손빈(孫臏, 제나라 사람으로 병법에 밝았던 전술가. 방연龐涓이 손빈의 재주를 시기하여 죄를 씌워 그의 두 발을 잘리게 함)은 위魏나라에서 발이 잘리는 형벌을 받았습니다. 또한 용병술의 대가였던 오기吳起도 모함으로 파직당하였는데 귀향길에 안문岸門에 이르자 눈물을 흘리며 자신이 지키던 서하西河가 진秦나라에 의해 침략당할 것에 마음 아파했고 최후에는 초나라에서 육신이 찢기는 형을 당했습니다. 위衛의 재상 공숙좌公叔子는 위의 군주에게 국가의 기둥이 될 만한 인물이라고 공손앙(公孫鞅. 위나라 사람인 상앙商鞅. 엄격한 법률을 세워 나라를 다스려 만년에는 원망과 비난을 받아 거열형을 당하였다)을 추천하였다가 도리어 패역하다고 여겨졌고 그래서 공손앙은 진으로 달아나야 했습니다. 또 관용봉(關龍逢. 하왕조의 폭군 걸桀의 신하)은 직간을 하다가 참수당했으며, 장굉萇宏이란 사람도 무고하게 배를 갈라 창자를 꺼내는 가혹한 형을 받았고 윤자尹子도 가시풀로 묶여 감옥에 갇힌 일이 있습니다. 사마자기(司馬子期. 초의 영윤을 지낸 자서子西의 동생)는 죽임을 당한 후에 강물에 던져졌고, 전명(田明. 사적이 분명치 않으나 동주의 관리였던 제명齊明이거나 형가荊軻를 추천했던 연燕의 전광田光으로 본다)이란 사람은 육시를 당했으며, 복자천(宓子賤. 공자의 제자)이나 서문표(西門豹. 위나라에서 업령鄴令을 지낸 사람)는 선량하고 남과 다투지 않았는데도 다른 사람에게 죽임을 당했습니다. 동안우(董安于. 조간자趙簡子의 신하로 임금에게 범씨의 무리들보다 먼저 난을 일으킬 것을 권하였으나 후에 이 일로 조간자가 핍박을 받자 목매어 스스로 목숨을 끊었다)도 그의 주인에게 충성을 다하였지만 죽어 시장에 효수되었고, 언변이 뛰어났던 재여(宰予. 공자의 제자 중 가장 말재주가 뛰어났다고 한다)도 전상田常의 화를 벗어나지 못했으며, 범저范雎는 재능이 있었어도 위魏나라에서 중용되지 못하고 오히려 늑골이 부러지도록 맞은 일이 있습니다.

  이들 십여 사람들은 모두 어질거나 현명하고, 충직하거나 치세의 비책을 지녔다고 세상 사람들이 우러르던 선비들이었으나 불행히도 패역무도하여 명석치 못한 주군을 만나 죽임을 당했던 것입니다. 그와 같이 현명하다는 평판에도 불구하고 죽음을 피하지 못하고 도륙을 면치 못한 것은 무슨 까닭에서였겠습니까? 그것은 어리석은 자는 유세하기 어려운 일이므로 군자는 말을 진언하기 어려워하는 것입니다. 또 충언의 말이란 사람의 귀에 거슬리기 쉽고 마음에 반감을 일으키기 쉬운 것이기에, 현명한 군주가 아니고서는 잘 받아들이지 않는 것임을 대왕께서 헤아려 주시기를 간절히 바랍니다.

四.
애신

애신愛臣이란 군주가 좌우의 측근들을 도가 넘게 신임하고 총애하는 경우를 경계하라는 뜻에서 본 장의 제목으로 붙여졌다. 내용은 군주가 지나치게 신하를 총애하면 위험에 빠질 것이므로 법으로 다스리며 또 두루 방비하여 신하들이 두 마음을 갖지 못하게 해야 한다고 역설하고 있다.

신하를 지나치게 총애하여 너무 가까이하면 반드시 그 군주에게 위험이 닥칠 것이며, 대신을 너무 귀하게 대우하면 기필코 군주의 지위를 바꾸고자 덤빌 것이다. 또한 정실의 왕비와 후궁들 사이에 차등을 두지 않는다면 반드시 적자嫡子가 위험에 빠질 것이며, 황실 형제들을 잘 다스리지 못하면 사직이 위태로울 것이다.

내가 듣건대 천승지국千乘之國의 군주가 신하에 대해 방비하지 않으면 반드시 그 곁에 있는 백승지가百乘之家의 신하가 민심을 가로채고 나라를 기울어지게 할 것이며, 만승지국의 군주도 방비하지 않으면 천승지가의 신하에게 위세를 빼앗기고 나라가 쇠망하게 될 것이라고 한다. 그러므로 간신들이 창궐하면 군주의 권세는 쇠퇴하는 것이니 곧 제후들의 강성은 천자의 우환이며, 신하들의 부유함은 군주에게 좋은 일이 못 되는 것이다. 장군이나 재상 같은 높은 지위에 있으면서 군주의 일은 뒤로 미루고 자신의 가세를 키우는 것에 몰두하는 자를 군주는 제거해야 한다.

천하 만물 중에서 군주의 몸보다 더 귀한 것은 없고, 그 지위보다 더 존귀한 것은 없으며, 그 권위보다 더 중하고 그 위세보다 더 강한 것은 없다. 군주이기에 갖게 되는 이 네 가지 고귀함은 밖에서 구해지는 것이 아니며, 타인에게 청해서 얻어지는 것도 아니며, 단지 자신이 잘 분별해서 행해야 얻어지는 것이다.

그러므로 군주가 되어 일반이 갖지 못하는 그 네 가지 고귀함을 제대로 사용하지 못한다면 신하에 의해 쫓겨나 일생을 국외에서 보내는 환을 겪을 것이다.

지난날 은나라의 폭군 주紂가 망한 것이나, 주나라가 쇠약해진 것도 모두 제후들의 득세를 억제하지 못해서였다. 그리고 진晋나라가 분할된 것이나, 제나라가 왕권을 빼앗긴 것도 역시 신하들의 지나친 치부致富를 막지 못해서였으며, 연나라나 송나라에서 군주가 시해를 당한 것들도 모두 이와 같은 종류의 일이다. 그러므로 위로는 은·주 시대에서 찾아볼 수 있고, 그 사이에는 제·진에서, 아래로는 연·송에서의 일로 예를 들 수 있으니 군주가 지위를 잃는 데는 이러한 경로를 거치지 않은 적이 없다.

그런 까닭에 현명한 군주라면 그의 신하들을 대함에 있어서 귀천을 가리지 않고 일률적으로 국법에 따라 통제해야 하며, 두루 방비를 갖추어 신하들이 사사로운 마음을 갖지 못하게 해야 한다. 또한 사형에 해당하는 죄를 사면해 주어서는 안 되며 형벌을 부과하는 일에 관용을 남발해서도 안 된다.

이와 반대로 죽을죄를 사면하거나 처벌을 면하게 해 주는 것을 위음(威淫, 군주의 위세가 사라짐을 뜻함)이라 하는데, 위음을 행한다면 국가의 질서는 문란해질 것이며 군주의 위엄도 신하에게 넘어갈 것이다. 그래서 대신에게 주는 봉록을 아무리 후하게 내린다 하더라도 하나의 성城이나 시市의 세금을 모두 그 앞으로 징수하게 해서는 안 되며, 소속되어 있는 관리나 친족 문객들이 많은 대귀족이라도 사병私兵을 소유하게 해서는 안 된다.

또한 신하 된 자가 조정에서 직무를 맡고 있다 해도 임의로 조회朝會를 열 수 없고, 군사를 담당하고 있는 장수는 사적으로 외국과 교분을 맺을 수 없으며, 국고를 책임지고 있는 신하는 허가 없이 재물을 타인에게 빌려줘서는 안 된다. 이것이 현명한 임금이 신하의 횡포를 막는 방법이다.

그리고 신하가 외출할 때 네 필의 말이 끄는 수레를 타지 못하게 하고 호위병도 무기를 지니지 못하게 할 뿐만 아니라, 서신이나 화물의 수송을 위한 전거(傳遽. 급한 공무나 물건을 전달하고 수송하던 수단)가 아니고서 무기를 휴대하면 사형에 처하되 결코 사면하지 말아야 한다. 이것만이 뜻하지 않은 변을 대비할 수 있는 현명한 군주의 방법이다.

五.
주도

주도主道란 군주가 지켜야 할 도리를 말한다. 특히 도가道家의 무위無爲의 이론을 토대로 법가류의 군주를 수립한다는 것이 본편의 내용이다. 그 요점은 허정虛靜을 지키고, 형명形名을 상합하며, 상벌을 정확히 시행해야 한다는 것으로 한나라 초기 도가의 작품이라 추측된다.

　도道는 만물의 근원이며, 가치의 기준이다. 이런 까닭에 현명한 군주는 만물의 근원을 구함으로써 그 내원을 알고, 가치의 기준을 탐구함으로써 선악의 구별을 안다. 또한 사념 없이 고요한 마음, 즉 허정虛靜의 태도로 만물을 대하니 사물에 이름을 붙이는 일을 인위적으로 애쓰지 않아도 저절로 명명되며, 세상사가 스스로 결정된다. 군주가 마음에 사념을 두지 않으면 말속에 담긴 실제적 정황을 알게 되고, 마음이 고요하면 행동의 바름을 알게 된다. 군주에게 진언할 말이 있는 사람에게 '해설하게名' 하고, 일을 맡아 처리하는 사람에게 '표현하게形' 하는 것을 형명形名이라 하는데, 형명이 일치하면 군주는 나랏일에 대해 숙고하고 염려할 일이 없을 것이며 모든 국정이 실정에 맞게 잘 돌아갈 것이다.

　그런 까닭에 "군주는 그가 하고자 하는 바를 내보이지 않는다."라고 말한다. 만일 군주가 하고자 하는 바를 보이게 되면, 신하는 그것에 따라 자신의 실체를 깎아 맞춘다. 또한 군주는 그의 속뜻을 드러내지 말아야 한다. 군주가 그 속마음을 보이면, 신하는 외양을 다르게 꾸밀 것이기 때문이다.

그래서 "군주는 좋고 싫음의 취향을 보이지 말아야 신하가 본바탕을 드러낼 것이다."라고 하였다. 또한 군주는 지략이나 지혜도 감추어야 신하들이 신중하고 조심한다. 그래서 군주는 지혜가 있어도 생각이 없는 것처럼 하여 만물로 하여금 자신의 자리를 알게 하고, 직접 군주가 행하는 때가 있더라도 현명함을 보이지 않음으로써 신하들의 행동의 인과를 살핀다. 또한 용기를 가졌어도 분노를 표출하지 않음으로써 여러 신하들로 하여금 그의 무용을 다하도록 한다. 이런 까닭에 군주는 지혜를 쓰지 않아도 총명함을 갖게 되고 현명함을 감추어도 공을 얻으며, 용기를 보이지 않아도 강함을 갖게 된다. 이렇게 하여 신하들은 맡은 바 직무에 충실하고 백관들은 두 마음을 갖지 않게 되니 능력에 맞추어 그들을 부리는 것, 이것을 습상(習常, 상常은 상도常道, 법도法道를 뜻하며, 습習이란 답습하고 본받는다는 의미이다)이라고 부른다.

그래서 말하기를 "현명한 군주는 마치 제위에 없는 듯이, 혹은 백성들이 그가 있음을 모르는 듯이 고요히 지낸다."라고 한다. 그와 같이 명군明君은 위에서 구체적인 정무를 보지 않아도 아래에 있는 신하들은 군주의 권위에 떨게 되는 것이다. 명군지도明君之道란 지혜로운 자로 하여금 그의 지모를 다하게 하고 군주는 그에 따라 가부可否만을 결정하니 군주는 지혜가 무궁할 것이요, 현자로 하여금 그 재주를 다하게 하고 군주는 그에 맞추어 임명하여 재주를 쓰면 되니 재능에 있어서도 무궁할 것이다. 신하가 공적이 있으면 그의 현명함은 임금의 것이 되며, 허물이 있으면 그 죄는 신하의 것이니 군주의 명예는 무궁할 것이다. 이런 까닭에 설사 현명함이 부족할지라도 현자들의 스승이 될 것이며 지혜가 부족하다 하여도 지혜로운 자들의 영수가 될 것이므로 신하는 힘써 일하고 그 성취는 군주가 취하는 이것을 현주지경(賢主之經, 현명한 군주가 되기 위하여 지켜야 할 도리)이라 일컫는다.

도의 실체는 볼 수 없는 곳에 존재하며 그 작용은 알 수 없는 곳에 있다. 군주의 도主道 또한 그와 같아서, 사념 없이 고요하게 아무런 행하는 일이 없는 것처럼 보여도 은연중에 신하들의 과실을 살핀다. 군주는 신하들의 행실을 보고도 보지 못한 듯, 들어도 듣지 못한 듯, 알아도 알지 못한 듯하여야 한다. 신하들의 의견을 알게 된 후에라도 변경하지 말 것이며, 각 의견을 비교하고 고찰해야 한다. 하나의 관직은 단지 한 사람만이 담당하고 겸직하지 못하게 하며, 그들 간에 서로 친분을 맺어서 의견을 주고받으며 정책에 대해 논평하지 못하게 하여 각자에게 자신의 직무에 대한 전적인 책임을 지우면 모든 사물이 완비될 것이다. 군주가 어떤 일의 계획을 수립 중일 때는 일상 행동 속에서 그 의중을 드러내지 않도록 주의해야 하며, 그 일에 대한 단서를 최대한 덮어 두어야 아래 신하들이 이를 추측할 수 없다.

또한 군주는 자신의 지략과 재능을 버려야 신하들이 군주의 속마음을 읽을 수 없다. 자신이 뜻하는 바에 비추어 신하의 언행이 적합한지 판단하면서, 상벌의 권한은 반드시 자신의 손안에 장악하고 이를 견고히 지켜야 한다. 이렇게 신하들의 야망과 의도를 근절하여 상벌의 권한을 훔치려는 야심을 갖지 못하도록 해야 한다. 마음의 열쇠를 채우는 일, 즉 마음의 문을 굳건히 봉쇄하는 일을 게을리한다면 장차 맹호가 잠복해 들어오는 일이 발생할 것이다. 자신의 행동을 조심하고 속뜻을 감추는 일에 소홀히 한다면 간적姦賊이 발생할 것이다. 야심이 생긴 신하는 군주를 시해하고 그 지위를 빼앗으니 백성들이 두려워 복종하지 않는 사람이 없을 것이므로 맹호라고 부른 것이다. 또 간적이란 군주의 좌우에 있으면서 군주의 과실을 엿보고 그것을 비방하며 틈을 엿보아 군주를 해치고자 하는 까닭에 간적이라고 부르는 것이다.

신하들의 붕당을 해산하여 잔당을 흡수하고 그 문을 폐쇄해 버리며 그들을 돕던 손길을 끊어 낸다면 나라엔 맹호가 사라질 것이다. 군주의 치술을 헤아릴 수 없을 만큼 크고 깊이 있게 만들며, 신하들의 말과 행동形名이 일치하는지를 살피고, 그들이 직무를 수행하는 데 있어서는 법에 어긋나는지를 살펴 전횡하는 자를 가려 주살한다면 나라에 간적이 없어질 것이다. 무릇 군주에게 권력이 집중되는 것을 저해하는 다섯 가지 요소가 있는데, 신하가 군주의 이목을 가리는 것이 첫째이며, 신하가 국가의 재정을 장악하는 것이 둘째이며, 신하 된 자가 주상의 재가 없이 명령을 하달하는 것이 셋째이며, 신하가 임의로 백성들에게 선행을 베푸는 것이 넷째이며, 신하가 당을 조직하고 사적인 동지들을 규합하는 것이 다섯째이다. 신하가 군주의 이목을 가리면 군주는 밝음을 잃게 되고, 국가의 재정을 신하가 장악하면 군주는 백성에게 은혜를 베풀 수가 없다. 신하가 허가 없이 명령을 발하면 군주는 행정의 통제력을 빼앗기며, 신하가 임의로 선행을 베풀면 백성들이 군주를 추앙하지 않을 것이다. 그리고 신하가 사당私黨을 조직하면 군주는 거느릴 무리를 잃게 된다. 이러한 것들은 군주가 전적으로 장악하고 있어야 하는 것으로, 신하들에게 넘어가서는 안 되는 군주만의 보도寶刀이다.

군주의 도는 모든 일로부터 고요히 한걸음 물러나 있는 상태를 최상으로 한다. 직접 정사를 관장하지는 말아야 하지만 정사의 득실은 알아야 하며, 직접 계획을 세우거나 책략을 내지는 않지만 책략의 결과가 화복禍福의 어느 쪽으로 나타날 것인지는 알아야 한다. 그 때문에 군주는 많은 말은 필요치 않으나 신하들의 언행에 잘 대응해야 하고, 발언하는 것을 제한할 필요는 없으나 취합에는 뛰어나야 한다. 신하의 말에 이미 응낙을 했으면 약속의 증표를 받아내야 하며, 일이 이미 취합되었으면 부절(符節, 고대에 군주가 신임을 표하는 증거로 삼았던 물건. 여기서는 신하를 문책하는 근거물로써 비유하였다)을 쥐고 있어야 한다.

그 이유는 신하가 말한 바와 행한 일이 증표나 부절에 합치했느냐의 여부를 상벌을 결정하는 근거로 삼기 때문이다. 그래서 신하들은 국정의 어떤 일에 대해서 제 뜻을 마음껏 진언하되 군주는 그의 말에 따라 임무를 맡기고, 임무에 따라 상응하는 공적이 나올 것을 책임지도록 한다. 공적이 맡긴 임무와 합치하고 목전의 사안이 진언한 말과 일치하면 상을 내릴 것이요, 공적이 임무에 합치되지 않거나 그 일이 진언한 말과 같지 않았을 때는 벌을 준다. 현명한 군주의 치술治術은 신하가 구애됨이 없이 마음껏 발언하되 부당한 말을 올릴 수 없게 하는 것이며, 또 임무에 넘어서는 공적을 세우지 못하게 하는 것이다. 그래서 군주가 상을 내리는 것은 마치 때에 맞춰 내리는 비와 같이 백성을 윤택하게 하고, 벌로 징계하는 것은 우레와 같이 두려운 것으로 생각토록 만들어 어떤 특별한 사람일지라도 면할 방법이 없음을 모든 사람에게 명백히 보여 주어야 한다.

현명한 군주라면 기분대로 상을 주지 않고 임의로 형을 면죄해 주지 않는다. 내키는 대로 상을 주면 신하들은 일을 태만히 할 것이며, 임의로 형벌을 사면해 주면 간신들은 법을 가벼이 여길 것이다. 따라서 진정으로 공로가 있는 사람이면 설사 소원하고 비천한 신하일지라도 반드시 상을 주며, 분명히 과오를 저질렀다면 비록 가까운 친척이거나 총애받던 신하일지라도 마땅히 벌을 주어야 한다. 그래야만 소원하고 비천한 신하도 게으르지 않을 것이며 근친과 총신도 교만하지 않는다.

六.
유도

유도有度란 나라를 다스리는 데에는 반드시 법도가 있어야 한다는 것이다. 내용은 제, 초, 연, 위의 성쇠를 먼저 거론하고 나서 법률에 의거해 인재를 선발해야 하며, 그러한 공법을 받드는 자가 바로 현명한 신하라 하였다. 또한 군주는 직접 나서서 정치할 것이 아니라 법에 의거해 다스려야 쉬우며 자신의 권세를 신하들에게 침범당해서는 안 된다고 하였다.

어느 나라건 영구히 강하거나 불변토록 약한 나라는 없다. 그 나라의 법을 받드는 사람이 실권을 쥐면 나라가 강해질 것이고 반대로 그가 약자일 경우엔 그 나라도 약할 것이다.

초나라 장왕莊王이 군소국가 스물여섯 개국을 병합하여 영토를 삼천여 리로 확장했으나 그가 죽어 사직을 관장하지 못하게 되자 초나라는 세력을 잃었다. 제나라의 환공桓公도 삼십여 국을 병합하여 영토 삼천여 리에 달하는 성세를 누렸으나 그의 사후 제나라도 쇠퇴하였다. 북쪽에 있는 연나라의 소왕昭王은 남진하여 황하를 국경으로 하고, 계薊를 나라의 도읍으로 삼으며 탁현涿縣과 방성方城을 방패 삼아 제나라를 유린하고 중산中山을 평정하였다. 이때 연나라와 연합한 국가는 천하의 중시를 받았고 연나라와 소원한 국가들은 경시되었다. 그러나 소왕이 죽자 연나라 또한 쇠퇴하였다.

위魏는 안희왕安釐王이 즉위했을 때 조를 구원하고자 연을 공격할 만큼 강대했으며, 서쪽으로 진秦의 군사도 패배시키고서 선왕 때 잃었던 하동河東 땅도 되찾았다. 또한 약소국인 도국陶國과 위衛를 침공하였으며, 제를 공격하여 제나라

선왕들의 종묘가 있던 평륙平陸을 손에 넣기도 하였다. 그후 위나라는 한韓을 쳐서 관管 지방을 함락하고 기산淇山의 아래에서 한나라의 군대를 크게 무찔렀으며, 수양睢陽의 전투에서 대치하던 초는 오랜 지구전을 견딜 수 없어서 철군해야 했고, 채蔡와 소릉召陵의 전투에서 초나라의 군대는 위나라에 여지없이 격파되었다. 군대의 힘은 천하를 덮을 만하였고, 국세는 중원의 모든 관대지국(冠帶之國, 머리에 관을 쓰고 허리에 요대를 두른다는 점에서 문화가 진보한 문명국이란 뜻)을 지배할 만하였다. 하지만 안희왕의 사후에 위나라 또한 쇠망하게 되었다.

이렇듯 초 장왕이나 제 환공 같은 사람이 나라에 있을 때 초와 제는 패왕을 칭할 수 있었고, 연 소왕과 위 안희왕이 집권할 당시에는 연이나 위도 강대국으로 불렸었다. 지금에 이르러 그들이 세력을 상실한 까닭은 신하 관리들이 서로 다투어, 나라가 어지럽고 약소국으로 전락했음에도 여전히 국법을 준수하지 않고 법 밖에서 사리사욕을 채우고 있으니 마치 섶을 지고 불을 끄려는 것처럼 기울어 가는 국운을 더욱더 가속화하고 있는 것이다.

그러므로 오늘날 사사로이 법을 어기려는 마음을 제거하

고 공법을 지킬 수 있으면 지금의 국력이 강하냐 약하냐를 떠나서 백성들을 편안히 살게 하며 나라를 치세로 이끌 수 있다. 또한 사사로운 행동을 버리고 공법을 실행할 수 있으면 국력은 강해지며 상대적으로 외적을 약화시킬 수 있다. 그리고 군주가 법도에 따라 신하를 통제하면서 공과를 따진다면 신하들의 속임을 당하지 않을 것이고, 먼 나라의 일을 들을 때 경중을 헤아릴 수 있는 마음의 저울로 그 진위를 판정한다면 군주는 책사들의 천하지사에 대한 유세에 속는 일 없이 정세의 중하고 가벼움을 판단할 수 있다. 지금 만일 인재를 등용하는 일에 명성만을 기준으로 삼으면 신하는 군주에게서 마음이 멀어질 것이며, 아래에서 패를 지어 사욕을 꾀할 것이다. 관리를 임용할 때도 붕당을 위주로 선발한다면 백성들은 친교에나 힘쓰지 법에 의거해 등용되기를 구하지 않을 것이다. 그 결과 관리를 등용하는 데 재능 있는 자를 얻지 못하게 되니 그 나라는 어지러워지는 것이다. 명성이 있다면 상을 주고, 세간의 비난을 받고 있다 하여 벌을 준다면 상을 좋아하고 벌을 싫어하는 것이 인지상정이므로, 공적인 것을 버리고 사적인 것만을 추구하며 암중으로 결탁하여 서로를 도울 것이다. 또 군주의 이해는 돌아보지 않고 사적으로 외국과 교류하거나 자기 붕당에 속한 사람을 등용하고자 힘쓸 것이니 신하의 군주에 대한 충성은 기대할 수 없게 된다. 대외적인 교류가 넓고 국내에는 추종자들이 많으며 안팎으로 여러 단체를 조직해 놓았다면 비록 중대한 과오를 저질렀다 해도 그를 위해서 죄를 은폐해 줄 사람이 많을 것이다.

이런 일들이 빈번해지면 충직한 신하는 죄 없이 살해되고 간신들은 하는 일 없이 편안함을 누리게 된다. 충신들이 무고하게 살해되니 어진 신하들은 은둔해 버리고, 간신들이 공 없이 안락을 누리니 그 같은 신하들만이 조정에 등용되어 가득할 것이다. 이런 것이 곧 망국의 근원이 된다.

이와 같다면 신하들은 법을 폐기하고 개인 이익을 중시하며 공법은 경시한다. 그래서 세도가의 집은 자주 찾아가지만 군주의 조정에 들어가는 것은 한 차례도 바라지 않는다. 집안의 편리에 대해서는 백방으로 걱정하지만, 군주의 나랏일에 대해서는 전혀 관심을 두지 않는다. 그러므로 관리의 수가 아무리 많아도 군주를 존경하는 사람들은 없으며, 온갖 직급의 관리가 갖추어져 있어도 나라를 책임지지 못한다. 이와 같으면 군주란 한낱 이름에 불과하고 실제는 신하들의 집에 기탁하여 사는 것에 불과한 것이다. 그래서 말하건대 망하려는 국가에는 조정에 사람이 없다. 소위 사람이 없다는 것은 관리의 수가 감소했다는 것이 아니고 권세가들이 사가의 이익만을 도모할 뿐 국가의 이익은 힘써 구하지 않고 있다는 것이다. 대신들은 아예 저희끼리 받들면서 군주를 추앙하는 데는 힘쓰지 않으며, 하급 관리들은 봉록만 받들며 사교에 힘쓰지 관의 일은 중시하지 않는다. 왜 이러한 상황이 벌어지는가? 그것은 군주가 법도에 따라서 국가의 일을 결정하지 않고 아래 관리들이 만들어 놓은 일을 신임하기 때문이다. 그러므로 현명한 군주는 법도에 따라 인재를 선택하지 자기 뜻만으로 등용하지 않는다. 또한 법에 의거해 공적을 헤아리지 제 기분에 따라 결정하지 않는다. 재능 있는 자는 숨지 못하게 하고, 일을 실패한 자로 하여금 죄를 은닉하지 못하게 하고, 명성이 드높다는 것만으로 등용하지 않으며, 비방 받았다고 하여 단번에 내치지 않는다. 이렇듯 군주는 신하들에 대해서 분명히 파악하고 있어야 통치하기 쉬워진다. 그러나 이는 군주가 법도를 시행해야만 도달할 수 있는 것이다.

처음 신하가 되고자 임금을 배알할 때 폐백(사람들이 처음 대면할 때에 찾아가는 사람이 건네는 예물. 지위에 따라 경卿은 새끼 양을, 대부大夫는 기러기를, 사士는 꿩을 가지고 갔다)을 가지고 임금이 앉은 북쪽을 향해 예를 올리는데, 현자라면 그 후로 결코 두 마음을 갖지 않는다. 그를 조정에 출입하는 신하로 삼는다면 낮은 직위도 사양하지 않을 것이고, 군대의 일을 맡아보게 하여도 환란이 두려워 피하지 않을 것이다. 군주의 행실을 본받고 군주의 법도를 따르며 사심 없이 명을 기다릴 뿐 시비를 따지지 않을 것이다. 사사로운 것을 입에 담지 않고 사사로운 것에 눈을 돌리지 않으니 완전히 군주의 명에 의하여 움직일 것이다. 신하 된 자는 마치 사람에게 있어서 두 손과 같은 것으로 위로는 머리를 매만지고 아래로는 발을 씻는다. 신체는 차고 뜨거움을 느낄 때 급히 고통을 피하고자 하며, 몸 가까이 무기가 접근할 때는 즉각 응전하게 되어 있다. 관리를 임용함에 있어서 사적인 감정에 치우침이 없이 품행이 뛰어나고 재능 있는 사람을 알맞게 등용할 수 있으면 백성들은 자기가 사는 터를 떠나서까지 친분을 가질 필요가 없으니 백 리가 넘는 곳에 사는 사람과 친구가 되는 일조차 없을 것이다. 누구나 귀천의 구분 없이 자신의 직분을 넘지 못하며 어리석음과 현명함을 저울로 달듯이 인재를 가려 쓰면 세상은 치세를 맞을 것이다.

 무릇 사람들 중에서 작위나 봉록을 경시하며 본국을 떠나 여러 나라를 전전하면서 군주를 가려 섬기는 사람을 나는 청렴하다고 생각하지 않는다. 그들은 말재주를 부려 교묘하게 유세하지만 실상 법도에 어긋나는 것이며, 군주의 뜻을 위배하면서까지 억지로 간언하는 것을 충성이라 생각하지 않는다. 또한 신하가 은혜를 베풀며 재물을 뿌려서 아래로부터 명성을 얻는 것을 어질다고 생각하지 않는다. 세속을 떠나 산림에 은거하면서 군주의 과실을 비방하며 앉아 있는 것은 의로운 일이 아니다. 국외로 각국 제후들에게 사신을 보내며 안으로는 국력을 소모시키면서 나라가 위태롭기를 기다려, 군주를 겁주며 말하기를 "외교상에 있어서 내가 아니면 친교를 맺을 수 없고, 적국에 대한 원한도 내가 아니면 풀 수가 없다."라고 할 때, 군주는 그 말을 믿고 두려워서 국정 전반에 대한 사항을 맡기게 된다. 즉 군주의 명성을 깎아내리고 자신의 명성을 높이며, 나라를 훼손시키면서 자신의 집을 이롭게 하는 신하는 지혜로운 자가 아니다. 이러한 일들은 난세의 군주나 좋아하였으며 선왕의 법도에서는 경시되었던 것이다. 선왕의 법에서 이르기를 "신하는 권위를 만들면 안 되며, 이익을 만들어서도 안 되며, 단지 군주의 뜻만을 좇으라. 증오를 만들지도 말 것이며, 군주가 지향하는 길만을 따르라."라고 하였다. 예전 태평성세의 백성들은 국가의 법률을 지키며 개인의 사사로움은 버리고서 의지와 행동을 일치시켜 임금이 부여해 주는 임무를 기다렸다.

군주가 만일 친히 백관들을 살핀다면 시간과 힘이 미치지 못할 것이다. 또한 군주가 눈으로 보는 것을 통해서 신하를 살핀다면 그들은 행동거지를 꾸밀 것이며, 귀로 듣는 것으로 살핀다면 신하들은 듣기 좋은 말로 자신들을 가릴 것이며, 논리를 통해서 판단하고자 하면 그들은 그럴듯한 궤변을 준비해 놓을 것이다. 그래서 선왕들은 이 세 가지를 부족하다고 여겨서 자신의 개인적 능력과 소견을 버리고 법도에 따라 상벌을 심사하였다. 선왕들의 나라를 다스리는 방법은 아주 간략하였는데, 법률이 간단하였으므로 권위를 침범받지 않았던 것이다. 홀로 사해四海 내의 땅을 다스렸어도 지모가 뛰어난 자가 간계를 쓸 수 없었고, 말을 잘한다고 하여도 그 말재주만으로는 통하지 않았으니, 간사한 무리들이 의지할 곳이 아무 데도 없었기 때문이었다. 비록 멀리 천 리 밖에 있어도 감히 자신이 한 말을 쉽게 바꿀 수 없었으며,

가까이서 군주를 모시는 낭중郎中이라 하여도 착한 것을 가리고 나쁜 것을 꾸밀 수 없었다. 이와 같이 하면 조정에 출입하는 신하들의 마음이 직접 모여지게 되어 비록 소수의 간사한 신하가 있을지라도 고립되고 세력이 미미한 까닭에 감히 직분을 넘지 못한다. 고로 애써 힘들게 여러 날을 다스리지 않더라도 일들은 예정보다 앞당겨져 완성될 것이니 군주는 권세를 운용하는 것이 이와 같게 해야 한다.

무릇 신하 된 자가 군주의 권위를 침해하는 것은 마치 흙이 쌓여 가는 것과 같다. 점차 누적되면 군주로 하여금 본래의 방향을 잃게 하여, 동서의 방향이 완전히 바뀌어도 그 상황을 알지 못한다. 그래서 선왕들은 나침반을 만들어 동서의 방위를 바로 하였다. 현명한 군주는 여러 신하들로 하여금 그들이 이 법 밖에서 머물지 못하게 하며, 법의 테두리 내에서라도 임의로 은혜를 베풀지 못하게 하니 그들의 행동이 법도를 벗어나는 일이 없게 된다. 준엄한 법도는 과오를 방지하고 이기적 행위를 배척하기 위함이며, 엄격한 형벌은 명령을 관철하고 백성들을 징계하기 위함이다. 권위라는 것은 신하들에게 행사하도록 빌려줄 수 없는 것이며, 명령이란 신하에게서 공포되도록 맡길 수 없는 것이다. 권위와 명령권을 신하가 함께 사용한다면 온갖 불법과 사행이 나타날 것이다. 법률이 불신되면 군주의 행동은 위태로움을 당할 것이며, 형벌이 결단을 내주지 못하면 사행이 저질러지는 것을 막을 수 없다.

그러므로 뛰어난 목수는 눈대중으로도 먹줄을 사용한 것처럼 맞출 수 있지만, 반드시 먼저 자와 컴퍼스로 기준을 삼는다. 마찬가지로 지혜가 탁월한 사람은 민첩하게 일을 처리해도 일일이 사리에 합당하지만, 반드시 선왕의 법도로 귀감을 삼는다. 그것은 먹줄이 곧아야 굽은 나무를 깎을 수 있고, 수준기가 평평해야 고르지 못한 면을 다듬을 수 있고, 저울로 달아 경중을 가려야 무거우면 덜고 가벼우면 더할 수 있으며, 되와 말을 갖추어야 양의 과다를 헤아려 많으면 줄이고 적으면 보탤 수 있는 것과 같은 이치이다. 이와 같이 법도에 따라 나라를 다스린다면, 사람이 손을 들었다 내리는 것만큼 수월할 것이다.

먹줄을 굽은 모양에 따라 구부려 사용하지 않는 것처럼 법률도 신분이 귀한 자에 대해 아부하지 않는다. 법률이 가해지면 지모가 뛰어난 사람이라 해도 논쟁할 여지가 없이 순종해야 하며, 용맹한 사람이라 하여도 감히 반항할 수 없다. 조정의 대신이라 하여 과실에 대한 형벌을 피할 수 없고, 포상의 일에는 일개 필부라 하여 제외하지 않는다. 그러므로 군주의 과실을 교정할 수 있고 신하와 백성들의 사악한 모의를 문책할 수 있다. 문란을 다스리고 오류를 해결하며, 군더더기의 것은 내버리고 잘못된 것은 가지런히 하여 백성을 하나의 궤도로써 통일시키는 데 있어서 법도를 준수케 하는 것보다 더 나은 것이 없다. 관리들을 격려하고 백성들에게 위엄을 보이며 음란한 풍속과 나태를 일소하고, 모든 사기와 속임수를 근절하는 데 있어서 형벌을 부과하는 것보다 더 나은 것이 없다.

형벌이 엄중하면 지위가 존귀하다 하여 가난한 사람을 능멸할 수 없으며, 법이 분명하다면 군주는 존엄한 위치를 침해받지 않는다. 군주의 존엄이 침해받지 않는다면 권력이 강대해지며 권위를 지키는 방법도 간단해진다. 그런 까닭에 선왕들은 법도를 중시하였으며, 후왕들도 이를 본받으라는 계율을 전수해 왔던 것이다. 만일 군주가 법도를 중시하지 않고 자신의 의사에 따라 정무를 본다면 군주나 신하나 별반 차이가 없는 것이다.

七.
이병

병柄이란 물건의 손잡이 혹은 칼의 자루 부분을 지칭하는 것으로 이병二柄이라고 하면 두 개의 자루 혹은 두 가지의 도구라는 의미가 된다. 한비는 군주가 쥐고 있어야 할 두 개의 자루라는 뜻에서 이병이라고 비유하였는데 그 두 가지란 상과 벌을 가리킨다. 즉 이 도구로 신하들을 조종하고 거느릴 수 있다고 설명하였다.

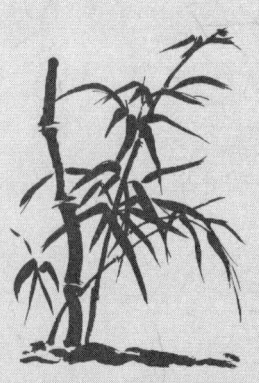

현명한 군주는 그의 신하들을 통제하는 데 두 개의 자루二柄를 사용한다. 두 개의 자루란 형刑과 덕德이다. 무엇을 형과 덕이라 일컫는가? 사형에 처하는 것을 형이라 하고, 공을 치하해 상을 내리는 것을 덕이라 한다. 신하 된 자들은 벌을 두려워하며 다른 한편으로는 포상을 바란다. 그런 까닭에 군주가 형벌과 포상을 직접 관장한다면 신하들은 그 권위를 두려워하여 이로운 쪽으로 행동할 것이다.

그러나 현세의 간신들의 경우는 또 다르다. 대개의 신하들이 군주의 권위를 두려워하고 포상을 바라는 반면, 간신들은 자신이 미워하는 자가 있을 때 군주로부터 권위를 얻어내어 그 미워하는 자에게 죄를 씌운다. 또 좋아하는 자가 있으면 마찬가지로 군주의 권위를 빌려 그에게 상을 준다. 그러나 오늘날의 군주들은 이같이 상벌의 권위가 자신에게서만 나가도록 하지 못하고 있다. 만일 신하의 말만 듣고서 상벌을 시행한다면, 온 나라의 백성들은 그 신하를 두려워하지 그 임금은 가볍게 여긴다. 또한 백성의 마음이 그 신하에게 모아지며 군주에게서 떨어져 나간다. 이것은 군주가 자신만이 지녀야 하는 형과 덕의 권력을 잃었기 때문에 생겨난 환란인 것이다.

무릇 호랑이가 개를 복종시킬 수 있는 것은 호랑이가 날카로운 발톱과 이빨을 지녔기 때문이다. 만일 호랑이에게서 발톱과 이빨을 떼어 개로 하여금 사용하게 한다면 호랑이는 도리어 개에게 복종해야 한다. 그와 같이 군주도 형과 덕으로써 신하를 통제해야 하는데, 비유를 들은 것처럼 형과 덕을 신하에게 주어 사용하게 한다면 군주는 도리어 신하의 통제를 받게 되는 것이다.

지난날 제나라의 대신 전상田常은 군주에게 작위와 봉록을 청하여 그것을 관리들에게 주었다. 백성들에게 큰 말大斗로써 대부해 주고 환수할 때는 작은 말小斗로 하여 은혜를 베풀며 민심을 샀다. 이렇게 되니 제 간공簡公은 은혜를 베푸는 권한을 잃었고 전상이 그 권한을 취해 사용할 수 있게 된 결과 마침내 간공은 시해당하고 말았다. 송나라의 대신 자한子罕이 송의 임금에게 말하기를 "포상을 받는 것은 백성들이 모두 좋아하는 일이므로 임금께서 직접 그것을 행사하시고, 형벌을 받는 것은 백성들이 싫어하는 바이므로 이는 신이 담당하겠습니다." 하였다. 그 후 송의 군주는 형벌의 권한을 잃었고 자한이 이를 사용하였던 까닭에 끝내 왕위를 찬탈당하였다.

전상은 단지 은혜를 베푸는 권한만을 쥐었어도 간공을 시해할 수 있었고, 자한도 형벌의 권한만을 사용했어도 송나라 군주를 내쫓을 수 있었다. 그런데 현재의 신하들 중에는 형과 덕의 권한을 모두 사용하는 자들이 있으니 그러한 신하를 둔 군주는 간공이나 송의 군주보다 더욱 위태로운 것이다. 그러므로 신하들에 의해서 축출당했거나 살해되고 혹은 재위해 있으면서도 국정의 실상을 듣지 못했던 군주들은 형과 덕의 권한을 모두 빼앗겼기 때문이며, 그것을 신하가 사용했던 것이니 그러고도 망하거나 위태롭지 않았던 경우는 존재하지 않았다.

군주가 간신들의 행위를 금하고자 한다면 그들의 행동形이 말名과 합치되는지를 살펴야 한다. 명名이란 말로 조감해 낸 일의 형상 혹은 계책이며, 형形이란 그 일의 실제 결과이다. 신하 된 자가 진언을 올리면 군주는 그 말을 근거로 임무를 부과하되, 전적으로 부여했던 임무에 따라 그의 공적을 심사한다. 공적이 임무에 부합되고 사안이 그가 올린 진언과 일치한다면 상을 줄 것이며, 반대로 공적과 임무, 사안과 진언한 바가 합당하지 않으면 벌을 내린다. 그러므로 신하가 상주한 진언은 훌륭했어도 그 공적이 적었다면 벌을 받는다. 그것은 공이 적어서라기보다 공적이 진언한 바와 합당하지 않았던 것에 있다. 반면에 진언한 바는 보잘것없으나 결과가 큰 공을 이룬 경우에도 벌을 주어야 한다. 큰 공적을 기뻐하지 않는 것은 아니나, 상주한 내용과 일치하지 않았던 것으로 그것이 큰 공을 이룬 것보다 해가 크기 때문에 벌을 주는 것이다.

지난날 한韓의 소후昭侯가 술에 취하여 좌중에서 그대로 잠이 들었다. 가까이 있던 전관(典冠, 군주의 관冠을 전담하는 관리)이 임금이 추워하는 것을 보고 임금의 몸에 옷을 덮어 주었다. 임금이 잠에서 깬 후에 이를 알고는 흡족해하며 좌우의 신하들에게 묻기를 "누가 옷을 덮어 주었는가?" 하자, 신하들이 "전관이 하였습니다."라고 대답하였다. 임금은 이 일에 대해 전의(典衣, 군주의 의복을 전담하는 관리)와 전관 모두를 문책하였다. 전의에게 벌을 준 것은 자신의 임무를 다하지 못했기 때문에 당연한 것이었으나, 전관에게 벌을 준 것은 그의 직분을 넘어섰다고 여겼기 때문이었다. 수면 중에 추워 떠는 것을 좋아하는 사람은 없지만, 타인의 직분을 침해한 사항이 추워 떠는 것보다 해가 더 크다고 생각했던 것이다. 그러므로 현명한 군주가 신하들을 다루는 방법은 본인의 직분을 넘어 공을 세우지 못하게 하는 것과 부당한 진언을 올리지 못하게 하는 것이다. 월권행위는 사형에 처하며 부당한 진언은 죄목으로 다스려야 한다. 그래서 신하들이 배수된 관직에 맡은 바 직분을 다하고 또 상주한 내용이 실체에다 맞게 하여 붕당을 만들어 서로를 위해 주는 일들을 없게 해야 한다.

군주는 두 가지 우려할 것이 있다. 하나는 현명한 사람을 임용하는데 신하가 된 후에 장차 그 재주에 편승해서 군주의 지위를 넘보는 것이요, 둘째는 관리를 함부로 등용함으로써 정사를 그르쳐 회복할 수 없는 지경에 이르게 하는 것이다. 군주가 현자를 좋아하면 신하들도 임금의 뜻에 영합하고자 행동을 꾸밀 것인데, 그러면 신하들의 본바탕이 나타나지 않을 것이다. 그들이 본모습을 드러내지 않는다면 군주는 그 신하의 품격을 헤아릴 수가 없다.

예전에 월나라 임금 구천句踐이 용맹을 좋아하자 백성들 중에 죽음을 가벼이 여기는 사람들이 많았다. 또 초나라 영왕靈王은 허리가 가는 여자를 좋아했기 때문에, 당시 나라

안에 허리를 가늘게 하고자 음식을 먹지 않아 여자들이 굶어 죽는 일이 있기도 했다. 제 환공은 여색을 좋아했으나 궁녀들의 외도를 늘 의심하였다. 그래서 수조라는 자는 스스로 거세를 하고 내시가 되어 후궁들을 관리함으로써 임금의 총애를 받았다. 환공은 또한 진기한 맛을 즐겼는데 당시 유명한 요리사였던 역아易牙는 그의 자식을 쪄서 임금에게 진상하였다. 연왕 자쾌子噲는 현자를 좋아하여 재상으로 있던 자지子之에게 나라를 양위하려고 했다. 자지는 나라를 받을 수 없다고 설명하였으나 결국은 그가 왕위에 올랐으며, 그 일로 해서 제나라와 전쟁을 치르게 된 일도 있었다.

그러므로 군주가 어떤 일을 싫어한다는 것이 신하들에게 보이면 신하들은 작은 일이라도 군주가 싫어하는 일이라면 감추고, 어떤 것을 좋아하는지 신하들이 알게 되면 할 수 없는 일이라도 가능한 것처럼 꾸민다. 군주가 하고자 하는 일이 신하들에게 드러나면 그들의 태도는 이것에 기대려고 하거나 이용하고자 애쓴다. 그래서 연나라의 자지는 현명한 재주를 가장하여 군주의 지위를 탈취하였고, 수조와 역아는 군주의 기호를 이용하여 점차 군주의 권력을 침범해 갔던 것이다. 그 결과 연왕 자쾌는 전란 속에서 사망하였고,

제 환공은 사후에 수조 등의 역모로 인해서 시신이 부패하여 시충屍蟲이 문밖으로 기어 나갈 정도가 되도록 오랫동안 장례가 행해지지 못하였다.

 이 모두는 어떤 까닭에서인가? 그것은 군주가 자신이 하고자 하는 일을 감추지 않아서 신하들에게 이용을 당해 일어난 환란이었다. 신하들의 속마음에는 결코 군주에 대한 어떤 진정한 충성도 없다. 그럼에도 충성을 보이는 것은 두터운 이利를 구하고자 하는 목적에서 나오는 것이다. 지금 군주가 자신의 감정을 숨기지 않고 마음대로 내보이거나 계획 중인 일의 서두에서 그 일을 가려 놓지 않는다면, 그것은 신하들로 하여금 그 군주의 권력을 차츰 침해할 수 있게 하는 계기를 마련해 주는 것이다. 이것은 자지나 전상보다도 어렵지 않게 권좌를 찬탈할 수 있게 할 것이다. 그러므로 말하길 "군주는 자신이 애호하는 것, 싫어하는 것을 버리라."라고 한다. 그것은 감추어 두라는 말이며, 그래야 신하들은 본바탕을 드러내고 군주는 눈과 귀가 가려지지 않을 것이다.

八.
양권

옛 판본에는 제목이 양권揚權으로 되어 있으나 오류이므로 양각揚搉으로 고쳐야 한다는 주장이 있다. 양권이라면 군주가 권력을 사용하는 일에 대해 밝힌다는 의미가 되고, 양각이라면 군주가 나라를 다스리고 신하들을 통제하는 주요 의의를 밝힌다는 뜻이 된다. 제5장 주도主道편과 일관된 논조이며, 도가사상의 기조를 이루었다는 점에서 법가의 한 유파에서 나온 문장으로 보는 견해도 있다. 원문은 사언四言으로 정제된 문체가 특징이기도 하다.

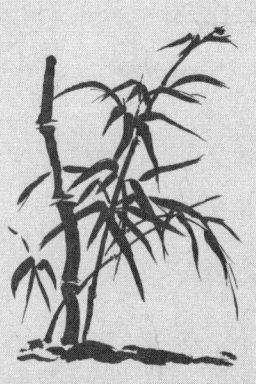

자연에 기본적 원리가 있듯이 인간도 근본 규율을 가지고 있다. 향기롭고 먹음직스러운 음식, 구미를 당기는 주육酒肉이 입에는 좋지만 몸에 병을 일으키는 원인이 될 수 있고, 고운 피부의 하얀 치아를 가진 미인을 곁에 두면 기쁘기는 하겠지만 정력을 소모시킨다. 그러므로 과함과 지나침을 버려야 몸에 해가 생기지 않는다.

군주는 권세를 드러내지 말아야 무위無爲의 치술을 이룰 수 있다. 모든 일은 신하로 하여금 처리하게 해야 하며 군주는 단지 대권만을 장악하고 있으면 된다. 그래서 군주는 권세를 지닌 채 성인聖人의 모습만을 갖추고 있어도 신하들은 전심전력을 다해 공을 세워 올 것이다. 조용히 그것을 기다리면 신하들은 스스로 직분을 수행할 것이다. 각 방면의 관리들이 적절히 안배되면 군주는 고요히 지내도 천하 신하들의 행동을 보게 된다. 또한 좌우에 측근들을 두더라도 의견 개진의 통로를 두어 각 방면에서 올라오는 충언과 진언을 듣는다. 자연의 규칙과 인간사의 규칙을 따르며 변경하려 하지 말아야 한다. 이를 부단히 실천하여 나가는 것이 도를 행하는 것이니, 곧 이리履理라고 부른다. 사물은 저마다 마땅한 바를 가지고 있으며, 사람의 재주도 각각 쓰일 곳이 있다. 그러므로 사물이나 인재가 적절하게 안배되면 군주는 무위의 상태에 도달할 수가 있다.

닭으로 하여금 새벽을 알리게 하고 고양이로 하여금 쥐를 잡게 하는 것처럼 신하들이 모두 자신의 재주를 활용하게 된다면 군주는 번거로운 일이 없게 된다. 군주가 자신이 지닌 특기를 자주 사용하면 군주는 힘들고 신하는 편하니 군신이 배합되기 어려우며, 자신에 대한 긍지가 강하며 능력을 내보이기 좋아한다면 신하에게 기만당하기 쉽다. 또한 군주가 말재주나 지혜 겨루기를 좋아하며 여인네들 같은 동정으로 중죄를 사해 준다면 신하들은 그의 성격을 이용하여 사리私利를 취할 것이다. 이렇게 상하의 역할이 바뀌면 국가는 다스려질 수가 없다.

군주의 통치술은 '일컫는 것名'을 으뜸으로 한다. 그래서 일컫는 것, 즉 사물에 명칭을 붙이는 것이 올바르면 그 사물이 정립될 수 있으며, 반대로 명명한 것이 부적당하였을 때는 사실과 차이가 발생하게 될 것이다. 예로부터 성현으로 불려왔던 군주들은 사념 없이 고요한 태도, 즉 허정虛靜의 자세를 취하며 치술을 장악하였다. 그러자 사람들 간에 굳이 약속하지 않아도 사물에는 저마다 바르게 이름이 붙여지고 일들도 스스로 제자리를 찾게 되었다.

군주는 어떤 취향이나 방향성도 보이지 말아야 한다. 그래야만 아래 신하들이 본래의 모습에 가식을 더하지 못한다. 재능을 확인하고서 그를 관직에 등용하여 스스로 일을 처리하게 한다. 또 상주한 말을 듣고서 그에게 임무를 부여하여 스스로 일을 담당하게 한다. 그러고 나서 법에 따라 직무를 바르게 보았는지를 살피고 책임을 물으면, 자신의 직분을 완수하게 만들 수 있다. 군주는 신하의 진언을 통해서 그를 등용한다. 만일 그 진언名의 당위를 잘 파악할 수 없으면 행적形의 공과를 살핀다. 그래서 형과 명의 합치 여부를 판단하여 상벌을 시행한다. 상벌의 결정이 정확하여 아래에서 신임하면 신하들은 한껏 충성을 보일 것이다. 군주로서 행사할 일을 하고 나서 하늘의 명을 기다리는 대천명大天命의 자세를 갖는다. 그러면서도 국가의 대권은 잃지 말아야 성인聖人으로 불릴 것이다. 성인의 도는 지모智謀나 기교 따위를 버리는 것이다. 버리지 않으면 상도常道를 세우기가 어렵다. 만일 일반 사람이 전적으로 지략이나 기교 따위에 의존하는 자가 있다면 자신에게 화를 초래할 것이며, 군주가 사용할 경우에는 국가가 반드시 위급에 빠질 것이다.

자연의 규칙을 본받아 인간사의 규칙을 세우려 할 때, 애써 조사해 보면 끝은 곧 또 다른 시작이며 이 반복은 그침이 없음을 알게 된다. 군주는 사념 없이 고요하게 신하들의 뒤에서 관찰할 뿐 자신의 의지를 표현하지 말아야 한다. 그러나 현재의 군주들이 가지고 있는 결점이란 오히려 신하가 할 일을 자신들이 하고 있다는 것이다. 신하들에게 일의 책임을 지우며 그들의 일을 더불어 하지 않는다면 모든 백성들이 하나같이 복종할 것이다.

도道는 지극히 크며 무형의 것이다. 덕은 도가 만물과 인간에게 나타날 때 보편적으로 존재하게 된다. 만물은 모두 몇몇의 도를 취하여 각종 사물로 출현하는 것이다. 이런 사물들은 나타났다가 사라져 버리지만, 도는 영원한 것으로 사물과 함께 생멸하지 않는다. 도는 세상의 어느 사물에나 두루 미쳐 있으며, 도가 기탁한 성분이 많고 적음에 따라 여러 명칭들이 생겨난다. 그리고 이러한 사물들은 시간의 추이에 따라 생존했다가 사라진다. 그래서 이름으로 따져보면 사물은 각각 다른 존재지만 도로써 통찰해 보면 모두가 하나인 것이다. 하지만 도는 만물을 생장시키는 존재이니 만물과는 다른 것이다. 또한 덕은 음양을 융합시키지만 음양과는 다른 것이고, 저울은 경중을 식별하게 해 주지만 경중과는 다르며, 먹줄을 치는 것은 나무의 굴곡을 알게 하지만 굴곡과는 다른 것이며, 온화하다는 것은 건조함과 습함이 조화를 이룬 것이지만, 그 각각과는 다른 것이다. 이와 같이 군주도 신하를 지배하는 관계이므로 신하와는 다른 존재인 것이다.

이상의 여섯 사물들은 모두 도에서 나온 것이다. 도는 쌍을 이루는 것이 없으니 고로 일一이라고도 한다. 현명한 군주는 도처럼 유일하게 홀로 존재하는 그 위치를 중히 여기고 또 그렇게 되도록 해야 한다. 군신의 도는 각각 다른 것이다. 신하는 군주에게서 진언名을 통해 복을 구하고 군주는 그 명을 조정하며 다시 신하로 하여금 일의 결과形를 통하여 충성을 다하게 한다. 이로써 신하의 진언과 그 결과가 일치하게 된다면形名參同 상하 군신이 조화를 이룰 수 있다.

무릇 군주가 신하들의 말을 듣는 방법은 그들이 말한 바에 의거하여 그들의 행동을 살피는 것이다. 따라서 그들이 올린 진언을 헤아려 직무를 주며, 그들의 직분을 살펴 실적의 선악을 판별한다. 신하의 말을 들을 때는 마치 술에 취했을 때처럼 얼굴을 두껍게 해야 한다. 입술이 움직이고 치아가 보이고 신하들의 격론이 오갈 때, 군주는 "나는 시작하기를 바라지 않았소."라는 말을 할 수 있게끔 논쟁에 끼어서는 안 된다. 또 치아가 보이고 입술이 움직이며 점차 논쟁이 가열될 때, "어이구 머리가 어지럽소! 그가 스스로 말을 꺼낸 것이오. 나는 그를 통해서 알았소."라고 말할 수 있어야 한다. 시비의 논쟁이 바퀴살처럼 집중되어 갈 때, 군주는 그 속에 더불어 가담해서는 안 된다. 군주는 이러한 상황에서 누구의 말이 옳고 누구는 틀리다고 꾸짖지 말고, 고요히 존재하며 아무런 일도 하지 말아야 한다. 그러나 결과적으로는 신하들의 논쟁을 통하여 문제를 해결하도록 만드니 비록 무위이나 다스려지지 않는 것이 없다. 즉 허정의 자세로 무위의 경지에 도달하는 것이 도의 본질이며, 다방면으로 고찰해 보고 사물들을 견주어 보는 것은 일의 외형인 것이다. 차이를 살피며 사물을 대비시키고, 입지를 서로 바꾸어 도를 귀납해 보면서 근간이 되는 도리를 바꾸지 말아야 일체의 동정動靜이 제자리를 얻어 실수를 낳지 않는다. 때로는 움직이며 혹은 정지하도록 만들어 무위의 태도로 신하들을 개조한다. 신하가 진언한 바에 대해서 왕이 기뻐하면 신하는 이를 기화로 아첨하는 일이 더 많아지며, 왕이 싫어하면 신하는 원망을 품게 된다. 그래서 군주는 좋고 싫음을 버리고 마음을 비워 놓아야 그 자리에 도가 와서 자리 잡게 되는 것이다.

군주는 신하들의 일을 함께 하지 않아야 그들이 군주를 존경한다. 또한 신하들과 더불어 논의하지 말 것이며, 그들로 하여금 독자적으로 직분을 다하게 해야 한다. 비유하자면 군주는 방문을 닫아걸고서 방 안에서부터 정원을 바라보듯이 그렇게 신하들의 동정을 살핀다. 사물이 가까운 곳에 널려 있으면 그 위치를 보기가 쉽듯이 신하들을 모두 제어할 수 있는 거리에 두었으니 각각 자신의 직분에 맞는 곳으로 돌아갈 것이다. 이렇게 살핀 후 상 줄 만한 자에게는 상을 주고 벌할 자가 있으면 벌을 준다. 상벌은 모두 그들 행적에 근거한 것이니 그들 스스로가 만든 것이나 다름없다. 선악에 따라 반드시 상벌이 따라가면, 누가 감히 불신하며 전력을 다하지 않을 수 있겠는가? 법도가 확립되고 나면 기타 사물은 차례로 정비될 것이다.

군주가 만일 신처럼 은밀한 신비로움이 없다면 신하들은

군주의 의도를 헤아려 이용하고자 할 것이며, 군주가 행사한 일이 부당하다면 신하는 그 틈을 타서 상도常道를 바꾸고자 할 것이다. 그러니 하늘의 고원함이나 대지의 광활함처럼 측량할 수 없어야 여러 우환이 해소될 것이며, 하늘과 땅이 세상 어느 곳 할 것 없이 가리지 않고 두루 덮고 있는 광대함처럼 군주도 친하고 소원함을 가리지 말아야 한다. 이렇듯 고원한 하늘과 광활한 대지를 닮을 수 있으면 가히 성인이라 할 수 있다.

  군주가 궁궐 내부의 일을 다스리려면 좌우에 측근들을 배치해야 하는데 그들을 지나치게 믿어서는 안 된다. 국가의 정무에 관해서는 각종 관직마다 한 사람의 전임자를 두어 담당하게 한다. 법도에 맞게 일을 맡기고 임의로 처리하지 못하게 한다면 어찌 직무를 태만히 하고 월권을 행사할 수 있겠는가? 나라의 대신들에 있어서는 문하에 많은 사람들이 모여드는 것을 경계해야 한다. 치세를 이루려면 그들이 당파를 만들지 못하게 해야 한다. 국정 전반에 걸쳐 의견과 그에 따른 실적이 두루 일치한다면 백성들은 본분에 맞게 자신의 직무를 수행할 것이다. 이러한 치술을 버리고 달리 방법을 강구한다면 이는 큰 오류에 빠진 것이다. 교활한 백성들이 많아질수록 간신들도 왕의 주위에 자리할 것이다. 그래서 말하기를 "신하가 과도한 치부를 하여 이를 가지고 백성들에게 선심을 베풀지 못하게 막아야 하고, 신하의 지위를 지나치게 높여 주어 군주를 위협하지 못하게 해야 하며, 한 대신의 말만 전적으로 듣게 되면 나라를 잃을 수 있으므로 삼가야 한다."라고 하였다. 이를 지키지 못한다면 신하의 힘이 군주보다 강대해진다. 그것은 마치 종아리가 허벅지보다 굵어서 걷지 못하게 되는 경우와 같은 것이다.

군주가 신처럼 신비롭고 측량할 수 없는 위엄을 갖추지 못한다면 신하는 맹호가 되어 군주의 뒤에 도사리고 있게 될 것이다. 군주가 때맞춰 깨닫지 못하면 맹호는 개처럼 무리들을 모을 것이다. 군주가 조기에 막지 못하면 무리들은 계속 늘어나서, 마침내 붕당을 조직하게 되고 군주를 시해하고 말 것이다. 군주에겐 충신이 없으니 어찌 국가를 지탱할 수 있겠는가? 따라서 군주가 법을 시행하면 맹호는 떨게 되고, 형벌을 집행하기 시작하면 맹호는 조용해지며, 법과 형벌이 엄격히 지켜지면 맹호는 일반인으로 돌아와 본래 신하의 면모로 복귀할 것이다.

나라를 다스리고자 한다면 반드시 신하들의 사조직을 분

쇄해야 한다. 이를 하지 못한다면 그들은 무리를 모아 난을 일으킬 것이다. 그리고 신하들의 채읍(采邑, 봉건제도 하에서 신하가 제후로부터 받던 봉록의 실체)을 잘 다스리려면 반드시 공로에 따라 채지采地를 하사하여야 한다. 그렇지 않다면 난신亂臣들은 기회를 틈타서 더 넓은 채지를 요구할 것이며, 그들이 요구한다고 해서 군주가 준다면 마치 원수에게 도끼를 빌려주는 것이나 다름없다. 빌려주는 것은 절대 불가한 것이다. 신하는 그것을 사용해서 군주를 시해할 것이 분명하기 때문이다.

옛날 황제가 이런 말을 하였다. "군주와 신하는 하루에도 백전百戰을 치른다." 신하들은 그들의 야심을 감추고 늘 군주의 의향을 시험하는 반면, 군주는 국가의 법도를 쥐고 신하들의 행동을 제어한다. 이런 까닭에 법도를 세우는 것은 군주의 보검이 될 것이며, 붕당을 갖는 것은 신하의 보검이 될 것이다. 아직 신하가 군주를 시해하지 않고 있는 것은 조직이 완전히 갖추어지지 않았기 때문이다. 그러므로 군주가 촌치의 실수만 하여도 신하로서는 대득을 취한 것과 같다. 한 나라를 통치하는 군주는 신하의 채지를 크게 하지 않는다. 또한 법도를 세운 군주는 신하들의 지위를 높이거나 부를 축재하지 못하게 한다. 신하들이 부와 지위를 갖추고 나면 왕을 바꾸고자 할 것이기 때문이다. 군주는 늘 위태로움을 경계하면서 대비책을 세워 놓아야 하며, 태자 책봉을 일찌감치 결정해 두면 군주의 위치를 빼앗으려는 화가 발생하지 않을 것이다. 안으로 조정에서부터 서민으로 내려가면서 사행과 일탈을 방제하는 과정에서, 군주는 반드시 상벌의 권한을 자신의 손에 장악하고 있어야 함을 잊어서는 안 된다. 후한 봉록을 누려 왔던 신하에게서는 봉록을 감하고 실적에 비해 봉록이 적었던 신하는 이를 더하여 주되, 증감에 한도를 두어 신하들 간에 서로를 도와 작당하지 못하게 하여야 군주를 기만하지 못할 것이다. 상을 줄여 가는 방법은 달이 차고 기울 듯이 점차적으로 하며, 상을 더해 가는 방법은 기후가 따뜻해져 가는 것처럼 조금씩 변화하도록 한다. 명령은 간단명료하되 형벌은 추상같이 하고 상벌에는 추호도 실수가 없게 한다.

군주는 나라의 기강을 느슨해진 활시위처럼 해이하게 해서는 안 된다. 기강이 해이해지면 한 지방에 두 명의 수령이 존재하는 것과 같은 일이 생긴다. 즉 군주와 신하는 서로 권세를 잡고자 으르렁거리고 싸울 것이다. 늑대가 양의 우리에 들어가 있으면 양이 번식되지 못하는 것처럼 간신들이 나라에 있으면 어진 신하들이 자랄 토양을 잃게 된다. 예를 들어 한 집안에 가장이 둘이 되면 일을 해도 얻는 것이 없을 것이고, 남편과 아내가 지위를 다툰다면 자식들은 좇을 곳이 없게 된다. 군주 된 자는 가지치기를 하듯이 신하들을 늘 관리해야 하며 결코 가지나 잎이 무성하도록 내버려 두어서는 안 된다. 가지와 잎사귀가 무성해지면 궁궐의 문을 가려 막게 되는 것처럼 대신들의 마당에 사람들이 가득하면 군주의 정원은 한산하게 될 것이며 이로써 군주는 신하들의 위세에 가려 둘러싸이게 될 것이다. 군주는 거듭해서 가지를 잘라주어야 한다. 가지가 지나치게 뻗어 나가지 않게 해야지 그렇지 않으면 군주의 위치를 핍박할 것이다. 그리고 가지가 줄기보다 굵지 않도록 자주 전지해 주어야 한다. 그렇지 않으면 지탱할 수 없어서 가벼운 봄바람에도 쓰러지고 말 것이다. 봄바람도 이기지 못하니 가지가 나무 전체를 해치게 될 것이다.

왕실의 공자들이 많아지면 그들의 세력으로 인해 적실 세손들이 근심하게 된다. 그를 막는 방법도 가지치기를 자주 하여 가지가 무성하지 않도록 하는 것이다. 가지를 잘라내면 무리들이 곧 흩어진다. 그러면 그 뿌리를 뽑아내어 나무가 뻗어나지 못하게 하고, 무리들이 모일 만한 연못이 있으면 메꾸어 물을 맑지 못하게 한다. 또한 그들의 흉중을 헤아려 그들의 위세를 빼앗아 이를 군주가 사용한다면 그 권위는 우레와 벽력과도 같을 것이다.

九.
팔간

팔간 八姦이란 여덟 가지의 간사한 행동이란 뜻으로 신하는 여덟 가지 방법으로 군주에 대하여 간악한 행동을 한다는 것이다. 내용은 먼저 여덟 조목을 열거하고 이를 막는 방법과 막지 못했을 때 나라가 망한다는 것을 설명하고 있다. 팔간이란 곧 동상, 재방, 부형, 양앙, 민맹, 유행, 위강, 사방이다.

무릇 신하가 자신의 간계姦計를 이루는 방법에는 여덟 가지가 있다. 첫째는 동상同床이다. 동상이란 침상을 같이한다는 뜻인데, 어찌해서 동상이 그 방법이 되는가? 정실부인과 총애하는 비빈妃嬪들, 또 명분 없이 가까이하는 미인들이 군주를 미혹시킬 것이다. 군주가 편안히 쉬고자 할 때, 혹은 술에 만취한 때를 틈타서 하고자 하는 일을 군주에게 구하여 반드시 허락을 얻어낸다. 신하는 금과 옥 같은 패물을 군주를 모시는 미녀에게 주고 군주의 마음을 현혹시키게 하니 이러한 방법을 동상이라고 한다.

둘째는 재방在傍이다. 재방이란 곁에 있다는 뜻인데 어찌해서 재방이 그 방법이 되는가? 군주의 곁에는 심심풀이를 위해 배우와 난쟁이들, 심부름꾼 등이 항상 따라다닌다. 그들은 늘 좌우에서 군주를 가까이하여 몸에 익숙하므로 군주가 명을 내리기도 전에 "예예"하며, 시키기도 전에 "네네"한다. 군주의 뜻을 앞질러 알아서 대령하며, 안색과 기분을 살펴 군주의 마음보다 앞서 비위를 맞추고자 하는 자들이다. 또한 이들은 군주의 명에 의해서 함께 나아가고 물러서며 군주의 부름에 다 같이 응대하는 자들로, 어느 한마디라도 서로 달리 말하는 때가 없이 군주의 마음을 이행하는 자들이다. 그래서 신하들은 밖으로 불법을 행하고서는 금과 옥이나 진기한 노리개를 이들에게 주고 군주의 마음을 돌리게 시키니 이것을 재방이라고 한다.

셋째는 부형父兄이다. 어째서 부형이 그 방법이 되는가? 왕실의 서얼 공자들은 군주가 사랑하는 사람들이며, 조정의 대신은 군주가 국정을 문의하는 사람들이다. 그래서 이들이 힘써 진언을 하면 군주는 반드시 좇게 마련이다. 신하들은 좋은 음악과 미희를 서얼 공자에게 바치며, 한편으로는 감언이설로 조정 중신들을 설복한다. 먼저 군주에게 건의할 사항을 토의해 두고서, 일이 잘 이루어지면 관직이 오를 수 있고 봉록이 증가할 수 있다는 구실로 그들의 마음을 유혹한다. 그래서 부형이라고 부른다.

넷째는 양앙養殃이다. 양앙이란 재앙을 기른다는 뜻인데, 군주가 궁실과 누대와 연못 가꾸기를 좋아하거나 미녀를 아끼고, 자신이 타는 말이나 기르는 가축들 꾸미는 것을 마음의 즐거움으로 삼는다면 이는 국가의 화근이 될 것이다. 신하는 이를 보고서 대대적으로 백성을 동원하여 궁실을 짓고 누각을 세우는 일대 역사役事를 일으킨다. 혹은 막중한 세금을 징수하여 군주를 즐겁게 하고자 미녀들을 호화롭게 꾸민다. 그러나 이런 행동의 이면에는 군주의 사리판단을 흐려놓고 자신의 욕심과 사사로운 이득을 채우려는 속셈이 숨겨져 있는 것이다. 이러한 방법을 양앙이라고 한다.

다섯째는 민맹民萌이다. 민맹이란 백성이란 뜻인데, 어째서 민맹이 그 방법이 되는가? 신하가 공적인 재물을 백성들에게 나누어 주면서 민심을 사로잡는 경우가 있다. 이렇게 작은 은혜로써 백성들의 마음을 취하여 조정 관리와 시정의 백성들로 하여금 자신을 칭송하게 함으로써 군주를 현혹하고 자신의 목적을 달성한다. 이러한 방법을 민맹이라 한다.

여섯째는 유행流行이다. 유행이란 세상에 유전되고 있는 떠도는 말을 가리키는데, 어째서 유행이 그 방법이 되는가? 군주는 사실 궁 밖의 세계와 접촉할 기회가 아주 적어서 여러 의견을 듣기 어려우므로 유세객의 언변에 넘어가기가 쉽다. 그래서 신하는 각국에서 변론에 탁월한 자를 찾고, 안으로는 유세에 뛰어난 자를 양성하여 군주 앞에 세워 자신의 욕심을 설득시키게 한다. 교묘한 언사와 세상에 유행하는 말로써 이 말만 따르면 유리한 것처럼 보이도록 현혹하고,

때로는 환란이 닥쳐올 것이라 위협도 하며 헛된 말을 수없이 늘어놓아 군주의 마음을 허문다. 이것을 유행이라 한다.

일곱째는 위강威强이다. 위강이란 위세가 강하다는 뜻으로 신하의 권세가 군주보다 강할 경우를 말하는데 그 상황은 어떠한가? 군주가 신하나 백성의 힘을 강하게 만들면, 신하와 백성이 모두 좋다고 여길 때 군주도 따라서 좋다고 해야 하며, 그들이 나쁘다고 하면 나쁘다고 여겨야 할 만큼 군주는 권위를 갖지 못하게 된다. 신하들은 검을 차고 다니는 협객들을 모으고 죽음을 두려워하지 않는 무사를 양성해 자신의 위용을 보인다. 자신을 따르는 자는 반드시 이로우며, 그렇지 않은 자는 죽임을 당한다는 것을 증명해 보임으로써 다른 신하와 백성들을 공포에 떨게 하고는 사행을 저지른다. 이를 위강이라 한다.

여덟째는 사방四方이다. 사방이란 주위 이웃 국가들의 세력을 간신들이 이용하는 것을 뜻한다. 어떤 방법으로 하는가? 군주가 자신의 국가가 작으면 큰 나라를 섬기고, 자신의 군사력이 약할 경우엔 강한 군사를 두려워해야 하는 것은 당연하다. 대국이 요구하는 바가 있으면 소국은 반드시 응해야 하며, 대국의 군대가 출병할 시에는 약한 나라는 싫은 소리 없이 복종해야 한다. 신하는 백성들에게서 빈번히 세금을 걷고 부고의 재물을 가져다가 대국을 섬기는 데 쓰며 대국의 위세를 이용하여 자신의 군주를 협박한다. 심하게는 대국의 군대를 변경에까지 끌고 와 민심을 공포 속에 몰아넣기도 하고, 경미하게는 대국의 사신을 거듭 맞아들임으로써 군주를 떨게 하고 이로써 군주를 복종시킨다. 이런 방법을 사방이라 한다.

무릇 이 여덟 가지는 신하가 간사를 행하는 술책으로서 군주는 이로 인해 신하의 협박을 받거나 가지고 있던 권세를 상실할 것이니 살피지 않을 수 없는 것이다. 그래서 현명한 군주는 내실의 여자에게서 그들의 미색만을 향유할 따름이지 그들의 요구나 개인적 소청은 들어주지 않는다. 또 좌우의 근신들에 대해서는 그들의 몸을 부릴 뿐이며, 반드시 말에 책임을 묻고 허튼 말을 보태지 못하게 한다. 부형과 조정 대신들에 대해서는 그들의 말을 듣되 만일 착오가 생기면 반드시 사후에 처벌받는다는 것을 주지시켜 함부로 천거하지 못하게 한다. 또 군주는 신하들이 가져온 구경거리나 좋아하는 것을 보게 될 때 반드시 어디에서 온 것인가를 고하게 한다. 또한 신하가 독단으로 진상을 결정하거나 금지하지 못하게 하여 자신의 기호를 헤아리지 못하게 한다. 은덕을 베푸는 일에 대해서도 만일 궁중의 부고를 열어 백성을 이롭게 할 때는 반드시 군주가 하사하는 것으로 해야지 신하의 덕으로 만들지 못하게 한다. 또한 유세와 논의의 과정에서 신하는 반드시 그가 좋아하는 자는 칭찬하고 미워하는 자는 헐뜯기 마련이다. 따라서 신하들이 칭찬할 경우에는 그 찬사가 실제 재능이 있는 자에 대한 것인가를 살피고 헐뜯을 경우 역시 실제 과오 여부를 헤아려, 신하 간에 서로를 위하여 말을 거드는 일이 없게 한다. 용맹과 힘을 가진 무사가 전쟁에서 공을 세웠을 경우는 반드시 공에 맞게 포상하지만, 고을 간의 사사로운 분규에서 발휘된 용맹에는 그 죄를 사해 주지 않는다. 이로써 신하들은 사병私兵을 모아서 개인의 이익을 도모하려는 생각을 못 하게 된다. 각 제후국들의 요구에 대해서 그 요구가 합리적이라면 들어야 하지만 불합리한 경우에는 거절한다. 소위 군주가 나라를 잃었다는 것은 비단 그 나라를 상실한 경우를 일컫는 것뿐만이 아니라 군주가 권세를 장악하지 못하고 신하들이 외세를 업고서 국내 실권을 통제하는 것도 나라를 잃은 것이라 할 수 있다. 대국의 요구를 듣게 되는 것은 멸망을 피하기 위해서이나 요구를 들어주는 것만이 능사는 아니며 멸망을 재촉할 수도 있으니, 이때는 오히려 거부하는 것이 나라를 구하는 길이기도 하다. 신하들은 자신의 군주가 대국의 요구를 불청했다는 사실을 듣게 되면 밖으로 제후에게 국익을 팔지 않을 것이며, 이후 대국의 제후가 오히려 들어주지 않을 것이니 군주는 신하들에게 속지 않을 것이다.

현명한 군주가 관작과 봉록을 설치하는 것은 현명하고 재주 있는 자를 등용하고 신하들에게 공을 세울 것을 독려하기 위해서이다. 그래서 "현명하고 재주 있는 자는 후한 봉록을 주며 높은 관직으로 임명하라. 공이 큰 자에게는 존귀한 작위를 주며 중상을 받게 하라."라는 말이 있다. 현자에게 관직을 줄 때는 그 능력을 헤아려 보고 봉록을 수여할 때는 그 공적에 맞게 한다. 그러므로 신하는 자기 능력을 속여서 군주를 섬길 수 없고, 공이 있는 자는 기꺼이 맡겨진 업무에 나아가니, 일이 잘 이루어지고 공적이 쌓이게 된다.

그러나 현재는 그와 같지 않다. 현불초賢不肖를 구분하지 않으며 공의 유무를 논하지 않고, 제후들이 천거하는 자이면 등용하거나 좌우 근신들의 말만을 들어 결정한다. 부형과 대신들은 위로 군주에게 작위와 봉록을 청하여 아래에 이를 팔아 재물을 모으고, 결국 사사로이 붕당을 조직하는 데까지 이르렀다. 그래서 재물이 많은 자는 돈으로 관직을 사서 귀하게 되고, 왕실 근신들과 친분이 있는 자들은 군주에게 청원하여 귀인이 된다. 공로 있는 신하가 심사에서 제외되며 관직의 승급에 기준이 없다. 따라서 관리들은 직무를 올바로 처리하지 않고 밖으로 사귀기에만 힘쓰거나, 일은 버려둔 채 재물을 탐하기에 혈안이 되어 있다. 이렇게 되어 아무리 현자라 해도 나태해지고 노력하지 않으며, 공이 있는 자도 태만하고 업무를 소홀히 하니 이는 망국의 풍조인 것이다.

十.
십과

십과 +過란 열 가지의 과실이란 뜻으로 이러한 과오를 범하게 된다면 몸이 위태롭고 나라가 망하는 심각한 결과에 이르게 될 것이라고 각각의 예를 들어 설명하고 있다. 체제상으로는 내·외 저설儲說과 유사하다.

국사를 처리하는 데 있어서 집행자의 입장에서 저지르기 쉬운 열 가지의 중대한 과오가 있다. 첫째, 작은 일에 대한 충성이 도리어 더 큰 충성에 해를 줄 수 있으며, 둘째는 작은 이익을 돌아보다 더 큰 이익을 해치게 되는 경우이다. 셋째, 괴벽하고 방자하며 제후들에게 무례하게 군다면 스스로 몸을 망치는 결과를 가져올 것이며, 넷째로 정무를 듣는 일에 힘쓰지 않고 음악만을 좋아한다면 곤궁한 일을 당할 것이다. 다섯째, 탐욕스러운 성격에 재물을 탐하는 것은 나라가 망하고 목숨도 잃게 되는 원인이 될 것이다. 여섯째, 무희들의 춤이나 노래에 빠져 국정을 돌보지 않는다면 나라를 잃는 화가 닥칠 것이며, 일곱째로 궁궐을 자주 떠나 먼 곳까지 유람하느라고 신하의 간언을 듣지 않는다면 곧 위태로운 지경에 이를 것이다. 여덟째, 과오가 있음에도 충신의 말을 듣지 않고 제멋대로 행동한다면 높은 명성을 지녔어도 이내 사람들의 비웃음을 받게 될 것이다. 아홉째, 자국의 국력은 생각하지 않고 외부의 제후들에게 의지하려 한다면 침탈되는 화가 발생할 것이며, 열 번째로 국력이 약한 나라가 예의도 갖추지 않고 신하의 충성스러운 간언도 받아들이지 않는다면 대가 끊기는 불행을 맞게 될 것이다.

어째서 작은 충성을 거론하였는가? 예전에 초楚 공왕共王이 진晉 여공厲公과 언릉鄢陵에서 전쟁을 치렀는데, 초의 군대는 패배하고 공왕도 눈에 부상을 입었다. 당시 전투가 한창 치열할 때 초나라 장군 사마자반司馬子反이 목이 말라 마실 것을 찾으니 종자인 곡양穀陽이 술을 한 잔 가져와 바쳤다. 자반이 말하기를 "아니! 가져가라! 이건 술이 아닌가!" 하자, 곡양이 "술이 아닙니다."라고 대답하니 자반은 그를 받아 마셨다. 자반은 본시 위인 됨이 술을 좋아했는데, 만일 그 술이 맛있다는 것을 알면 전부 마시기 전에는 입에서 떼지 않으므로 이번에도 흠뻑 취해 버렸다. 전투가 초나라의 패배로 끝나고 나서 공왕은 다시 반격하고자 사람을 시켜 사마자반을 불렀다. 사마자반은 가슴이 아프다는 핑계로 왕의 명을 거절하였다. 그래서 공왕은 친히 말을 달려서 진중의 처소로 그를 만나러 갔다. 들어가 보니 진동하는 술 냄새를 맡을 수 있었다.

공왕은 자반을 만나보지도 않고 바로 되돌아 나오며 말하기를 "나는 오늘 전투에서 부상을 입었으니 앞으로 믿을 자는 사마뿐이라 생각했다. 그러나 사마는 저렇게 취했으니 이는 초나라의 사직을 망각하고 백성들을 긍휼히 여기지 않는 것이다. 이제 나는 전쟁을 계속할 방법이 없구나." 하고는 군대를 철수시키고 사마자반을 참수하여 효시하였다. 자반의 종자인 곡양이 술을 진상한 것은 자반을 미워해서가 아니었다. 그의 마음은 충성심으로 가득하였지만 이것이 도리어 그를 죽게 하였던 것이다. 그러므로 작은 일에 대한 충성이 도리어 더 큰 충성을 해칠 수 있다고 말하는 것이다.

작은 이익을 돌아보는 것이 과오가 된다고 하는 것은 어째서인가? 예전에 진晉 헌공獻公이 괵虢을 치고자 우虞나라에 길을 빌리려고 하였다. 진의 대부 순식荀息이 말하기를 "공公께서는 수극垂棘의 벽옥과 굴산屈産의 훌륭한 말을 우공虞公에게 주고서 길을 빌려 달라고 요구한다면 반드시 길을 빌릴 수 있을 것입니다." 하자, 헌공은 "수극의 옥은 선왕 대대로의 보물이며 굴산의 명마는 과인이 아끼는 준마인데, 만일 저들이 이를 받고서 길을 빌려주지 않는다면 어찌하겠소?" 하고 물으니, 순식이 대답하기를 "저들이 우리에게 길을 빌려주지 않는다면 그 물건들을 감히 받지 못할 것이며, 받는다면 반드시 길을 빌려주지 않을 수 없을 것입니다. 그러므로 이것은 마치 보물을 안에 있는 창고에서 꺼내어 밖에 있는 창고에 넣어 두는 것이며, 준마를 안의 마구간에서 밖의 마구간으로 옮겨 두는 것에 불과한 것입니다. 공께서는 조금도 걱정하지 마십시오."라고 하였다. 헌공도 "그리하오." 하고 이에 따르기로 하였다. 그래서 수극의 옥과 굴산의 말을 우공에게 보내고는 길을 빌려 달라고 요구하였다. 우공은 본래 재물에 욕심이 많아 그 옥과 준마를 갖고 싶어서 길을 빌리자는 요구를 허락하고자 하였다. 그때 우공의 대부인 궁지기宮之奇가 간하여 말하길 "허락해서는 안 됩니다. 우리 우나라에 괵이 있음은 마치 수레와 보(輔, 수레에서 지지 작용을 하는 부분)의 관계와 같습니다. 보는 수레에만 있는 것이며, 수레 또한 보 없이는 움직일 수 없으니 우나라와 괵의 형세가 바로 이와 같습니다. 만일 길을 빌려주어 괵이 하루아침에 망한다면 우나라도 그날 저녁으로 똑같이 될 것입니다. 진에게 길을 빌려주어서는 안 됩니다. 원컨대 그들의 요구를 들어주지 마십시오." 하였다. 그러나 우공은 간언을 듣지 않고 길을 빌려주었다. 순식은 마침내 괵나라를 정벌하였다. 개선한 지 삼 년에 다시 군사를 일으켜 우나라도 공격하여 정벌하였다. 순식이 옥과 준마를 가져다 헌공에게 바치니 헌공은 기뻐하며 "아! 비록 말의 이빨을 보니 나이는 좀 먹었으나 말과 옥은 그대로구나!" 하였다. 우공의 군대가 깨어지고 땅을 침탈당한 원인은 어디에 있겠는가? 작은 이득에 눈이 어두워 그것이 해가 됨을 염려하지 않았기 때문이다. 그러므로 작은 이익을 돌아보다가 큰 이익을 해친다고 하는 것이다.

괴벽한 행동은 어째서 과오가 되는가? 지난날 초나라 영왕이 신申 지방에서 제후들을 불러 모아 회맹하고자 한 적이 있었다. 그런데 송나라의 태자가 늦게 도착하자 그를 체포 구금하였으며, 서徐나라의 군주에게는 모욕을 주고, 제후들을 이끌고 오吳를 공격하여 망명해 왔던 제나라의 대부 경봉慶封을 살해하는 등 방약무인하였다. 중사사中射士가 간언하여 말하기를 "제후들을 회맹하자고 모아 놓고 무례해서는 안 됩니다. 이것은 국가 존망의 관건이 될 것입니다. 옛날 하夏나라 걸왕桀王이 유융有戎 지방에서 제후들과 회맹을 하였으나 유민有緡이 배반하였고, 상나라의 주왕이 여구黎丘에서 제후들과 전렵田獵을 할 때 동이東夷가 반란하였고, 주周나라 유왕幽王이 태실太室에서 회맹할 때 융적戎狄이 배반하였던 것은 모두 예를 갖추지 못했기 때문에 일어났던 것입니다. 왕께서는 이를 잘 헤아려 보시기 바랍니다." 하였으나, 영왕은 그 말을 듣지 않고 자기 뜻대로 하였다. 그 후 일 년도 못 되어 영왕이 남방으로 유람을 갔을 때, 신하들이 그 틈을 타서 왕위를 찬탈하니 영왕은 굶주리다가 마침내 건계乾溪 지방에서 죽었다. 그러므로 괴벽하고 방자하며 제후들에게 무례하게 대한다면 자신을 망치는 지경에 이른다고 말한다.

음악을 좋아하는 것은 어째서 과오가 되는가? 예전에 위衛나라 영공靈公이 진晉나라로 가는 도중에 복수濮水의 물가에서 행렬의 수레와 말을 풀고 숙소를 정하여 하룻밤 묵기로 하였다. 한밤중에 누군가가 새로운 곡조의 음악을 연주하는 소리가 들렸다. 흥겹게 듣다가 좌우의 사람을 시켜 알아보게 하였으나 모두 다 들어본 적이 없다는 말뿐이었다. 이에 왕실의 악사인 사연師涓을 불러오게 하여 말하기를 "누군가가 새로운 음악을 연주하고 있는데 사람을 시켜 알아보게 하였으나 모두들 모른다고 하니 선생이 나를 위하여 그 악보를 적어 주었으면 하오." 하며 부탁하자, 사연은 "그렇게 하겠습니다." 하고는 조용히 자리에 앉아 거문고를 뜯으며 곡조를 적었다. 다음 날 사연이 고하여 말하기를 "신이 그 음악을 연주할 수는 있겠으나 아직 완숙하지 못하므로 청컨대 하루를 더 머물며 연습하였으면 합니다." 하였다. 영공도 허락하여 하루를 더 머물러 연주가 익숙하게 된 후에 다시 진으로 떠났다. 진나라 평공平公은 시이施夷의 누대에서 그들을 위해 주연을 열었다. 모두들 술기운이 좀 돌았을 때 영공이 일어나 말하기를 "새로운 악곡이 있는데 들려드렸으면 합니다." 하자, 평공이 "들려주시기 바랍니다." 하며 기뻐하였다. 곧 사연을 불러 사광師曠의 옆에 앉게 하고는 거문고를 탄주하게 하였다. 곡이 아직 연주되고 있는데 사광이 돌연 사연의 손을 잡고 연주를 막으며 "이 곡은 망국의 음악입니다. 끝까지 다 연주해서는 안 됩니다." 하니, 평공이 묻기를 "이 음악은 어디에서 온 것이오?" 하였다. 그러자 사광이 말하기를 "이것은 옛날 주왕의 악공인 사연師延이 지어 주왕에게 바친 퇴폐적인 음악입니다. 무왕武王이 주왕을 정벌할 때 사연은 동쪽으로 달아나 복수의 강가에 이르러 투신자살하였습니다. 그래서 이 음악은 복수의 근방에서 전해지는 것입니다. 예전에 이 음악을 들은 자는 그 나라를 잃었으므로 이 곡을 끝까지 연주해서는 안 되는 것입니다." 하였다. 그러나 평공은 "과인이 좋아하는 것이라면 음악뿐이니 선생께서는 그 곡을 끝까지 연주해 주시오." 하며 계속 듣기를 고집하였다.

사연이 그 연주를 마치자 평공이 사광에게 물었다. "이것은 무슨 곡조인가?" 하자, 사광은 "이 곡이 바로 청상지곡淸商之曲입니다."라고 대답했다. 평공이 다시 묻기를 "청상의 곡조가 가장 슬픈 것인가?" 하니 사광이 대답하기를 "청치淸徵만은 못합니다." 하였다. 평공이 또 "청치의 곡조를 들어볼 수 있겠는가?" 하고 물으니 사광은 만류하며 "안 됩니다. 예부터 청치의 곡은 덕과 의를 갖춘 임금만이 들었습니다. 지금 공께서는 덕과 의가 박하시므로 들으실 수 없습니다."라고 말했다. 그럼에도 평공은 "과인이 좋아하는 것이 음악이니 그 음악을 들어보고 싶소." 하며 뜻을 거두지 않았다. 사광도 더는 어쩔 수 없어 거문고를 끌어다 연주하기 시작하였다. 한 번 연주하자 검은 학이 남으로부터 여덟 마리씩 두 줄로 열을 지어 날아와 대궐 지붕의 등마루에 모여들었고, 재차 연주하자 학들은 가지런히 열을 지었고, 세 번째 연주하니 목을 길게 세우고 울음소리를 내면서 날개를 펼치고는 춤을 추기 시작하였다. 궁상宮商의 가락과 같은 학의 울음소리가 하늘로부터 들려왔다. 평공과 좌중의 어느 누구도 크게 기뻐하지 않는 이가 없었다. 평공은 술잔을 들고 일어나 사광을 위하여 건배하고는 다시 앉으며 "곡조 중에서 청치보다 더 슬픈 것은 없겠지요?" 하고 물으니 사광이 대답하기를 "청각淸角의 곡조만은 못합니다." 하였다. 그러자 평공은 또 "청각의 가락을 들려줄 수 있겠소?" 하고 요청하였다. 사광은 이번에도 "안 됩니다. 지난날 황제가 태산의 정상에서 귀신들을 모으는 봉선封禪 의식에 코끼리를 닮은 수레를 타며 여섯 마리의 교룡蛟龍으로 하여금 수레를 끌게 했습니다. 목신木神인 필방畢方이 옆에서 보호하고, 반인반수半人半獸의 신비한 힘을 지닌 치우蚩尤가 앞길을 열며, 바람신 풍백風伯이 땅을 쓸고, 우사雨師는 길에 물을 뿌려주었습니다. 또한 호랑이, 이리떼가 앞장서 달리며, 뒤에는 귀신들이 따르고 등사螣蛇라는 용은 날지 않고 옆에서 동행하며, 봉황은 공중에서 춤을 추었습니다. 그리하여 귀신들이 크게 모이고 나서 청각의 곡을 지었던 것입니다. 하지만 현재 군께서는 덕과 의가 부족하십니다. 들으실 수 없는데 들으셨다가는 화가 미칠까 염려됩니다."라고 하며 간곡히 만류하였다. 평공이 말하기를 "과인은 이제 늙었소. 좋아하는 것이라곤 음악뿐이니 꼭 한 번만 들어보았으면 하오."

하였다. 사광은 마지못해 청각의 곡조를 연주해야 했다. 한 번 연주하자 검은 구름이 서북쪽으로부터 일어나고, 재차 연주하자 큰 바람이 불고 이어 큰 비가 쏟아졌다. 그 바람에 휘장이 찢기고 그릇이 날려 깨지며, 기와가 떨어져 박살 나자 앉아 있던 사람들이 혼비백산하여 달아났다. 평공도 놀라서 궁정의 내실에 숨어 있었다. 이로부터 나라는 오래도록 가물었으며, 삼 년간 밭에서 작물이 나지 않았다. 평공도 중환에 걸려 나라를 다스릴 수가 없었다. 그래서 나랏일을 다스리는 데 힘쓰지 않고 음악만을 좋아하고 그칠 줄 모른다면 몸을 망치게 될 것이라 하는 것이다.

탐욕스러운 성격은 어떠한 과실을 낳는가? 예전에 진晉나라에는 세력이 강한 여섯 명의 귀족이 있었는데 그중 지백요智伯瑤라는 자가 조, 한韓, 위魏의 삼경과 연합하여 군대를 이끌고 범씨范氏와 중행씨中行氏를 쳐서 멸하였다. 귀환하여 수년간 병사들을 쉬게 하는 중에 한나라로 사신을 보내 땅을 분할해 줄 것을 요구하였다. 한韓 강자康子는 이유 없이 땅을 주고 싶지 않았으나 지백의 보복이 염려되었다. 그의 신하인 단규段規가 간언하여 말하기를 "주지 않을 수는 없습니다. 무릇 지백이란 자는 위인 됨이 이利를 좋아하고 오만무도하여 그가 땅을 바치라고 함에 주지 않는다면 반드시 한나라를 공격할 것입니다. 왕께서는 그에게 땅을 주십시오. 주게 되면 이것이 버릇이 되어 또 다른 나라에도 땅을 바치라고 할 것입니다. 그 나라는 필시 지백의 말에 불복할 것인데 그러면 지백은 그 나라를 침공할 것입니다. 그와 같이 하여 한은 환란을 피할 수 있을 것이며, 그때 가서 사태의 변화를 기다려 보심이 어떠하겠습니까?" 하였다. 한 강자도 그렇게 하는 것이 좋다고 받아들였다. 이에 사자를 시켜 만호萬戶의 현縣 하나를 지백에게 바치게 했다. 지백은 기뻐하며 이번에는 위나라에 사람을 보내 땅을 바치라고 명했다. 위魏 선자宣子도 이유 없이 땅을 바치고 싶지 않았다. 조가趙葭가 간언하기를 "지백이 한에 땅을 바치라고 하였을 때 한은 그에게 주었습니다. 지금 우리 위에도 바치라고 하는데 만일 주지 않는다면 위나라 스스로는 강하다고 여기겠지만 밖으로 지백의 화를 불러올 것입니다. 주지 않으면 반드시 위나라를 침공할 것이니 차라리 주는 것만 못합니다." 하니 위선자도 "그렇게 하오." 하고 동의하였다. 이에 사람을 시켜 만호의 현 하나를 지백에게 바쳤다. 지백은 또 조나라로 사람을 보내 옛 채蔡나라의 고랑皐狼 지방을 달라고 했으나 조나라 양자襄子는 주지 않았다. 지백은 은밀히 한, 위와 조약을 맺고 조를 치고자 하였다. 조 양자는 장맹담張孟談을 불러서 말하기를 "지백의 위인 됨은 겉으론 친해도 마음속으로는 거리를 두는 성품으로, 전후 세 차례에 걸쳐 한, 위로 사신을 보내면서도 과인에게는 보내지 않으니 과인의 나라를 침공할 것이 분명한데 우리는 이제 어찌 대처해야 좋겠는가?"라고 물었다. 장맹담이 말하기를 "선왕이신 조趙 간자簡子의 신하 동알우董閼于가 진양晉陽 지방에 수령으로 있을 때 그곳을 잘 다스려 놓았는데, 죽은 후에도 윤탁尹鐸이 이어받아 통치를 잘했기 때문에 아직까지 그 여풍이 남아 있습니다. 왕께서는 그 진양을 저항의 거점으로 삼으시면 될 것입니다." 하였다. 조 양자는 그의 말에 따르기로 했다. 이에 연릉생延陵生을 거기장군車騎將軍으로 삼아 먼저 진양으로 향하게 하고 왕은 그 뒤를 따랐다. 조 양자가 도착하여 진양의 성곽 및 각 관서를 점검하여 보았으나 성곽도 견고하지 않고 창고에는 양식도 비축되어 있지 않았으며, 저축해 놓은 돈도 없고 갑옷이나 무기는 물론 성을 방어하는 시설조차 없었다. 그는 아주 놀라서 즉시 장맹담을 불렀다. "과인이 성곽과 각 관서들을 점검해 본 결과 제대로 갖추어져 있는 것이라곤 없는데 어떻게 적과 상대할 수 있겠소?" 하니, 장맹담이 대답하기를 "소신이 듣건대 옛 성인들이 정치를 펴는 데 재물은 백성들에게 두지 관의 창고에 쌓아 두지 않는다고 했으며, 또한 백성들을 가르치는 데 힘쓰지 성곽이나 수리하는 일은 중시하지 않는다고 했습니다. 왕께서는 지금 명령만 내리십시오. 그러면 백성들은 삼 년간 먹을 양식만을 남기고 나머지는 관의 창고로 날라 올 것이며, 돈도 삼 년간 쓸 현금만을 남기고 나머지는 관으로 가져올 것이며, 또 집안일에 꼭 필요한 인력만 남기고 나머지 사람은 모두 성곽 수리하는 일에 참가하러 올 것입니다."라고 하였다. 그의 말에 따라 그날 저녁으로 왕이 명령을 내리자, 이튿날 창고에는 더 이상 쌓을 수 없을 정도로 많은 식량이 들어왔고 돈과 무기도 받아 놓을 곳이 없을 만큼 많이 거두어졌다. 닷새 만에 성곽은 보수가 끝났으며 방어 시설도 설치가 완료되었다. 왕은 다시 장맹담을 불러 말했다. "성곽과 방어진이 구축되었고, 돈과 양식도 족하며 갑옷과 무기도 충분하지만 화살이 없는데 이를 어찌하면 좋겠소?" 하니 장맹담이 말하기를 "듣기에 지난날 동알우 선생이 진양을 다스릴 때 공공건물의 담을 모두 갈대나 쑥대 혹은 호

초(楛楚, 붉은색의 나무로 화살대를 만드는 데 쓴다)나무로 엮어 만들었다고 합니다. 그 높이가 열 자 가량 되니 왕께서는 이를 잘라서 사용하십시오. 그러면 화살은 충분할 것입니다." 하였다. 그대로 시행하여 화살을 만들어 써 보니 균로(菌簵, 대나무의 일종으로 화살을 만드는 데 주로 쓰임)라고 하는 강하기로 유명한 화살도 그 견고함이 이에 비할 바가 못 되었다. 또 왕이 말하기를 "화살은 이것으로 되었지만 그 화살촉은 어찌해야 하오?" 하고 물으니, 장맹담이 "동선생이 진양을 다스릴 때 관저와 사택에 모두 동銅으로 기둥의 주춧돌을 대신하게 했다고 들었는데 이를 뽑아서 사용하시면 화살촉도 걱정하실 것이 없습니다."라고 대답했다. 그의 말대로 이를 파서 사용하였다.

명령 계통이 정비되고 방어진이 다 완비되었을 무렵 과연 삼국의 군대가 이르렀다. 진양을 공격하기 시작하여 성벽을 오르며 3개월 동안 치열한 전투를 벌였으나 성은 함락되지 않았다. 동맹군은 군사들을 쉬게 하고자 물러나서 성을 포위한 채 이번에는 진양성 옆을 흐르는 강줄기를 터서 성안으로 흘러들어 가게 하였다. 그렇게 진양성을 포위한 지 삼 년이 되자, 그간에 나무 위에 움집을 치고 솥을 걸어 취사를 해 왔던 성안의 조나라 백성들은 이제 돈과 식량이 다하였고 병사나 관리들도 병들어 갔다. 양자가 장맹담에게 말했다. "이제 식량과 재력이 다했고 군사들도 병들어 가니 우리는 더 이상 버틸 수 없을 것 같소. 항복하고자 하는데 어느 나라에 하는 것이 좋겠는가?" 하자, 장맹담이 대답하기를 "신이 듣건대 나라가 망해 가는데 이를 지켜 내지 못하거나 위급한 때를 당해서 이를 편안하게 하지 못한다면 지모가 있는 자들을 중시할 필요가 없을 것이라 하였습니다. 왕께서는 부디 그러한 마음을 거두어 주십시오. 그리고 신으로 하여금 은밀히 한나라와 위나라의 임금을 만나보게 해 주십시오." 하였다. 장맹담은 한, 위의 임금을 만났다. 장맹담이 "입술이 없으면 이가 시리다脣亡齒寒는 말이 있습니다. 지금 지백이 한, 위의 두 임금을 거느리고 조나라를 공격하여 조는 장차 멸망할 지경에 이르렀습니다. 그러나 조가 망하면 다음은 두 분의 차례일 것입니다." 하니 한, 위의 임금들이 말하기를 "우리도 그와 같음을 알고 있소이다. 그럴지라도 지백의 위인 됨이 심성이 포악하고 인정이 박하니 이를 어찌하겠소?" 하니, 장맹담이 대답하기를 "두 분의 입으로부터 계획이 나와 소신의 귀로 들어왔을 뿐이니 다른 사람은 절대 알지 못하는 것입니다." 하고 다짐하였다. 이에 두 나라의 군대가 지백을 반역할 것을 약속하고 장맹담과 더불어 거사일을 결정하였다. 장맹담은 다시 야반을 틈타 진양성으로 돌아가 두 임금이 모반에 동의하였음을 보고하였다. 조 양자는 그를 맞아 재배하고는 기쁨과 함께 내심 두렵기도 하였다. 한, 위의 두 임금은 장맹담과 밀약을 맺고 돌려보낸 후 지백에게 조회하러 갔다가 나오는 중에 군문軍門에서 지과智過를 만났다. 지과는 그들의 행동에 수상쩍은 점이 있다고 여겨 지백을 만나러 들어갔다. 지과가 말하기를 "그들의 외모를 살피니 장차 변심할 뜻이 있는 듯합니다." 하자, 지백이 묻기를 "어째서 그렇게 보았소?" 하니, "그들의 행동이 방자하고 의기가 높아 있으며 저를 대하는 예의도 이전 같지 않습니다. 주군께서는 필히 그들보다 먼저 손을 쓰셔야 좋을 것입니다." 하고 지과가 말했다. 지백은 그들을 변호하며 "나와 그들과의 맹약은 굳건한 것이오. 조를 파하고 나서 그 땅을 삼분하기로 약속한 것과 같이 과인이 그들을 친하게 대하고 있으므로 그들은 나를 속이지 않을 것이오. 우리 군대가 진양을 포위한 지 삼 년이 되었는데 머지않아 곧 성이 함락되면 그 전과를 거두게 될 것인데 어찌 다른 마음을 갖겠는가? 절대 그렇지 않을 것이니 그대는 마음을 풀고 다시는 그런 말을 입에 담지 마시오." 하였다.

이튿날 아침 한, 위의 두 임금이 지백에게 조회하고 나오는 길에 다시 군문 앞에서 지과와 마주쳤다. 지과는 들어와 지백을 알현하고 말하기를 "주군께서는 어제 신의 말을 그들에게 이르셨습니까?" 하고 묻자, 지백은 "그것을 어찌 알았소?" 하였다. 지과가 대답하기를 "방금 두 왕이 조회하고 나오는 길에 신을 보더니 안색이 바뀌며 저를 주시하였습니다. 이는 반드시 어떤 변심이 있는 것이니 주군께서는 즉시 그들을 처형하십시오." 하자 지백은 여전히 들으려 하지 않으며 "그대는 관여치 말고 그 문제는 더 이상 거론하지도 말라." 하였다. 지과는 애가 타서 "안 됩니다. 반드시 그들을 처단하십시오. 만약 그렇게 하실 수 없다면 반대로 그들을 가까이 두십시오." 하자, 지백이 "가까이 친하라는 것은 또 무슨 말인가?" 하고 물었다. 지과가 말하기를 "위 선자의 모신은 조가이며, 한 강자의 모신은 단규입니다. 주군께서는 그 두 사람에게 약속을 하여 조나라를 파하고 나면 그 둘을 각각 만호의 현에 봉해 주겠다고 하십시오. 그렇게 하면 두 모신은 그들의 변심을 돌리게 만들 것입니다." 하였다. 그러나 지백은 "조를 파하고 나서 그 땅을 삼분하기로 하였는데 다시 두 사람에게 각 만호의 현을 준다면 내가 얻는 것이 적으니 그렇게 할 수는 없소." 하며 듣지 않았다. 지과는 자신의 말이 받아들여지지 않자, 나와서 자신의 성을 보輔씨로 고치고는 다른 지방으로 달아났다. 약속한 거사일의 밤이 되자 조나라의 특공대는 지백이 만든 수로의 제방을 지키는 파수들을 사살하고 물줄기를 지백의 진영으로 돌려 흐르게 하였다. 지백의 군사는 대패하고 지백도 사로잡히게 되었다. 이렇게 지백은 자신을 죽음에 이르게 하고 군대도 잃고 나라를 셋으로 분할당했으니, 이로써 천하의 웃음거리가 되었던 것이다. 그래서 말하기를 탐욕을 부리며 이득만을 좋아한다면 나라를 망치고 몸을 죽음에 이르게 하는 근원이 된다고 하는 것이다.

무희들의 춤이나 노래에 빠져 있으면 또한 과실이 되는 것은 어째서인가? 지난날 서융西戎의 왕이 유여由余로 하여금 진秦나라를 방문하게 하였다. 목공穆公이 묻기를 "과인은 일찍이 나라를 다스리는 데 이상적인 통치술에 대해서는 들어본 적이 있으나 실제 그 상황은 본 적이 없소. 원컨대 그대는 옛 명군들이 나라를 얻고 잃었던 까닭이 무엇 때문이었는지를 말해 줄 수 있겠는가?" 하자 유여가 대답하기를 "신이 이전에 들은 바가 있사온데, 언제나 검약하면 나라를 얻게 되고 사치하게 되면 나라를 잃었다고 들었습니다." 하였다. 목공이 말하기를 "과인은 우매함을 감추지 않고 그대에게 도에 대해 물었거늘 단지 검약이라고만 대답하니 어찌 된 것이오?" 하니 유여가 대답했다. "신이 듣건대 옛날 요임금이 천하를 다스릴 때에는 흙으로 만든 그릇에 밥을 담아 먹었으며, 흙으로 만든 병에 물을 담아 마셨다고 합니다. 영토는 남쪽으로 교지交趾에 이르고 북으로는 유도幽都에 이르며, 동서쪽으로는 태양과 달이 나고 드는 곳까지 미쳤으니 사해四海에 복종하지 않는 사람이 없었습니다. 요임금이 천하를 선양禪讓하심에 순임금께서 이어받아 천자에 올랐습니다. 식기를 만들기 위해서 산의 나무를 베어다 재료로 썼는데, 갈아 낸 자국을 가리기 위해 표면에 옻칠을 하여 궁에서 쓰게 하였더니 제후들은 사치가 지나치다고 여겼고 그래서 열세 나라가 순 왕실에 복종하지 않았습니다. 순임금이 천하를 우임금에게 전하심에 우임금 시대에서는 제기祭器를 만들었습니다. 그릇의 겉은 검은 옻칠을 하고 안에는 붉은

색으로 그림을 그렸으며, 무늬를 넣지 않은 흰 비단으로 침구를 만들었습니다. 또 장초(蔣草)로 자리를 만들고 가장자리에는 아름다운 수술을 달며, 술잔마다 채색하고 접시마다 문양을 넣으니 사치함이 더욱 심하였습니다. 그래서 이 시대에는 왕조에 불복한 자들이 더 많아져 서른세 나라나 되었습니다. 우임금으로부터 시작된 하왕조가 망하고 은(殷) 민족이 계승하였는데, 그들은 크고 화려한 천자의 수레를 만들어 그 수레 위에 아홉 개의 깃발을 세워 천자의 위용을 밝혔습니다. 그릇과 술잔에 조각을 새겨 넣고 실내의 네 벽면에는 칠을 하며, 자리와 침구에도 무늬를 넣는 등 사치가 심해지자 은왕조에 불복하는 나라는 전대보다 더욱 늘어나 쉰세 나라에 이르렀습니다. 귀족들은 모두 훌륭히 치장하는 것만 알았으니 그에 복종하고자 하는 사람들은 갈수록 줄어갔습니다. 그래서 신은 검약이 나라를 얻는 도라고 말씀드린 것입니다." 하였다. 알현이 끝나고 유여가 나가자 목공은 곧 내사(內史)인 요(蓼)를 불러 말했다. "과인이 듣건대 이웃 나라에 성인이 있다면 자신의 나라에 우환이 된다고 들었소. 이제 보니 유여는 성인이오. 과인은 이것이 염려되는데 어찌하면 좋겠소?" 하니, 요가 대답하기를 "융왕이 기거하는 곳은 외지고 누추하며 거리도 멀어서 중원의 음악을 들은 적이 없을 것이라 생각됩니다. 왕께서는 융왕에게 무희와 음악을 보내어 정치를 어지럽게 하고, 또 그에게 유여의 돌아갈 날을 늦추게 요구한다면 유여가 융왕에게 간언할 시간이 없을 것입니다. 그렇게 저들의 군신 간에 틈을 만든 이후에 계책을 도모하십시오." 하였다. 목공은 "그렇게 하오." 하고는 내사 요를 시켜 무희 열여섯 명을 융왕에게 보냈다. 그리고 유여의 귀국일을 늦추어 줄 것을 요구하니 융왕은 별생각 없이 허락하였다. 융왕은 무희들을 보고 기뻐하며 주연을 열고 날마다 음악만 들으며 해가 가도록 유목지를 옮기지 않으니 소와 말이 반이나 굶어 죽었다. 유여는 그제야 돌아와 융왕에게 간하였으나 왕은 이미 정신이 타락하여 그의 말을 받아들이지 않았다. 유여는 하는 수 없이 그곳을 떠나 진으로 들어갔다. 진 목공은 그를 맞아 재배하며 상경上卿의 직위를 내렸다. 그러고는 융의 군사력과 지형 등을 물은 후 군사를 일으켜 정벌하니 마침내 열두 나라를 손에 넣고 땅을 천 리나 넓히게 되었다. 그래서 말하기를 무희와 음악에 빠져 정치를 돌보지 않는다면 망국의 화를 초래한다고 하는 것이다.

수도를 떠나서 먼 곳을 유람하고 다니는 것은 어째서 과오가 되는가? 옛날 전성자田成子가 바닷가에서 놀다가 이에 재미를 붙여서 여러 대부들에게 호령하기를 "돌아가자고 말하는 자가 있으면 처형하겠다."라고 하였다. 안탁취顏涿聚가 말하기를 "주군께서 바다에서만 놀며 이를 즐기고 계실 때 신하 중에 나라를 도모하려는 자가 있다면 어찌하시렵니까? 아무리 여기가 즐거울지라도 나라를 잃고 나면 어디로 돌아갈 수 있겠습니까?" 하자, 전성자가 말하기를 "과인이 영을 내려 돌아가자고 말하는 자는 사형에 처한다고 했거늘 그대는 지금 과인의 영을 어긴 것이다." 하고는 그 즉시 무기로 그를 치려고 하였다. 안탁취가 말하기를 "옛날 걸왕이 관용봉을 죽이고, 주왕이 왕자 비간을 살해했는데, 이제 군주께서 신을 죽이신다면 직언을 하다 죽임을 당한 세 번째의 충신으로 남을 것입니다. 신은 나라를 위하여 말씀드린 것이지 자신을 위해 그런 것이 결코 아닙니다." 하였다. 그러고는 목을 길게 늘이고 나아가 말하기를 "주군께서는 어서 치십시오." 하였다. 전성자는 깨닫는 바가 있어 무기를 버리고 수레를 몰고서 돌아갔다. 3일이 지나 자신을 수도로 돌아오지 못하게 하려 했던 모의가 있었음을 알게 되었다. 이렇게 전성자가 제나라를 계속 유지할 수 있었던 것에는 안탁취의 공이 컸다. 그래서 수도를 비우고 먼 곳으로 놀러 다니는 것은 몸을 위태롭게 하는 길이 된다고 하는 것이다.

허물이 있는데 충신의 말을 듣지 않는 것은 어째서 과오가 되는가? 지난날 제나라의 환공이 수차에 걸쳐 제후들을 모아 회맹하여 천하를 바로잡음으로써 춘추오패 중에서 최초의 패자가 되었다. 관중管仲이 그를 보좌해 왔는데 나이가 들어 일을 볼 수가 없게 되자 물러나 집에서 쉬고 있었다. 환공이 관중을 찾아가 물었다. "중보(仲父, 제 환공이 관중을 높여서 부른 호칭)께서 병이 나셨는데 불행히 일어나지 못하게 되면 장차 정치를 누구에게 맡기면 좋겠소?" 하니, 관중이 대답하기를 "소신은 이제 늙었습니다. 마땅한 지혜를 낼 수는 없겠지만 이런 말을 알고 있습니다. 신하를 파악하는 데 군주보다 더 잘 아는 사람은 없으며, 자식에 대해 잘 알고 있는 사람은 그 아비만한 이가 없다고 합니다. 주군께서는 마음속에 생각했던 바를 먼저 말씀해 보시지요." 하자, 환공이 "포숙아鮑叔牙는 어떻겠소?" 하니, 관중이 "그는 안 됩니다. 포숙아는 사람됨이 지나치게 곧고 고집이 세며 일 처리에 있어서 너무 격한 면이 있습니다. 지나치게 강직하면 백성들에게 포악할 우려가 있고, 고집이 세면 백성의 마음을 잃게 되며, 행동에 과격한 면이 있으면 아랫사람들이 쓰이길 피하려 할 것입니다. 또한 모든 일에 두려워하는 마음이 없으니 패왕의 보좌역은 어렵습니다." 하였다. 환공이 또 말하기를 "그렇다면 수조豎刁는 어떠하오?" 하고 물으니, 관중은 이번에도 "안 됩니다. 무릇 사람의 감정에는 자신의 몸을 아끼지 않는 자가 없거늘 주군께서 후궁들의 외도에 의심이 많은 것을 알고 수조는 스스로 거세하여 내시가 되어 후궁들을 다스리고자 하였습니다. 자신의 몸을 아끼지 않는 자가 어찌 그 임금을 사랑할 수 있겠습니까?" 하였다. 환공이 또 묻기를 "그렇다면 위衛나라 공자 개방開方은 어떠하오?" 하니 관중이 대답하길 "그 또한 안 됩니다. 제나라와 위나라는 10일도 안 걸리는 거리에 있습니다. 그러나 개방은 주군을 섬기며 그 비위를 맞추고자 하였던 까닭에 15년 동안 위나라에 있는 부모를 찾아가 보지 않았습니다. 이것은 인정에 어긋나는 것입니다. 자신의 부모를 섬기지 못하고서 어찌 임금을 섬긴다 할 수 있겠습니까?" 하였다. 환공이 말하기를 "그러면 역아는 어떠하오?"라고 물으니 관중이 대답하기를 "안 됩니다. 역아는 한갓 미식美食을 위하여 주군께 봉사하는 일개 요리사일 따름입니다. 일전에는 왕께서 맛보지 못한 것은 인육뿐이라 하자 자신의 아들을 삶아 바쳐서 그 맛을 알게 하였습니다. 사람의 마음이라면 자신의 아들을 사랑하지 않는 자가 없겠거늘 하물며 그 아들을 삶아 주군께 바쳤으니 자신의 아들도 사랑하지 않는데 어찌 임금을 사랑할 수 있겠습니까?" 하였다. 이에 환공은 "그렇다면 누가 좋겠소?" 하니, 관중은 "습붕隰朋이면 가합니다. 그는 사람됨이 안으로는 굳은 마음을 지녔고 밖으로는 청렴한 생활을 즐거워하며 욕심이 적고 신의가 두텁습니다. 마음이 굳건하므로 표준으로 삼을 만하며 청렴한 몸가짐은 대임을 맡길 수 있으며, 욕심이 적으므로 백성을 다스릴 수 있고 신의가 두터우니 이웃 나라들과 능히 친교를 맺기 쉬울 것입니다. 이것이 패왕을 보좌할 사람이 갖추어야 할 조건일 것입니다. 주군께서 이런 뜻을 받아주셨으면 합니다." 하였다. 환공은 "그렇게 하겠소." 하고 수락하였다. 일 년이 지나 관중은 세상을 떠났으나 환공은 여전히 습붕을 등용하지 않았으며 수조와만 함께 지냈다. 수조가 나라의 대사를 관장하게 된 지 3년쯤 되었을 때 환공은 남쪽으로 당부堂阜의 부근을 유람하고 있었다. 수조는 역아, 위공자 개방과 대신들을 이끌고 난을 일으켰다. 환공은 이때 남문의 침궁에서 병들어 누워 있었는데, 누구도 음식을 봉양하는 사람이 없어 마침내 굶어 죽었다. 환공은 죽었으나 사람의 출입이 통제된 상태로 군사들이 계속 외부를 수비하여 시신이 죽은 지 3개월이 지나도록 거두어지지 않아서 부패하여 시충이 문밖으로까지 기어 나올 정도로 불행한 최후를 마쳤다. 환공의 군사는 천하를 주름잡고 자신은 최초의 패자霸者에까지 올랐으나 신하들에 의해 시역弑逆을 당하여 앞서 높았던 자신의 명성을 소멸시켰으니 이로써 천하의 웃음거리가 되었던 것이다. 이는 어떠한 까닭에서였는가? 바로 관중의 충언을 받아들이지 않았던 일이 잘못이었던 것이다. 그래서 말하기를 충신의 말을 듣지 않고 독선적으로 자신의 고집대로만 행한다면 곧 훌륭한 명성도 실추되고 이로 인해 비웃음을 당하는 원인이 될 것이라 하였다.

아홉 번째 안으로 국내의 역량을 고려하지 않았을 때의 과오란 어떤 것을 이르는가? 예전에 진秦나라가 한나라의 의양宜陽을 공격하였다. 한의 군주는 초조해하고 있었는데 재상인 공중붕公仲朋이 말하길 "동맹국이라 하여도 믿을 수 없는 것입니다. 진의 재상 장의張儀를 통하여 진나라에 화친을 구하는 것이 좋겠습니다. 큰 도읍을 진에 바치며 남으로 초나라를 함께 치자고 한다면 강한 진나라로부터 환란을 풀고 그 피해를 초나라로 넘길 수 있는 방책이 될 수 있을 것입니다." 하였다. 한의 군주는 동의하고 그를 진으로 보내 화친을 제의하도록 하였다. 초왕은 그 소식을 듣고 걱정이 되어 신하인 진진陳軫을 불러 말했다. "한나라의 공중붕이 진과 동맹을 맺고자 서쪽으로 갔다고 하는데 장차 어찌하면 좋겠소?" 하자, 진진이 말하기를 "진나라가 한으로부터 큰 도읍을 하나 얻고 나서 정예의 군사를 이끌고 또 한과 연합하여 남으로 초나라를 공격하려는 것은 역대 진왕들이 종묘의 제를 지낼 때 늘 기원하고 간절히 바라던 사실로서, 우리 초나라에 닥칠 그 피해는 필연적인 것입니다. 대왕께서는 급히 사신과 함께 수레마다 온갖 예물을 실어 한의 군주에게 바치고 이렇게 말하게 하십시오. '우리 초나라가 비록 강국은 아니지만 지금 전군을 동원하여 귀국과 함께 진과 대항하기를 바라니 진과 굴종의 화친을 맺지 않기를 희망하며, 또한 사람을 이곳으로 보내어 군대의 출동 상황도 살펴보기를 바라노라'고 전하게 하십시오." 하였다. 초왕은 진

진의 말에 따라 일을 처리하였다. 과연 한나라는 사신을 초나라로 보냈고, 초왕은 군대를 이끌고 한으로 가는 노상에 주둔시켜서 어느 때나 출동할 수 있음을 보이도록 진영을 구축해 놓았다. 그러고는 한의 사신에게 말했다. "사신께서는 돌아가 그대의 주군께 말씀드려 주시오. 요청만 한다면 우리 군대는 즉시 출동하여 어느 때든지 국경을 넘어서 한을 돕겠소." 사자가 돌아와 보고하자 한왕은 크게 기뻐하며 공중붕이 진으로 들어가는 일을 중지시켰다. 공중붕은 주군의 명을 받고 안색이 흐려지며 말하기를 "아! 주군께서 일을 그르치시는구나. 진은 실제의 힘을 바탕으로 우리를 침공하는 것이고, 초는 허황된 말만으로 한을 구원하겠다는 것인데, 초나라의 허튼 말을 듣고 강한 진나라로부터 닥칠 화를 소홀히 하였으니 이제 이 일은 국가 존망의 화근이 되겠도다!" 하였다. 공중붕은 돌아와 주군을 배알하고 간언을 올렸으나 임금은 끝내 듣지 않았다. 공중붕도 노하여 사가私家로 물러나 10일이 넘도록 입조하지 않았다. 그 무렵 의양의 상황은 더욱 급박해져서 한의 군주는 사자를 급히 초나라로 파견해 원병을 요청하였다. 그러나 연이어 사신을 보냈지만 초나라의 군대는 이르지 않았고 마침내 의양은 함락되고 말았다. 이 일로 인해 한의 군주는 천하 제후들에게 비웃음을 당하였다. 그래서 말하기를 자국의 역량은 헤아려 보지 않고 이웃 제후의 힘에 기대고자 한다면 영토를 잃는 환을 당할 것이라고 한 것이다.

나라가 작은데 예절을 존중하지 않는다면 과오가 된다고 하는 것은 어떤 경우를 이르는 것인가? 옛날 진晉의 공자 중이重耳가 궁중의 화를 피하여 국외로 망명을 떠났다. 조曹나라에 들렀을 때 조의 군주를 만나게 되었는데, 조나라 임금은 그를 힘없는 망명객이라 얕보고 무례하게도 옷을 벗게 하였다. 중이의 늑골이 하나로 연결되어 있다는 세상의 이야기를 확인해 보고자 했던 것이다. 그 자리에 조나라 대부인 희부기釐負羈와 숙첨叔瞻이 함께 있었는데 숙첨이 임금에게 말하길 "제가 보건대 진나라 공자의 상은 비범한 데가 있습니다. 이제 주군께서 그를 무례하게 대하셨으니 만일 그가 자신의 나라로 돌아갈 기회를 얻게 된다면 반드시 군사를 일으킬 것이니 조나라가 해를 입을까 염려됩니다. 주군께서는 아예 그를 없애 버리는 것이 좋겠습니다." 하였다. 하지만 임금은 이 말을 듣지 않았다. 희부기는 집에 돌아와서도 계속 마음이 편치 못했다. 그의 아내가 이유를 물었다. "당신이 밖에서 돌아오시고 나서 언짢은 기색이 있는데 무슨 일이 있으신가요?" 하니 희부기가 말하기를 "군주의 복은 신하에게 미치지 않으나, 화가 생길 때는 반드시 신하도 해를 입는다는 말을 들었소. 오늘 주군께서 진나라 공자를 불렀는데 그에게 무례한 행동을 했다오. 나도 그 자리에 함께 있었으니 훗날 이 일로 화가 이르지 않을까 염려되어 그렇소." 하였다. 아내가 말하기를 "제가 보기에도 진의 공자는 만승지국의 임금이 될 상이라 생각됩니다. 또한 좌우에 따르는 자들도 비범하여 큰 재상이 될 만한 자들입니다. 비록 지금은 세를 얻지 못하여 본국을 떠나 외지로 망명의 길에 있으나, 이번에 우리 조나라를 방문하였다가 욕을 당하였으니 그가 만일 귀국하여 대세를 잡는 날에는 반감 있는 나라를 정벌하러 나설 때에 반드시 조를 먼저 침공해 올 것입니다. 당신께서는 후일을 생각하셔서 미리 그와 교분을 맺어 두심이 좋을 것 같습니다." 하였다. 희부기도 "그렇게 합시다." 하고는 즉시로 단지에 황금을 넣고 그 위를 음식으로 덮고 또 옥玉을 올려놓고서 야반에 사람을 시켜 중이에게 가져가게 하였다. 진나라 공자는 음식을 가져온 사람을 만나고는 희부기의 뜻을 읽고 재배하고 나서, 그 음식은 거두었으나 옥은 사양하여 돌려보냈다. 그 후 중이 일행은 조나라를 떠나 초나라로 들어갔다가 다시 진秦나라로 들어갔다. 들어간 지 3년이 되던 해에 진秦 목공穆公은 여러 신하들을 불러 회의하였다. "지난날 진晉 헌공獻公이 과인과 교분이 두터웠음을 어느 제후나 모르는 자가 없을 것이다. 그러나 불행히도 먼저 세상을 떠난 지 십여 년이나 되었는데, 안타깝게도 뒤를 이은 세자가 변변치 못해 그 진나라의 종묘와 사직을 지탱해 내지 못할까 염려되오. 이런 지경에서 과인이 진나라가 바로 설 수 있는 방책을 마련하지 않는다면 사람 간에 사귀는 도리가 아니라 보오. 그래서 중이를 도와 진으로 돌아가 왕위에 오를 수 있게 돕고자 하는데 여러 중신들은 어떻게 생각하오?" 하니, 신하들은 모두 입을 모아 "지당하십니다." 하며 목공의 뜻에 찬성하였다. 이에 군대를 일으켜 전차 오백 대와 정예기 이천, 보병 오만의 호위대로 중이를 도와 진晉으로 들어가게 하여 군주에 등극하게 하였다. 중이가 진의 군주가 된 지 삼 년 뒤에 군사를 일으켜 조나라를 쳤다. 수도를 포위하여 함락하기 직전에 사람을 시켜 각각 조의 임금과 희부기에게 이런 말을 전하게 하였다. 조의 임금에게는 "숙첨을 포승으로 묶어 성 아래로 내려보내라. 나는 그를 처형하고 나서 효시할 것이다." 하였고 희부기에게는 "우리 진의 군대가 성 밑에 다가와 있으므로 그대는 달리 피할 곳이 없으리라 생각되네. 그대가 사는 마을 입구에 표시를 해 둔다면 과인의 영으로 진의 군사가 한 치의 폐도 끼치지 못하게 하겠소." 하였다. 조나라 사람들 중에 이 소문을 듣고 친척까지 인솔하여 희부기가 사는 마을에서 보호받고자 하는 자들이 칠백여 가구나 되었다고 하니, 이는 예의를 갖춘 일에 대한 결과인 것이다. 조나라는 작은 나라로 대국인 진과 초 사이에 끼어 있어서 그의 군주는 마치 달걀을 위로 쌓아 놓은 것처럼 위험이 가까이 있었다. 그럼에도 강국의 공자에게 무례를 범했으니 나라가 망하고 대가 끊기는 화를 자초한 셈이다. 그래서 말하기를 나라도 작은데 예의를 갖출 줄 모르며 게다가 신하의 간언조차 듣지 않는다면 망국절세亡國絶世의 상황을 맞게 될 것이다.

十一. 고분

고분孤憤이란 말은 외롭게 홀로 울분에 가득 차 있다는 뜻이다. 본 장의 내용은 고립무원孤立無援에 처한 법술지사들은 대개가 권신들의 방해를 받아서 자신의 재주와 지혜를 중용 받지 못하고 있다는 것을 말하고 있다. 이것은 한비 자신이 처한 불만의 심경을 토로하고 있는 것이다.

치술을 아는 선비를 지술지사智術之士라 부른다. 그는 반드시 먼 날의 일을 예견할 줄 알며 일을 헤아림이 밝다. 그 헤아림이 밝지 못하면 타인의 은밀한 이익 추구의 속셈을 밝혀낼 수 없다.

법도를 잘 준수하는 선비를 능법지사能法之士라 부른다. 그는 반드시 의지가 강하며 성품 또한 강직하다. 강직하지 않으면 간사한 자들을 바로잡을 수 없다. 신하가 명령에 따라 일을 행하고 정해진 법령에 의거해 자신의 직분을 다스린다면 이런 신하는 중인(重人, 권세가 중한 사람을 일컫는 것으로 조정의 권신權臣이다)이라 부르지 않는다. 중인이란 명령을 무시하고 임의로 일을 처리하며, 법령을 어기면서 자신의 이득을 추구하고자 하는 자들이다. 또한 나라를 좀먹으며 자신의 집안만을 유익하게 하면서 군주로 하여금 자신의 뜻에 따르게 할 수 있을 만큼 세도를 지닌 자들이 소위 중인이다.

지술지사는 헤아림이 분명하므로 그들이 군주에게 신임을 받게 된다면 중인들의 은밀한 심중은 곧 간파될 것이다. 또한 능법지사는 강직하므로 군주가 신임하게 되면 중인들의 간사한 행동은 곧 교정될 수 있을 것이다. 그러므로 지술, 능법지사가 등용되면 지위가 높고 권세가 있는 중인의 무리들은 반드시 제거될 수 있다. 그래서 이들 지술, 능법지사와 군주의 권한을 막고 있는 당도지인(當塗之人, 중인, 권신과 같은 존재)은 서로 양립할 수 없는 원수와도 같은 관계인 것이다.

군주의 권한을 막고 있는 이가 국가의 대권을 장악하고 있으면 대내외의 국정 전반이 그에 의해 좌우될 것이다. 그 때문에 타국의 제후들조차 그를 통하지 않으면 일이 이루어지지 않으므로 대적하고 있는 국가에서는 좋아하며 그를 칭송할 것이다. 또한 어느 관리나 그에 의하지 않고서는 맡은 업무가 진척되지 않을 것이므로 백관이 다 그의 부림을 받을 것이다. 군주의 좌우에서 모시는 낭중이라 해도 그의 힘에 의하지 않고는 임금에게 가까이할 수 없으니 그가 잘못이 있어도 아뢰지 못하고 감추어 줄 수밖에 없다. 학자들도 그를 무시할 수 없으니, 봉록이 깎이고 예우가 낮아지지 않으려면 군주에게 그의 찬양을 늘어놓아야 한다. 이런 네 가지 도움으로 사악한 대신은 자신을 꾸밀 것이다.

중인이라 불리는 이들은 결코 군주에게 진정한 충성을 하지 않을 뿐만 아니라 그의 원수와도 같은 지술, 능법지사를 천거하지도 않는다. 군주는 또한 위의 중인을 돕고 있는 네 가지 장벽을 넘어 중인의 정체를 명확히 파악해 낼 수도 없다. 그러니 군주는 더욱 가림을 당하고 대신의 권세는 더욱 굳건해 갈 것이다. 당도지인이 군주에게서 신임과 사랑을 받지 않는 경우는 드물다. 또한 오랫동안 사귀어 왔으므로 직위는 높고 권세는 중하며, 따르는 무리도 많고 온 나라가 하나같이 칭송하는 인물이다.

반면에 법술지사法術之士는 군주에게 등용되기를 바랄지라도 그에게는 군주의 신임이나 사랑과 같은 사적 친분이 없으며 그렇다고 당도지인처럼 오래 사귀어 친숙하기 때문에 받게 되는 은택 같은 것은 생각할 수도 없다. 게다가 법도를 지키기 위해서 하는 말들은 대개 군주의 귀에 달갑게 들리지도 않을 것이며, 이로써 아부와 기만의 말들로 가려져 있을 군주의 마음을 교정하려 하니, 이는 군주에게 반대자로 오인되어 내쳐지기 십상인 것이다. 이와 같이 처한 상황은 비천하고 동지도 없이 고독하기만 하다.

소원한 자가 신임과 사랑받는 신하와 겨룸에 있어서 이길 수 없는 것은 뻔한 이치이다. 떠돌이 세객說客이 군주와 오랜 친분을 쌓아 온 신하와 다툼에 있어서도 이길 도리가 없는 것이다. 군주의 뜻을 거스르는 자가 좋고 싫음의 비위를 잘 맞추는 신하와 겨룸에 있어서 이길 수 없는 것도 분명하다. 무시당하며 신분이 비천한 자가 존귀하고 권세 있는 신하와 다투는 것 또한 이길 수 없는 것이다. 한 사람의 목소리로 온 나라가 칭송하는 자와 싸울 때 이긴다는 것은 불가능한 것이다.

이렇게 법술지사는 다섯 가지 불리한 조건을 안고서 일 년이 가도록 한 차례의 알현도 할 수 없는 반면, 당도지인은 네 가지 유리함을 업고 게다가 조석으로 임금 앞에 나아가 단독으로 대면할 기회도 가지고 있다. 그러니 법술지사가 어떻게 등용될 수 있겠으며 군주는 어느 때 가서야 깨닫게 되겠는가? 형세는 분명 이길 수 없는 처지에다가 당도지인과의 대립은 피할 수도 없고 병존할 수도 없는 관계이니 법술지사는 어느 때든지 위험하지 않은 때가 있겠는가? 간신들은 그들을 모함하여 죄를 씌울 수 있을 경우에는 공법을 동원해 처단할 것이고, 뜻대로 이루어지지 않을 경우에는 자객의 칼을 빌려 목숨을 빼앗을 것이다. 이와 같이 법술을 밝히느라 군주의 뜻을 거슬렀던 자는 형리形吏에 의해 주살되지 않으면 반드시 암살되어 죽임을 당했다.

붕당을 만들고 무리를 지어 군주의 이목을 가리고, 왜곡된 말로 개인의 이익을 도모하는 자들은 반드시 중인의 신임을 받는다. 그리하여 공적을 빌릴 수 있는 중인은 관작을 주어 그를 귀하게 만들고, 명예를 빌릴 수 있는 중인은 대외적 외교상의 힘을 빌려 그를 중요인물로 만든다. 이렇게 되어 군주의 판단을 혼란하게 하고, 권신의 무리 속에 들어가는 자는 관작을 얻어 높은 지위를 얻거나 그렇지 않으면 외교상의 요인이 될 것이다. 만일 군주가 다방면의 사실을 살피지 않고 벌을 내리거나, 공로가 있기 전에 작록을 준다면 법을 지키는 선비는 어찌 죽음을 무릅쓰고 진언할 수 있겠으며, 간사한 신하들이 무엇이 두려워 사리私利를 포기하고 그 몸을 사리겠는가? 이렇게 되면 군주는 더욱 비천해지고 권신들은 더욱 존귀해진다.

무릇 남방의 월나라가 부유하고 강국이긴 하지만 중원의 군주들은 한결같이 월나라가 자국보다 나은 것이 없다고 생각한다. 그러면서 말하기를 "월나라는 남방의 먼 곳에 있으므로 내가 통제할 수 있는 나라가 아니다."라고 하지만, 땅도 넓고 백성도 많은 중원의 국가라 해도 지금 그 군주들은 나라의 대권을 잡고 있지 못하며 대신 신하들이 이를 가지고 전횡하고 있으니 이는 그들이 우습게 보는 남방의 월과 별 차이가 없는 것이다. 자신의 나라가 월나라와 같지 않음은 알면서 자국이 예전과 다름은 알지 못하니 이는 유사類似의 기준에 대해 정확히 인식하지 못한 데서 기인한 것이다. 사람들이 흔히 제나라가 망했다고 말하는 것은 영토와 성곽을 잃어서 망했다고 하는 것이 아니다. 그것은 최초에 봉을 받았던 여呂씨가 나라를 다스리지 않고 지금의 전田씨가 통치하고 있는 것을 일러 제나라가 망했다고 하는 것이다(주 무왕이 폭군 주紂를 멸하고 천하를 통일하고는 공로가 가장 컸던 태공망 여상呂尙을 제齊에 봉해 주었다. 전국시대 초기에 전상田常의 후예에게 나라를 빼앗기니 이때부터 전씨가 왕이 되었다). 진晉나라도 마찬가지로 영토와 성곽을 잃어서가 아니고 희姬 성의 군주가 나라를 다스리지 못하고 지금처럼 신하 중의 여섯 대부들에 의해서 나라가 움직여지기 때문에 망했다고 하는 것이다. 지금 대신들이 나라의 대권을 잡고 독단적으로 일을 처리하고 있는데 군주는 권력을 회수할 줄 모르니 이는 그 군주가 명석하지 못해서인 것이다. 죽은 자와 똑같은 병에 걸리면 살아날 수 없는 것처럼, 망한 나라와 같은 일들이 벌어지면 그 나라도 존속

될 수 없다. 이제 제와 진과 같은 길을 밟으면서 나라가 편안하기를 바라는 것은 결단코 이룰 수 없는 것이다.

현재 법치를 행하기 어려운 것은 만승의 대국에서나 천승의 국가에서나 마찬가지이다. 군주의 곁에는 지혜롭지 못한 자들이 있는데, 군주가 어떤 사람이 지혜롭다고 하여 그 의견을 들으려 할 때는 항상 좌우 근신들과 함께 그 의견을 논의하곤 한다. 그것은 우매한 자와 의논하여 지혜로운 사람을 평가하는 것이니 안타까운 일이다. 또한 군주가 어떤 사람이 현명하다고 하여 그를 우대하고자 할 때도 좌우의 측근들과 함께 그의 행실을 논의하니, 이 역시 불초한 자와 더불어 현자를 평가하는 것이다. 지혜로운 사람의 의견이 어리석은 자들에 의해 결정되고 현자의 품격이 불초한 자들에 의해 평가받게 될 때, 현명하고 지혜로운 자들은 이를 부끄럽게 여겨 등용될 생각을 버릴 것이니 이러한 군주의 논의는 큰 오류인 것이다.

신하가 관직을 얻고자 할 때 심신을 수양한 선비修士는 평소 맑은 행동으로 자신의 위치를 굳건히 하고, 지혜로운 선비智士는 국가를 위한 대계를 가지고 출사를 하고자 할 따름이지 뇌물로써 사람을 섬기지 않는다. 맑은 태도와 국가의 대계를 앞세울 뿐이지 결코 탈법으로 정치를 하지 않는다. 또한 권세 있는 측근들을 섬기지 않고 그들의 청탁도 받아들이지 않는다. 그러나 군주의 좌우에 가까이 있는 신하들은 그 옛날부터 고결한 절개로 이름난 백이伯夷처럼 청렴한 자가 없으니, 청탁을 받아주지 않고 뇌물도 진상하지 않는다 하여 수사修士와 지사智士를 미워하며 그의 공적을 없애려 하고 비방과 모함의 유언비어를 일으키려 할 것이다. 치세를 이룰 만한 계획이 군주와 가까이 지내는 신하들의 말에 의해 무시되어 버려지고 맑은 선비의 행동이 비방의 소리에 의해서 심판되니, 정결한 수사나 현명한 지사는 관직에서 축출되고 군주의 밝아야 할 눈과 귀는 더욱 가려진다. 공적을 통하여 품덕과 재주의 고하를 결정하지 않으며 다방면의 조사를 거쳐 죄과를 심판하지 않고서 좌우 근신들의 말만을 들어 좇는다면, 조정엔 무능한 자들만 가득할 것이고 관官에는 우매한 자들이 버티고 있게 된다.

현재 만승지국의 근심은 대신들의 권한이 너무 크다는 것이며 천승지국에서도 좌우 근신들이 지나치게 신임을 받고 있다는 것이 공통적인 걱정이 되고 있다. 그러므로 신하들은 대죄를 짓고 있는 것이며 군주도 큰 과오를 범하고 있는 것이다. 무릇 신하와 군주의 이익은 서로 상치되는 것이다. 어떻게 그것을 증명할 것인가? 다음과 같이 말할 수 있다. 군주의 이익은 능력 있는 자를 얻어 그를 관에 등용하는 데 있고, 신하의 이익은 자신이 무능하면서도 이를 들키지 않고 임무를 얻어내는 것에 있다. 그리고 군주의 이익이 애써 일 잘하는 사람을 얻어 그에게 작록을 주는 데 있다면 신하의 이익은 공이 없으면서도 부귀를 차지하는 것에 있다. 또 군주의 이익이 재주 있는 호걸들로 하여금 그들의 능력을 발휘하게 하는 바에 있다면, 신하의 이익은 붕당을 조직하여 사적인 영리를 누리는 것에 있다. 이런 까닭에 현재 신하의 권한이 큰 나라에서는 영토가 깎이고 있는데도 세도가의 집안은 도리어 부유해지고, 군주는 비천해져도 대신들은 떵떵거리며 살고 있는 것이다. 그러므로 군주가 세를 잃으면 신하들이 나라의 대권을 빼앗고 군주는 신하의 위치로 떨어지며, 대신들이 관직을 봉하는 권한을 사용하니 이것은 신하가 군주를 속이고 자신들의 사적인 이득을 도모해 왔기 때문이다.

따라서 현재 군주에게서 두터운 신임을 받고 있는 신하 중에 그 군주의 권세가 변화했을 때도 계속 총애를 받을 수 있는 자는 열에 두셋도 되지 않는다. 이것은 어떠한 까닭에서인가? 그것은 신하의 죄가 크기 때문이다. 그중 대죄에 속하는 자는 매사에 군주를 속이고 있으니 그 죄는 처형되어 마땅한 것이다. 지사는 먼 날의 일을 내다볼 줄 알기 때문에 간신들이 처형되는 날 이에 연루되어 함께 화를 당할 것을 염려하여 반드시 중인의 무리를 따르지 않는다. 현자는 늘 청렴하게 행동하기를 수양하였기 때문에 간신들과 한 무리가 되는 것을 부끄러워하여 또한 중인을 따르지 않는다. 세도가를 따르는 무리들도 훗날의 환란을 알지 못할 만큼 어리석은 것은 아니나 이미 정신이 오염되어 간사한 행동을 면치 못하고 있는 것이다.

그와 같이 대신들은 우매하고 오염된 자들을 끼고 위로는 군주를 속이고 아래로는 그들과 더불어 사적인 이익을 취하며 백성들에게서 이득을 거두어 간다. 또한 붕당을 조직하여 서로를 두둔하며 통일된 하나의 의견만을 준비하여 군주를 미혹하게 하고 법도를 어지럽히니 이로써 백성은 문란해지고 국가는 위태롭게 된다. 이렇게 군주로 하여금 고초를 겪고 욕을 당하게 하니 이는 큰 죄이다. 신하에게 큰 죄가 있는데도 군주가 금하지 못하였으니, 이 또한 큰 실책이다.

위로는 군주에게 큰 과실이 있고 아래로는 신하에게 큰 죄가 있은 후에 나라가 망하지 않을 방책을 구한다는 것은 불가능한 일이다.

十二. 세난

세說란 다른 사람을 말로써 설득하여 동감하게 만드는 유세遊說의 의미이다. 그래서 세난說難이라 하면 남을 유세하기란 쉽지 않다는 뜻이 된다. 전국시대에 유세의 행위란 재주 있는 자들이 벼슬을 얻을 수 있는 등용문이었다. 하지만 성공하는 사례는 소수에 불과하였으니 한비 또한 그 같은 어려움을 토로하고자 이 글을 지었다.

 무릇 남을 설득한다는 것은 어려운 일이다. 그 어려움이란 것은 그와 대면한 자리에서 내가 알고 있는 어떤 것을 그에게 납득시키기가 어렵다는 것이 아니고, 또 내 말의 조리가 내 뜻을 분명하게 전할 수 있느냐의 어려움도 아니며, 거리낌 없는 언변으로 내 뜻을 다 보이게 할 수 있는가 하는 데 어려움이 있다는 것도 아니다.

 설득의 어려움이란 바로 설복하려는 상대의 마음을 헤아려 나의 언변을 그의 마음에 맞출 수 있는가 하는 점에 있다. 설득하려는 상대가 고고한 명예를 구하고자 하는 데 마음을 두고 있는 사람일 때, 도리어 그에게 이익에 관한 내용을 내세워 설득하고자 한다면 유세하고 있는 사람을 범속하다 여겨 대우가 낮아지고 반드시 멀리 내쳐질 것이다. 반대로 상대가 이익을 추구하는 사람임을 헤아리지 못하고 엉뚱하게 명예에 관한 내용으로 설득하고자 한다면, 생각이 없고 현실에 어두운 자라고 여겨져 반드시 거두어지지 않을 것이다. 한편 설득하려는 대상이 속으로는 이익을 좇는 자임에도 겉으로는 고고한 명예를 따르는 척 행동할 때에 이를 바로 헤아리지 못하고 "명망이 높아질 수 있는 방책이 있으니 거두어 쓰십시오." 하고 유세한다면, 상대는 겉으로는 그를 거둘지 모르나 마음으로는 늘 소원함을 털어 버리지 않을 것이다. 반면에 그에게 이익 되는 바를 들어 유세할 경우에, 속으로는 나의 말을 받아들여 쓰기로 결정하였음에도 겉으로는 자신의 마음을 들키지 않으려고 유세하는 자를 물리쳐 버릴 것이니 이런 상황들을 살피지 않을 수 없다.

무릇 일이란 것은 은밀해야 이루어지는 것으로 말이 새면 실패한다. 자신이 일부러 상대가 감추고 싶어 하는 점을 누설하고자 한 것은 아니지만 대화를 나누다가 은연중에 가려야 할 부분에 말이 이르는 경우가 있다. 이렇게 되면 신변이 위험하다. 상대가 겉으로 어떤 일을 하는 척하지만 실제 마음속으로 기도하는 바가 따로 있을 때 유세객이 겉으로 나타난 일뿐만 아니라 그렇게 양면적인 행동의 까닭을 폭로한다면 또한 신변이 위태로워진다. 군주를 위해서 중요한 계획을 제기하여 그의 마음에까지 들었으나 또 다른 지략가에 의해 간파당하여 도모하고자 하는 일이 외부에 퍼지게 되면, 군주는 반드시 안을 제기하였던 자가 도중에 누설하였다고 여길 것이므로 이렇게 되면 신변이 위태롭다.

두터운 은혜를 입은 바도 없고 군주와의 관계가 가깝지도 않으나 마치 친근한 신하의 논조로 유세하였을 때, 건의가 실행되어 효력이 있게 되면 남의 투기를 받게 될 것이며, 실행되지도 못하고 실패에 이르게 된다면 능력에 대한 의심을 받게 될 것이므로 이와 같으면 목숨이 위태로울 것이다. 군주가 어떤 일을 잘못하였을 때 유세객이 공개적으로 예의를 논하면서 그의 잘못을 더욱 드러낸다면 곧 생명이 위험해진다. 군주가 좋은 계책이라고 생각하여 자신의 공적이라고 자랑하고자 할 때 유세객이 이 내막을 알고 있다면 곧 위험에 빠질 것이다. 군주로 하여금 그가 할 수 없는 일을 억지로 강요하거나 그칠 수 없는 어떤 일을 저지하고자 한다면 생명이 위험할 것이다. 유세객이 원로대신들에 대해서 군주에게 언급한다면 군주는 군신의 관계를 이간한다고 생각할 것이며, 저급 관리를 논급하게 되면 군주 자신의 권력을 팔아 보려 하는 것이라 의혹을 살 것이다.

또 만일 군주가 총애하는 자를 대화 중에 거론한다면 총신의 힘을 빌리려 한다고 의심할 것이며, 미워하는 자를 거론한다면 군주 자신의 속뜻을 시험해 보고자 하는 것이라 여길 것이다. 간명한 언변은 학문이 부족하다고 여겨져 무시당하기 일쑤이며, 모래알만치 상세하게 주의주장을 펴 나간다면 말만 많고 조리가 없다고 평가될 것이다. 간략하게 일에 대해서만 의견을 내고 만다면 겁이 많아 할 말을 다할 줄 모른다는 소리를 들을 것이며, 일을 헤아림이 넓으나 혹 지나치면 촌스러우며 오만하다고 말할 것이다. 이것이 유세하는 데 있어서 어려운 점이니 몰라서는 안 될 것이다.

남을 설득하는 과정에서 힘써야 할 점은 상대가 자랑스러워하는 바를 더욱 칭찬해 주고 상대가 부끄러워하는 부분을 덮어 주어야 하는 데 있다. 상대가 마음속에 급히 하고자 하는 개인적인 일이 있을 때 그 일이 모두에게 마땅한 바가 있음을 보여 주어 꼭 하도록 강조해야 한다. 한편 그가 마음속으로 비천하다고 느끼지만 하지 않을 수 없는 일이 있을 때, 유세객은 그에게 그 일을 미덕이라 하며 용기를 북돋우고, 만일 하지 않는다면 유감이라고 표해야 한다.

또 그의 마음에 고상한 어떤 일을 계획하고 있으나 그것이 이룰 수 없는 일이라면 유세객은 그에 대한 과실을 거론하고 그 일의 해악을 설명하여 하지 않는 것이 좋다고 해야 한다. 그리고 상대가 자신의 지혜와 능력을 자랑하고 싶을 때 그에게 다른 비슷한 상황의 일을 들려주어 많은 참고가 되게 하고 유세객 자신의 의견을 채택하도록 하되, 짐짓 모르는 체하면서 지혜를 빌려주어야 한다. 남과 자신이 함께 공존하여야 한다는 말을 설득하고자 할 때는 반드시 훌륭한 명분을 세워 이를 밝히면서 은연중에 군주 개인의 이득도 함께 얻어진다는 것을 암시해야 한다. 어떤 일이 위험과 해가 된다는 것을 진언하고자 할 때는 이 일은 반드시 세상의 비난이 있을 것이란 말을 주지시키되, 은연중에 그것이 당사자에게도 해가 된다는 점을 암시해 주어야 한다.

상대가 특히 군주일 경우 칭찬하고자 할 때는 그와 같은 행위를 했던 다른 사람을 거론하여 칭찬할 것이며, 반대로 잘못을 지적하고자 할 때는 그와 비슷한 다른 일을 가지고 잘못을 깨닫게 해야 한다. 만일 그와 마찬가지로 불미스러운 일을 당한 사람이 있을 때 그 일에 아무런 해가 없었음을 힘써 수식해야 하며, 또 그와 똑같이 실패를 겪은 자가 있으면 그 일에는 실수가 없었다고 공개적으로 밝혀 주어야 한다. 상대가 자신의 능력이 아주 크다고 생각하고 있음을 보았을 때 굳이 그가 할 수 없는 일을 찾아내어 그의 능력이 남과 다름이 없음을 밝힐 필요가 없다. 또한 맡은 일에 대한 결단이 아주 과감했다고 여기고 있을 때 굳이 그가 실수한 일을 골라 그를 화나게 할 필요가 없다. 그리고 상대가 자신의 계획이 아주 훌륭하다고 생각할 때 그가 실패한 경우를 꼬집어 그를 곤란하게 할 필요가 없다. 이렇게 하여야 설득 과정에서 의도한 대로 상대의 뜻을 거스르는 바가 없을 것이고, 언사도 상대의 감정을 건드리지 않을 것이니, 그런 후에 자신의 지혜와 말재주를 마음껏 발휘할 수 있는 것이다. 그러고 나서야 겨우 군주가 유세객을 의심 없이 가까이할 것이므로 하고자 하는 말을 뜻대로 할 수 있는 것이다.

이윤(伊尹)이 요리사가 되고, 백리해(百里奚)가 노예가 된 것은 군주에게 등용되려는 의도에서였다. 두 사람은 성인이었으나 스스로 저급한 일도 하지 않을 수 없었으니 등용되기를 구한다는 것은 이토록 구차스러운 것인가! 이제 나에게 있어서도 요리사나 노예가 되라 하고, 이것으로 군주에게 등용되어 세상을 구원할 수 있는 기회가 주어진다면 나 역시 부끄러워하지 않을 것이며 지능을 가진 사람이라면 누구나 수치라고 여기지 않을 것이다. 군신으로 오랜 날을 함께하여 군주의 은택이 자신을 감싸게 되었을 때가 되어야 그에게 심원한 계획을 상주하여도 의심을 일으키지 않을 것이며, 치열한 논쟁을 야기해도 죄를 만들지 않을 것이다. 그렇게 되고 나서 이해득실을 명확히 구분하여 공업功業을 세우고, 시비를 명백히 지적하여 가려내서 군주의 덕행으로 장식한다면, 즉 이런 방법으로 군주를 보좌할 수 있게 되면 비로소 유세는 성공에 이르렀다고 할 수 있는 것이다.

옛날 정鄭 무공武公이 호胡나라를 치고자 하여 먼저 딸을 호의 임금에게 출가시켜 그의 마음을 들뜨게 하였다. 그러고는 여러 신하들에게 묻기를 "과인이 출병하고자 하는데 어느 나라를 정벌하는 것이 좋겠는가?" 하고 묻자, 대부 관기사關其思가 "호나라를 치는 것이 좋겠습니다." 하였다. 그러자 무공이 화를 내며 그를 처벌하고는 말하기를 "호나라는 형제와 같은 나라이다. 그대가 호국을 정벌하라 하니 이것이 무슨 말인가?" 하였다. 이런 소식을 호의 임금이 듣고 정나라가 자국과 친하다고 생각하여 정나라에 대해 방비하지 않자 마침내 정의 군대가 습격하여 호를 취하였다.

송나라에 한 부자가 있었는데 어느 날 비가 몹시 내려 그의 집 담장이 무너졌다. 아들이 말하기를 "속히 담장을 세우지 않으면 도둑이 들 것입니다." 하였고, 이웃의 한 노인도 역시 같은 말을 하였다. 저녁이 되어 과연 크게 재물을 잃었다. 그러자 집안사람들은 아들에 대해서는 심히 지혜롭다고 말했으나 그 이웃의 노인에 대해서는 의심을 하였다.

앞의 관기사와 노인이 유세한 내용은 모두 합당한 것이었다. 그러나 심하게는 형벌을 받았고 적게는 의심을 받았으니, 진실로 아는 것이 어려운 것이 아니라 아는 바를 처리하는 것이 어려운 것이다. 고로 요조繞朝의 말은 당연하였으나 진晉에서는 성인으로 칭송받고 진秦에서는 처형을 당했으니 이는 살피지 않을 수 없는 것이다.

옛날 미자하彌子瑕라는 사람이 위衛나라 임금에게 총애를 받았다(위 영공靈公은 남색男色을 좋아했는데 미자하의 외모가 수려하여 그를 각별히 총애하였다). 위나라 법에는 임금이 타는 수레를 몰래 타는 자는 발이 잘리는 벌을 받게 되어 있었다. 그런데 어느 날 밤에 모친이 아프다는 소식을 들은 미자하가 슬쩍 임금의 수레를 타고 나갔다. 후에 임금이 이 일을 듣고 그를 칭찬하며 "효자로구나. 어머니를 위하느라고 발이 잘리는 벌도 잊었구나." 하였다. 다른 날 미자하가 임금과 함께 정원에서 노닐다가 복숭아를 땄는데, 먹다가 맛이 아주 달아서 그 반을 임금에게 먹으라고 주었다. 임금이 말하기를 "미자하는 나를 무척 사랑하는구나. 맛이 좋으니까 과인을 잊지 않고 맛보게 하는구나." 하였다. 세월이 흘러 그의 미색이 쇠하자 임금의 총애도 식었는데, 임금에게 죄를 얻었다. 임금이 말하기를 "이놈은 본래 성품이 좋지 못한 녀석이었다. 과인의 수레를 몰래 훔쳐 타기도 하고, 저 먹던 복숭아를 과인더러 먹으라 한 적도 있었다."라고 하였다.

미자하의 행동은 처음과 달라진 것이 없었다. 그러나 앞서는 칭찬을 받았으나 후에는 죄를 얻었던 까닭은 사랑이 미움으로 변했기 때문이다. 그래서 임금에게서 총애를 받을 때는 지혜를 내는 것마다 임금의 마음에 들고 친애도 더해지지만, 일단 임금에게서 미움을 받게 되면 아무리 지혜를 짜내어 말을 해도 임금에게는 적당한 말로 들리지 않을 뿐만 아니라 더욱 소원해지기만 할 것이다. 따라서 간언을 올리거나 논의를 전개하고자 하는 신하는 군주의 좋아하고 싫어함을 미리 살핀 후에 진언해야 한다.

무릇 용이란 동물은 유순하여 길들이게 되면 탈 수도 있다. 그러나 턱 밑에 한 자 정도 되는 거꾸로 난 비늘 역린逆鱗이 하나 있는데, 설사 길들인 사람이라도 그 비늘을 건드린다면 용은 반드시 그를 죽인다. 군주에게도 마찬가지로 역린이 있다. 설득하려는 자는 만에 하나라도 군주의 역린을 건드리지 않아야 성공에 가까이 갈 수 있는 것이다.

十三. 화씨

본 장은 화씨和氏가 옥돌을 바쳤던 고사를 인용하여 법술지사들이 처하고 있는 곤경을 설명하고 있다. 그 곤경이란 화씨가 억울하게 벌을 받은 것처럼 법술가들도 자신들이 올리는 법술이 진가를 인정받지 못하여 형을 받곤 한다는 것이다. 사상과 문체면에서 고분孤憤편과 유사하다.

초나라 사람 화씨가 초산楚山에서 옥돌을 얻었다. 여왕厲王에게 가져다 바치니 왕은 옥을 다듬는 사람을 불러 감정을 해 보게 하였다. 그가 살펴보고서 말하기를 "이것은 돌입니다." 하니, 왕은 화씨가 속임수를 쓰려 했다고 생각하고는 벌로 화씨의 왼발을 잘랐다. 여왕이 죽고 나서 무왕武王이 즉위하자 화씨는 또 그 옥돌을 가져다 왕에게 바쳤다. 무왕도 옥을 다듬는 사람을 불러 감정하게 하니 이번에도 또 "돌입니다." 하였다. 그러자 왕은 그의 오른발을 자르는 벌을 내렸다. 무왕이 죽고 문왕文王이 즉위하였을 때 화씨는 초산의 아래에서 그 옥돌을 끌어안고 사흘 밤 사흘 낮을 울었다. 나중에는 눈물이 마르자 눈에서 피가 흘렀다. 왕이 이 소식을 듣고 사람을 시켜 그 까닭을 묻기를 "천하에 발이 잘리는 형벌을 받은 자가 한둘이 아닌데 그대는 어찌 그리 슬피 우는가?" 하자 화씨가 말하기를 "내가 우는 것은 발이 잘려서 슬퍼하는 것이 아니오. 보옥을 돌이라 하고 정직한 선비에게 협잡을 꾸몄다고 죄를 준 현실이 슬프오. 그래서 울고 있는 것이오." 하였다. 이에 왕이 사람을 시켜 옥을 다듬게 하니 과연 훌륭한 보배였다. 그리하여 이를 이름해서 '화씨지벽和氏之璧'이라 명명하게 되었다.

무릇 주옥과 같은 보물은 제왕들이 몹시 갖고 싶어 하는 것이다. 화씨가 다듬지 않은 옥돌을 바쳤으므로 비록 아름답지는 않았다 해도 왕에게 해가 될 것은 없었다. 그러나 두 발을 잘리고 나서야 보배로 인정을 받으니 보물을 인정받기도 이같이 어려운 것이다. 그런데 현재의 군주들은 여러 신하와 백성들의 사욕과 간사함을 방제할 수 있는 법술法術을 화씨의 옥을 얻으려 하는 만큼 애써 구하려고 하지 않는다. 그런즉 법술가가 아직 죽임을 당하지 않았다면 그것은 제왕의 보옥이라 할 만한 법술을 아직 상신하지 않았기 때문이다. 군주가 법술을 사용하면 대신들은 권력을 함부로 쓰지 못할 것이며, 좌우 근신들도 감히 임금의 세를 업고서 방자하게 세도를 부리지 못할 것이다. 또 관官에서 법술을 실행하게 되면 일 없이 놀던 백성들은 밭에서 경작을 하게 되고, 떠돌이 협객들은 전쟁에 나가 선봉에 서서 위험을 무릅쓰게 될 것이다. 이렇게 볼 때 법술이란 군주에게는 이로운 것이고, 백성들은 피해라고 여기는 것이다. 만일 군주가 대신들의 의견을 내치지 못하고, 또한 백성들의 사소한 비방들을 무시하지 못하며, 독자적으로 법술의 시책을 펴 나가지 못한다면 법술지사는 자신의 목숨만 잃을 뿐 그의 주장도 인정받지 못할 것이다.

예전에 오기라는 병법가가 초나라 도왕悼王에게 초 왕실의 풍속에 관하여 지적해 말하기를 "대신의 권한이 너무 크고 대군으로 봉해진 사람이 너무 많습니다. 이와 같으면 위로는 주상을 핍박하게 되고, 아래로는 백성들을 학대하는 일이 빈번히 일어나게 되니 이는 나라가 빈곤에서 헤어나기 어렵고 군대가 약할 수밖에 없는 길입니다. 대군의 자손이라 하더라도 삼대三代를 내려가면 그의 작록을 회수하고, 모든 관리들의 봉록을 다시 한 번 심사하여 감봉을 결정하고, 급하지 않은 직급은 폐지하십시오. 그렇게 해서 절약된 나라의 재정을 돌려 정예병을 양성하십시오." 하였다. 그러나 도왕이 이를 실행한 지 일 년 만에 세상을 떠나게 되자 그만 오기는 초나라 사람들에 의해 사지가 찢기는 형벌을 당하게 되었다.

한편 상군(商君, 상앙)은 진秦 효공孝公에게 백성들을 다섯 호戶, 혹은 십 호를 단위로 묶어서 서로 고발하게 하고 죄가 있으면 연대 책임을 지는 연좌제를 시행할 것을 건의하였다. 아울러 시서詩書의 전적을 불태우고 법령을 밝히며, 세도가의 사사로운 청탁을 물리치고 군주를 위해 일하는 자들의 노고를 중히 여기며, 벼슬을 얻고자 분주한 백성들을 근절하고 농사를 짓거나 전쟁에 종군하는 백성들을 표창하라고 권하였다. 효공이 그의 말대로 실행하니 군주는 존경받으며 편히 지낼 수 있고 나라는 부강해졌다. 8년이 지나 효공이 세상을 떠나자 상군 역시 진나라에서 거열車裂형을 당했다.

초나라는 오기의 의견을 쓰지 않아서 영토가 깎이고 나라가 어지러워졌고, 진은 상군의 법을 실행하였던 까닭에 부강하였다. 두 사람의 말은 그 나라에 아주 합당하였는데, 오기는 사지가 찢기고 상군은 거열당했던 이유는 어째서인가? 바로 대신들은 법이 행해지는 것이 괴롭고, 간사한 백성들은 치세가 오는 것을 싫어하기 때문이다. 지금 천하 각국은 군주보다 대신들의 권세가 크고, 간사한 무리들은 혼란을 마음 편하게 생각하고 있으니, 이는 지난날 진, 초의 풍조보다 더욱 심각한 것이다. 또한 도왕이나 효공만큼 신하의 말을 듣는 임금도 없으니 법술지사가 어떻게 위의 두 사람 같은 위험을 무릅쓰고서 자신의 법술을 밝힐 수 있겠는가? 따라서 이것이 당대에 패왕霸王이 나오지 않고 어지럽기만 한 까닭인 것이다.

十四.
간겁시신

간겁시신 姦劫弑臣 이란 간사한 계교로써 군주를 시해하는 신하를 이르는 말이다. 본 장의 내용은 간신들이 군주를 속이고 사적인 이득을 취해 가는 이치를 설명하고 있으며, 또 당시 널리 퍼져 있는 우학 愚學 을 비판하면서 패왕의 위업을 이루려면 형벌을 엄히 해야지 인의 仁義 와 사랑은 따를 것이 못 된다는 것을 주장하고 있다.

무릇 간신들은 군주의 뜻에 순종함으로써 총애와 신임을 얻으려고 한다. 그래서 군주가 어떤 사람을 좋아한다면 간신은 그를 칭찬하는 말만 하고, 반대로 누군가를 미워하면 간신도 그에 대해서 비방의 말을 일삼는다. 대개 인간이란 취사선택이 같은 사람 간에는 서로 찬성하는 경우가 태반이고, 취하고 버림이 상반된 경우에는 반대를 일삼는 법이다. 신하가 칭찬하는 바가 곧 군주가 옳다는 것과 일치한다면 이를 동취同取, 즉 취하는 것이 같다고 이르고, 신하가 비방하는 것이 곧 군주가 옳지 않다고 여기는 것과 일치한다면 이를 동사同舍, 즉 버리는 것이 같다고 이른다. 취사의 견해가 일치하는데 서로 거부하고 반대의 입장에 서는 경우는 들어본 적이 없다. 이것이 신하가 군주의 신임과 총애를 얻는 방법이다.

　간사한 신하가 군주의 총애를 얻게 되면 여러 신하 중에 누구라도 죽이거나 헐뜯고, 그를 조정에 들이거나 물리는 일을 자행할 수 있는데 그 까닭은 어디에 있는가? 이는 군주가 법술로써 그들을 통제하지 못하고 있는 데다가, 사실

증거에 입각하여 그들을 심판하지도 않고 있기 때문이며, 또 예전부터 해온 말이 군주 자신의 마음에 잘 맞았다고 해서 지금의 말도 그러려니 믿어 버리기 때문이다. 이것이 바로 총애받는 신하가 군주를 속이고 자신의 욕심을 채우는 방법이 되는 것이다. 이렇게 되면 위에서는 군주가 속임을 당하고 아래에서는 신하가 막중한 권력을 휘두르게 되니, 군주를 밑에서 조종할 수 있는 신하라 하여 이를 천주지신擅主之臣이라 부른다. 나라에 천주지신이 있으면 아래의 모든 신하들이 온갖 지혜와 힘을 다하여 충성을 보이고자 하여도 뜻을 이룰 수 없으며, 관청에서 실제 업무를 맡아보는 관리들도 아무리 법을 받들어 본들 공정을 이룰 수가 없는 것이다.

이러한 상황이 되리라는 것을 어찌 알 수 있는가? 무릇 사람들은 안락과 이득을 지향하며, 위험과 해악은 멀리하고 싶어 하는 것이 인지상정人之常情이다. 그러나 지금은 신하 된 자가 힘을 다하여 공을 이루고, 지혜를 다하여 충성을 보이고자 하여도 자신은 곤궁함에 처하고 집안은 가난에 허덕이며, 아비에 이어 자식까지 해를 당하고 있다. 반대로 간교를 부려서 이익을 차지하며 군주를 현혹하고, 뇌물을 바쳐 고관을 섬기는 자들은 직위도 높아질 뿐만 아니라 집안도 부유해지고 아비와 자식이 계속해서 그 혜택을 누리고 있다. 그러니 사람들이 어찌 편안하고 이로운 방법을 버리고 위험과 손해의 길로 나아가겠는가? 나라를 다스리는 데 이와 같은 잘못이 있으니, 아무리 군주가 아래 신하들의 간교를 막고 관리들로 하여금 법을 받들게 하고자 해도 뜻대로 되지 않으리라는 것은 자명한 이치이다.

따라서 좌우의 신하들이 군주에 대한 충절과 신의로는 안락과 이득을 얻지 못한다는 것을 알고 반드시 "내가 충절과 신의로 주상을 섬기고 애써 공을 쌓아 편안하기를 구하였으나, 이는 마치 장님이 흑백의 색을 알려는 것과 같은 것으로 이루어질 수 없는 일을 기대한 것이다. 또한 법술로 정의와 합리를 실천하며 부귀를 좇지 않고, 주상을 섬기며 편안하기를 구한 것은 마치 귀머거리가 청탁淸濁의 소리를 분별하고자 하는 것과 마찬가지로 거의 불가능한 일이었다. 그 두 방법으로는 안락을 구할 수 없으니, 내 어찌 붕당에 가담하여 군주의 이목을 가리고 간사한 행동을 마다하며 중인의 무리를 섬기지 않을 수 있겠는가?"라고 말할 것이다. 이와 같으니 반드시 신하의 도리를 저버릴 것이다.

또한 모든 관리들도 누구나 할 것 없이 정의로운 행위로는 안락을 얻지 못한다는 것을 깨닫고 "나는 청렴을 신조로 주상을 섬기며 편안하기를 구하였으나, 이는 마치 자와 컴퍼스도 없이 원과 네모를 그리고자 하는 것처럼 당치 않은 일이었다. 또 법을 지키며 무리짓기를 거부하고 관의 일에만 충실함으로써 편안하기를 구하였으나, 이것은 발로 정수리의 가려운 곳을 긁으려는 것과 마찬가지로 이치에 맞지 않는 기대였던 것이다. 그 두 방법으로는 안락을 얻을 수 없으니 내 어찌 법을 폐하고 사욕을 추구하면서 중인의 무리나 섬기지 않을 수 있겠는가?"라고 말할 것이다. 그들 또한 반드시 군주의 법도를 돌아보지 않을 것이다. 고로 개인의 이득을 위해 중인을 돕는 자들은 많아지고, 법도에 따라 군주를 섬기는 자는 적어진다. 이래서 군주는 위에서 고립되며, 신하들은 아래에서 붕당을 늘려갈 터이니, 이는 마치 전성田成이 제나라 간공簡公을 시해했던 경우와 같은 것이다.

치술을 알고 있는 신하가 군주를 보필하게 되면 법술의 시책이 효력을 발하게 되어 위로는 주상의 법을 밝게 할 것이요, 아래로는 간신들의 행동을 곤궁하게 할 것이니 군주는 존귀해지고 나라는 평안해질 것이다. 그래서 법술의 시책이 앞에서 효험을 얻게 되면 이어서 상벌의 제도가 반드시 시행되게 마련이다. 군주가 만일 성인들의 치술에 밝아 세속의 말에 구속되지 않는다면 명의와 실제를 따져 보아 논란의 시비를 결정하게 되고, 실증에 의거해 신하들의 소견을 심사할 수 있게 된다. 이와 같으면 좌우의 측근들은 거짓과 속임수로는 안락을 얻을 수 없다는 것을 알게 되어 반드시 이렇게 말하게 될 것이다. "내가 간교함과 사욕의 행동을 버리고 힘과 지혜를 다하여 주상을 섬기지 않고서 신하들 간의 붕당에 함께 휩쓸리거나, 법도를 무시하고 남을 헐뜯고 치켜세우는 일로 편안하기를 구한다면, 이는 천 근의 무거움을 지고 바닥을 알 수 없는 심연에 빠져서 살기를 구하는 것과 같은 터무니없는 기대인 것이다."

또한 모든 관직의 백관百官들 역시 간사하고 이기적인 행동으로는 안락을 얻을 수 없다는 것을 알고 "내가 청렴과 정직으로 법을 받들지 않고 탐욕의 마음을 버리지 못해 탈법을 행하면서 사리사욕을 취하려 한다면, 이는 높은 산의 정상에서 아득한 계곡으로 떨어지면서 살기를 구하는 것과 같이 목숨을 부지하기 불가능한 일을 저지르는 것이다."라고 말할 것이다. 평안과 위험의 길이 이렇게 분명히 구분된다면 좌우의 측근들이 어찌 허언虛言으로써 군주를 현혹할 수 있겠으며, 백관 중에 누구 하나라도 감히 탐욕을 부려 백성들의 재산을 탈취할 수 있겠는가? 이로써 신하들은 충성을 보이면 안락이 보장되어 있으니 군주를 속이려 들 필요가 없어졌으며, 하급 관리들도 자신의 직분만을 성실히 다하면 될 뿐이니 원망하지 않게 될 것이다. 이것이 관중이 제나라를 다스리고, 상군이 진나라를 강하게 할 수 있었던 방법이었다.

이로부터 보건대 성인이 나라를 다스리는 데 있어서 어떤 공통적인 면이 분명히 있었다. 그것은 사람들로 하여금 내가 힘을 발휘할 수 있게 하는 방법을 시행하도록 했던 것이며, 나를 사랑해서 힘을 발휘하기를 바라는 것은 위험하며 대신 남이 나를 위해 힘을 발휘하지 않을 수 없게 하는 것이 좋은 것이다. 무릇 군신 간에는 골육의 친분이 있는 것이 아니므로 정직한 방법으로 이득을 얻을 수 있다면 신하도 힘을 다해 군주를 섬길 것이지만, 정직이 신하에게 안락을 가져다주지 않는다면 사리사욕을 추구하며 군주에게 발탁되기를 구할 것이다. 현명한 군주는 이를 깨닫고 사람들에게 무엇이 이득이 되고 무엇이 해가 되는가만을 세워서 천하에 보일 뿐이다. 그래서 군주는 친히 하교下敎하여 백관을 일일이 가르치지 않고, 눈을 들어 간사한 행위가 일어난 곳을 직접 찾지 않아도 나라는 저절로 다스려진다. 군주도 평범한 사람과 다름없어서 이루(離婁. 눈이 밝기로 이름난 사람으로 백 보 밖에서도 실오라기를 볼 수 있었다)만한 밝은 눈을 갖고 있지도 않으며, 사광(師曠. 진晉나라의 궁중악사로 귀가 밝은 사람)처럼 예민한 귀도 갖고 있지 않다. 그러므로 법술에 의거하지 않고 눈의 밝음에만 의지한다면 볼 수 있는 것은 적으므로 간신들의 간교함을 막는 비책이 되지 못한다. 또한 자신의 권세에 의거하지 않고 단지 귀의 예민함에만 의지한다면 들을 수 있는 것은 적으므로 이것은 신하들의 속임수를 방지하는 방책이 되지 못한다.

현명한 군주는 천하의 사람들로 하여금 자신이 보고 듣는 것을 돕지 않을 수 없게 한다. 그래서 자신은 궁중 깊은 곳에 처해 있을지라도 안광은 천하를 비출 것이니 세상 누구도 가리거나 속일 수 없다. 이것은 어떠한 도리에서인가? 바로 혼란의 싹이 될 만한 수단들은 폐지하였고 반대로 군주가 총명할 수 있는 세를 일으켰기 때문이다. 따라서 그 세를 잘 운용하는 나라는 안전하며, 이를 운용할 줄 모르는 국가는 위험에 빠진다.

옛날 진秦나라의 습속은 관리들이 법률을 무시하고 자신의 이익만 추구하여 나라에는 질서가 없고 군사력은 저급한 상태를 헤어나지 못하였으며 군주의 권세도 미미하였다. 그러나 상군商君이 진나라에 와서 효공에게 권하여 법제를 고치고 습속을 바꾸며, 공공의 법도를 밝히고 간사한 행동을 하는 자를 고발하게 하여 상을 주며, 상공업 분야는 억제하고 농경을 권장하여 백성들의 출입과 이주를 구속하였다. 이러한 정책이 시행되었어도 진의 백성들은 예전의 풍속에 아직 젖어 있었으므로 죄를 지어도 피할 길이 있다거나 공이 없이도 명성을 얻어 존경받을 수 있다는 생각에 여전히 신법을 경시하고 위반하는 사례가 많았다. 그래서 법을 위반한 사람에게는 반드시 중죄를 내리고 위반자를 고발한 사람에게는 후한 상을 주어 신뢰하게끔 하였다.

간사한 행동을 한 사람은 반드시 죄를 얻고 그 죄로 인해 처벌받는 사람들이 많아지니, 백성의 원성이 높아지고 상군의 신법은 폐해가 많다는 보고가 날마다 들려왔다. 효공은 그러한 보고를 외면하고 신법을 계속 밀고 나가니, 후에 백성들도 죄를 지으면 반드시 벌을 받는다는 것을 알게 되었으며 간사한 일을 고발하는 자들도 많아졌다. 그래서 백성들도 법을 지키게 되었으며 형벌을 가할 일도 없어지게 되었다. 이로써 나라에는 치국의 기틀이 서고 군사력은 강대해지니 영토를 확장할 수 있게 되었고, 군주의 지위도 존귀해졌다. 그와 같이 된 까닭은 죄인을 감추어 주면 중벌을 받고 간사한 자를 고발한 사람은 두터운 상을 받았기 때문이다. 이것이 바로 천하의 모든 사람들이 군주의 보고 듣는 일을 돕게 하는 방법이다. 치세에 이르는 방법이 이미 분명한데도 세간의 학자라 하는 자들은 이를 알지 못하고 있다.

그리고 현재 유행하고 있는 어리석은 학문(유학儒學을 가리킴. 백성을 상과 벌로 다스려야 한다는 법가류에서는 인의를 바탕으로 한 도덕정치를 표방하는 유학을 우학愚學이라 비난함)에서는 치란治亂의 본질이 무엇인지 알지도 못하면서 옛 고서들만 많이 읽으라고 시끄럽게 떠들고 있으니 도리어 당대의 치세를 어지럽히고 있다. 지식이나 사색만으로는 인간사의 재난을 피할 수 없는 것임에도 그들은 통치술을 알고 있는 선비有術之士들을 헐뜯고 비방하고 있다. 그들의 말에 솔깃해하는 자들은 곧 위험할 것이며, 그들이 제기한 계획을 받아 사용하는 자는 난을 당할 것이다. 이것 역시 그 우학을 배우는 자들과 마찬가지로 커다란 어리석음이며, 뒤따라 막심한 난이 올 것이다. 그들은 또 치술에 정통한 선비들처럼 담론과 유세에 뛰어나다는 세평을 받고 있으나 실제는 천과 만의 크기만 한 차이가 있다. 이것이 곧 이름은 같으나 실질 내용은 다르다고 하는 경우이다. 즉 우학을 추종하는 자들과 치술을 아는 선비와는 마치 개미 구릉을 큰 언덕에 비교하는 것과 같이 그 차이가 엄청난 것이다.

그래서 성인들은 시비의 실재를 살피고 치란의 본질을 고찰한다. 그리하여 나라를 다스리는 데 있어서 법도를 분명하게 바로잡고 엄한 형벌을 세워서 백성들의 어지러움을 구하고 천하의 화를 제거하며, 강자가 약자를 능멸하지 못하게 하고 다수가 소수를 향해 무력을 사용하지 못하게 한다. 또한 노인들이 천수天壽를 누릴 수 있게 되며 어린 고아도 성장할 수 있도록 보살핌을 받을 것이고, 변경 지방이라 하여 외적의 침탈을 받지 않으며 군신들은 서로 친하고 부자간에도 항상 보호의 손길이 오고 갈 여유를 가질 수 있어, 국가의 내적인 역량이 축적된다면 전쟁으로 인한 사망과 노예가 되는 환을 당하지 않을 것으로 이에 지극한 공을 이룰 수 있게 되는 것이다.

한편 어리석은 사람들은 무지하게도 법을 바로 세우고 형벌을 엄히 하는 것을 폭정이라고 여긴다. 그들은 모두 국가가 다스려지기를 바라면서도 다스려지는 방법을 싫어하여 멀리하고, 반면 나라가 위태로워지는 것은 싫어한다고 하면서도 위태로워질 방법을 좋아하고 있다. 어찌 그러한 것을 아는가?

무릇 엄한 형벌과 중형은 백성들이 싫어하는 바이지만 치국에 이르는 첩경이 되며, 백성을 가련히 여겨 형벌을 경감하는 것은 백성들이 좋아하는 바이지만, 나라가 위험에 빠질 근원이 되기 때문이다. 그래서 성인이 나라에 법률을 시행할 때는 반드시 세속의 여망은 거스르지만 인류사회의 원칙에는 상합하게 하였다. 이런 이치를 깨달은 자는 정도正道를 따르며 세속의 일시적인 찬사를 거부하지만, 알지 못하는 자들은 정도를 등지고 세속에 영합한다. 천하에 이러한 도리를 알고 있는 자가 많지 않으니 곧 정도가 비방을 받고 있는 것이다.

반면 지술지사智術之士는 권한도 없는 자리에 앉아서 뭇 대신들의 악의에 찬 참소를 당하며, 또 당세에 떠돌아다니는 주의 주장에 둘러싸여 자신의 의견을 떨치지 못하고 있으니, 그러한 상황에서 강력한 권한의 군주를 만들어 안락을 구하고자 하는 것은 거의 불가능한 일이다. 바로 이러한 이유가 의기 있는 지사들로 하여금 죽는 날까지 세상에 자신을 드러내려 하지 않게 하는 까닭이다.

초나라 장왕莊王의 동생인 춘신군春申君에게 여余라고 하는 애첩이 있었다. 그리고 정실 소생으로 갑甲이라는 아들이 하나 있었다. 그 첩은 춘신이 정실부인을 버리게 하려고 스스로 자신의 몸에 상처를 내고는 그에게 보이면서 눈물을 흘리며 말하길 "당신을 섬길 수 있게 된 것은 소첩으로서는 하늘의 복을 받은 것이옵니다. 그러하오나 정부인의 뜻을 좇고자 하면 당신을 섬길 수 없고, 당신의 뜻을 따르게 되면 정부인을 거스르게 됩니다. 소첩이 불초한 까닭에 두 주인을 섬기기에는 힘이 부족한 듯하옵니다. 기왕의 상황으로 보아 두 분을 모두 섬길 수는 없는 것으로 부인에 의해 죽임을 당하느니 차라리 당신 앞에서 눈을 감을 수 있도록 허락하여 주십시오. 그리고 제가 죽은 후 만일 당신의 곁에 총애를 받는 여인이 다시 있게 된다면, 바라옵건대 군께서는 그를 돌보시어 외인들에게 비웃음을 당하는 일이 없도록 보살펴 주시옵소서." 하였다. 춘신군은 첩이 꾸며낸 말만을 믿고서 정실부인을 버리게 되었다.

그러고 나서 그 첩은 또 적자인 갑을 없애고 자기가 낳은 아들로 후사後嗣를 잇고자 모략을 꾸몄다. 그리하여 속옷을 찢어서 춘신군에게 내보이고는 눈물을 흘리며 말하길 "소첩이 군의 총애를 받아온 지 오래되었으니 갑이 모를 리 없을 것이온데, 오늘 소첩을 강박으로 희롱함에 그와 다투느라 저의 옷이 이 지경에 이르렀사옵니다. 자식 된 자로서의 불효가 이보다 더 큰 것이 있겠습니까?" 하였다. 결국 첩의 농간에 춘신군의 정실부인은 버림을 받고 그의 적자는 죽임을 당하였다.

이로 보건대 아비와 자식 간의 사랑도 훼방의 말로써 해를 받을 수 있거늘 군신지간은 그만큼의 피를 나눈 사랑으로 맺어진 사이도 아니다. 단지 한 사람의 첩에게서 나오는 것도 아니고 여러 신하들의 입에서 나오는 훼방의 말로 성현들이 죽임을 당했던 것은 그리 괴이한 일이 아닌 것이다. 그래서 상군은 진에서 거열을 당했던 것이며, 오기는 초에서 능지처참을 당하는 최후를 맞았던 것이다.

무릇 신하는 죄를 범하였어도 벌을 받지 않기를 바라며 공이 없어도 존귀한 지위에 오르기를 바란다. 그래서 성인들은 나라를 다스리는 데 있어서 공이 없는 자에게 상을 주지 않았으며 죄를 지은 자는 반드시 대가를 치르게 하였던 것이다. 그러므로 치술을 아는 선비가 군주를 보좌할 때 군주의 좌우에 있는 간신들은 반드시 그를 해치려 드는 법이므로, 현명한 군주가 아니고서는 선비의 말을 귀담아듣지 않는 경우가 대부분이다.

세상의 학자들이 군주를 유세할 때에 말하기를 "군주는 신하들에게 위엄 있는 자세로 대하여 간사한 신하들의 행동을 제어하십시오."라고 하지 않고, 모두들 "인仁, 의義와 은혜, 사랑이 있을 뿐입니다."라고 말한다. 그리하여 세상의 군주들이 인과 의의 명분이 아름답다고 하여, 그 실체를 살피지도 않고 따르려 한다면 크게는 나라가 망하고 몸은 죽음에 이르게 되며 작게는 국가의 영토를 침탈당하고 군주의 지위는 낮아지게 된다. 어떻게 그와 같음을 증명해 보일 수 있겠는가?

무릇 빈곤한 자에게 재물을 베푸는 것을 세상에서는 인의라고 하며, 백성들을 가엾게 여겨 차마 주벌誅罰하지 못하는 것을 사랑과 은혜라고 한다. 그러나 가난한 자에게 재물을 주어 은혜를 베푸는 것은 공이 없는 자에게 상을 주는 것과 같으며, 인정에 끌려 처벌을 면하게 해 준다면 세상에 폭력과 어지러움이 그치지 않을 것이다. 나라에 공이 없이 상을 받는 자가 있다면 백성들은 전시에 적과 대적한 마당에서 적군을 베는 데 힘쓰지 않을 것이며, 평시에는 애써 밭을 갈고 일하는 것을 급히 하지 않을 것이다. 모두들 뇌물을 바쳐 부귀를 누리는 자들을 섬기거나 이기적인 선善을 실천하는 데 바쁘며 이로써 명예를 세워 관직을 높이고 후한 녹을 얻으려고 할 것이다. 간사한 신하들은 더욱 증가하고 법을 무시하는 난폭한 자들도 기승을 부릴 것이니 어찌 나라가 망하지 않겠는가?

무릇 엄한 형벌은 백성들이 두려워하는 바이며, 무거운 처벌은 백성들이 싫어하는 것이다. 그래서 성인들은 그들이 두려워하는 바를 펼쳐 놓음으로써 사악한 행동이 일어나는 것을 금할 수 있었으며, 또한 그들이 싫어하는 바를 설정함으로써 간사한 행위를 방제할 수 있었다. 이리하여 나라가 편안해지고 난폭한 자가 나타나지 않게 되었던 것이다. 나는 이로써 인의나 은혜, 사랑과 같은 것은 쓸모가 없는 것이며 엄중한 형벌만이 나라를 다스릴 수 있다고 밝히는 바이다.

채찍의 위협이나 재갈의 구속도 없이 말을 몬다면 천하의 조보(造父, 주나라 왕실의 어가를 몰던 사람)라 해도 말을 복종시킬 수 없을 것이며, 자와 컴퍼스가 도형을 항시 일정하게 그려내는 그 법식과 먹줄을 사용하였을 때의 엄정함에 의거하지 않고서는 왕이(王爾, 전설상 뛰어난 장인匠人으로 전해진다)와 같은 목수라 하여도 원과 네모를 그릴 수 없을 것이다. 마찬가지로 군주가 신하를 대하는 데 있어서 위엄 있는 자세로 하지 않거나 상벌의 법도를 지키지 않는다면 요순堯舜 같은 임금도 다스릴 수 없었을 것이다. 지금 세상의 군주들은 한결같이 엄한 처벌은 버려두고 사랑이니 은혜를 베푸느니 하면서 패왕의 공업功業을 이루려고 하는데, 이는 불가능한 일이다. 따라서 군주 노릇을 잘하는 사람은 어떠한 일로써 상을 받으며 또 이익이 오는가를 백성들에게 분명히 보여 이를 따라 공을 이루기를 권하고 그 공에 따라 상을 내림으로써 백성들을 부리지, 인의를 과시하고자 상을 하사하지 않는다. 한편 엄하고 무거운 형벌로 악행을 근절하고자 하며 그 죄에 따라서 백성들을 다스리지, 사랑과 은혜로써 죄의 대가를 면하게 해 주지 않는다. 이로써 공이 없는 자는 기대도 하지 않으며 죄가 있는 자는 요행을 바라지 않게 된다.

견고한 수레를 좋은 말이 끈다면 산이 험난해도 넘어갈 수 있고, 안전한 배를 타고 노의 편리함까지 갖춘다면 커다란 강물이 막아서도 걱정할 것이 없다. 나라의 군주도 마찬가지로 법술의 효능을 운용하고 엄한 형벌을 실행한다면 패왕의 공적을 이룰 수 있다. 나라를 다스림에 있어서 법술을 사용하고 상벌의 제도를 실시하는 것은 마치 육로를 가는데 좋은 말들이 끄는 튼튼한 수레를 탄 것과 같은 것이요, 물길을 간다면 가벼운 선박에 편리한 노까지 갖춘 경우이다. 이러한 도구에 의지하면 바라는 곳까지 용이하게 이를 수 있듯이 법술을 사용하면 곧 거대한 공적을 이루게 된다.

이윤은 그러한 방법을 운용하였기 때문에 탕임금을 천자가 될 수 있게 하였고, 관중은 제나라로 하여금 천하의 패주覇主가 되게 하였으며, 상군은 진나라를 부강하게 할 수 있었다. 이 세 사람은 모두 패왕을 만들 수 있는 법술에 밝았으며, 나라를 다스려 부강하게 할 수 있는 치술을 잘 헤아렸던 것이지, 결코 세속의 허황된 말에 속박받지 않았다. 또한 당시의 군주들이 바라던 뜻에 적합한 치술을 제시할 수 있었으므로 포의布衣의 선비에서 일약 경상卿相의 지위에 설 수 있었던 것이다.

한 나라의 재상이 되어 국정을 담당하면서 군주의 성과를 높이고 국가의 영토를 확장하는 역량을 보였다면, 이것이야말로 존중할 만한 신하이다. 탕왕은 이윤을 얻음으로써 불과 백 리를 다스리던 제후의 신분으로부터 천자에 오를 수 있었고, 제나라 환공은 관중을 중용함으로써 춘추시대 첫 패자의 지위에 올라 수차례에 걸쳐 제후들을 소집하고 회맹을 맺어 당시 어지러운 천하에 질서가 서게 하였다. 진나라 효공은 상군을 등용하였기에 영토를 넓히고 국력을 막강하게 할 수 있었다. 따라서 충신을 가진 군주는 밖으로 외적의 환란이 없고 안으로 간신들의 내란에 대한 걱정이 없다. 나라는 오래도록 평안할 것이며 명성은 후세에 길이 보전될 것이니, 이를 소위 충신이라고 일컬을 만한 것이다.

예양豫讓은 지백智伯의 신하로 있으면서 위로는 군주에게 법도와 치술에 대한 이치를 명백히 이해시키지 못해 환란이 될 요소들을 미리 피하게 하지 못했고, 아래로는 부하들을 잘 거느리고 통솔하지 못해 나라를 평안하게 하지 못했다. 후에 조나라의 양자襄子가 지백을 처형하기에 이르자 예양은 자기 얼굴에 문신을 하고 코를 잘라 외모를 누추하게 꾸미고는 지백의 원한을 갚으려고 하였다. 그러나 이것은 비록 외모를 자해하면서까지 눈에 띄지 않게 위장하고 목숨까지도 바쳐 군주의 명예를 구하고자 한 것임은 틀림없지만, 실제 죽은 지백에게는 조금의 보탬도 될 것이 없었다. 나는 그를 비천한 신하로밖에 여기지 않으나 현세의 군주들은 그를 충정과 고매한 절개의 신하로 평가하고 있다. 그리고 옛날에 백이伯夷, 숙제叔齊 형제는 주 무왕이 천하를 그들에게 넘겨주려고 할 때 끝끝내 받아들이지 않고 마침내 수양산首陽山에서 굶주려 죽었다. 이와 같은 유형의 신하는 엄벌도 두려워하지 않고 그렇다고 해서 후한 상을 탐하지도 않으니 이를 닮고자 하는 사람들에게 벌을 주거나 혹은 상을 내려 장려할 수도 없다. 이들은 단지 무익한 신하일 뿐으로 나는 그들을 비천하게 보거나 내쳐야 할 신하로 여긴다. 하지만 현세의 군주들은 도리어 그들을 찬미하며 찾아다니려 하고 있다.

세간의 말 중에 "문둥이가 임금을 가련히 여긴다."라는 말이 있다. 이 말은 군주에게 아주 불경한 말이다. 말은 비록 불경하지만 예로부터 내려오는 속담 중에 사실과 크게 틀린 말은 없다고 본다. 자세히 살펴본다면 이 말은 아래 신하들에게 시살된 군주에 대하여 일컫는 말이다. 군주가 법도를 세워 신하를 통제하지 못한다면, 비록 나이가 많고 재질이 훌륭하다 하더라도 대신들은 군주의 권능을 훔쳐서 정치를 장악하여 각자 사적인 용무만을 급히 할 것이다. 그러나 한편으로는 군주의 친족이나 충의와 용기를 지닌 선비가 군주의 힘을 빌려 자신을 단죄할 것을 두려워한다. 그래서 그들은 현명한 지혜를 지녔거나 세상일을 터득할 나이가 된 군주를 살해하고 나이 어리고 무능한 군주를 옹립하려 할 것이다. 혹은 적실 태생의 장자를 폐위하고 왕위를 계승하기에 부적합한 서자를 옹립할 것이다.

옛 춘추春秋의 기록 가운데 이러한 일화가 있다. 초나라의 왕자 위圍가 사신이 되어 정나라로 가는 중에 아직 국경을 넘어서지 않았을 무렵 국왕이 병이 났다는 소식을 들었다. 길을 돌려 왕을 문병한다는 구실로 왕의 처소에 들어간 위는 그 틈을 타서 갓끈으로 왕의 목을 졸라 죽이고는 스스로 왕위에 올랐다. 또 제나라 최저崔杼라는 사람에게는 아름다운 아내가 있었는데 제齊 장공莊公이 그녀와 정을 한번 통한 후로 자주 최저의 내실을 드나들었다. 어느 날 장공이 내실에 숨어들 때를 노려 최저의 수하 가거賈擧는 무리를 이끌고 장공을 공격하였다. 장공은 내실 안에서 포위된 채 위험을 벗어날 방도가 없었다. 그래서 최저에게 나라의 절반을 주겠다고 협상하기도 하고 차라리 종묘에 나아가서 자진할 수 있도록 해 달라고 애원도 하였으나 최저는 허락하지 않았다. 마침내 장공은 비상수단으로 뒤쪽 담을 넘어 도주하려 하였으나 가거의 화살에 다리를 맞고 담에서 떨어졌다. 최저의 무리들은 달려가 장공을 창으로 찔러 죽이고는 그의 동생을 경공景公으로 추대하였다.

현세에 있었던 사건으로는 조나라가 이태李兌를 중용하였다가 그가 무령왕 주보主父를 백 일 동안 굶겨 죽였던 일이나, 요치淖齒가 제나라에서 중용되어 재상이 되자 민왕湣王의 힘줄을 뽑아서 그를 종묘의 대들보에 매달아 하룻밤을 그대로 두어 죽게 했던 일들이 다 그것이다.

그러므로 문둥이가 비록 온몸에 종기가 나서 고름이 흐르고 몸이 썩어가긴 하지만, 위로 춘추의 이야기와 비교해 볼 때 교살당하거나 다리에 화살을 맞은 채 창에 찔려 죽지는 않는다. 아래로 근세의 일과 비교해 볼 때는 굶어 죽거나 힘줄이 뽑히는 일은 당하지 않는다. 따라서 신하들에게 참혹한 죽임을 당하곤 하는 군주라는 위치는 늘 마음속엔 근심으로 가득하고 일을 당하여서는 육체적 괴로움을 겪게 되므로 결코 문둥이보다 나을 것이 없다는 것이다. 이런 점에서 볼 때 비록 문둥이이긴 하지만 그가 임금을 가엾게 여긴다는 것은 성립할 수 있는 말이다.

十五.
망징

망징 亡徵이란 '국가가 망할 징조'라는 뜻에서 붙여진 제목이다. 멸망을 초래하거나 멸망이 다가올 징후에 관한 사항을 열거하였는데, 총 47조를 거론하였다. 말미에 이러한 멸망의 조짐을 가지고 있는 국가들을 법술로 통치하고 있는 국가가 정벌에 나선다면 천하를 통일할 수 있을 것이라는 주장을 펴고 있다.

군주가 다스리는 영토는 작은데 오히려 그 밑의 신하들의 봉읍이 크다거나, 군주의 권한은 가벼운데 신하들의 권세가 중하다면 나라가 망할 것이다.

법과 금기를 소홀히 하고 모의와 지계智計에 힘쓰며, 내정은 돌보지 않아 황폐한데도 국외로부터의 원조에만 의지한다면 나라가 망할 것이다.

신하들은 법술을 멀리하고 유학과 같은 사술邪術이나 배우려 하고 귀족 자제들은 시비에 대한 논쟁만 즐기며, 상인들은 국외에다 재물을 저장하여 세금을 내지 않고 백성들은 국내에서 곤궁함을 겪는다면 나라가 망할 것이다.

군주가 궁실과 누대, 그 밑에 연못을 건축하고 수리하는 일이나 좋아하며, 수레나 옷의 치장, 그릇과 노리개 같은 허식에 관심을 기울여서 백성들을 징발하고 재물을 소비하기를 좋아한다면 나라가 망할 것이다.

양시良時, 길일吉日을 점친다 하여 귀신을 모시는 데 전력하고, 복서卜筮를 지나치게 믿어 날마다 제사 지내기를 좋아한다면 나라가 망할 것이다.

사람의 말을 들을 때 단지 그의 직위 고하에만 의거해 받아들일 뿐 여러 사람의 말을 견주어 보고 판단하지 않으며, 의견 개진의 통로는 특정한 사람을 지정하여 그를 거쳐서만 올라오도록 언로를 막아 놓는다면 나라가 망할 것이다.

 관직을 얻는 것이 세도가와의 친분으로 얻어지고, 봉록은 뇌물의 상납 여하에 따라 승급된다면 나라가 망할 것이다.

 일을 계획하는 것이 느려서 성과가 없고 일을 처리하는 것이 유약하여 과단성이 없고, 나라에 대해 좋고 나쁜 바를 결정하지 못해 국정의 지표를 정립한 바가 없다면 나라가 망할 것이다.

 군주가 재물을 탐하는 데 눈이 어두워 물릴 줄을 모르고, 이득을 좋아하여 이利를 추구하는 데 힘을 다한다면 나라가 망할 것이다.

 형벌을 남용하여 법률에 벗어나는 일이 빈번하다든지 논쟁을 좋아하여 실용적인 측면이 도외시되고, 화려한 문사文辭만을 좋아하여 공적과 실효에 관해서는 돌아보지 않는 풍조가 만연하다면 나라가 망할 것이다.

 군주가 지혜가 부족하고 사려 깊지 못하여 다른 사람에게 쉽게 간파당하며, 말하는 것이 헤퍼서 비밀을 간직하지 못하고, 세심하지 못하여 신하들 간의 말을 이리저리 전한다면 그러한 나라는 망할 것이다.

군주의 성격이 강자에게 굽히기 싫어서 화친하지 않고 승부에 집착하여 간언을 듣지 않으며, 사직社稷은 돌보지 않고 제멋대로 자기의 강성함만을 자신한다면 나라가 망할 것이다.

우방의 지지를 업고서 이웃 나라를 경시하며, 대국의 도움만을 믿고 가까이서 자국을 핍박하는 나라에 모욕을 준다면 나라가 망할 것이다.

국내에 머물러 있는 객사客士들은 자신의 소중한 가족이나 귀중한 재산을 모두 국외에 두고 있는데, 그들이 위로는 국정의 비계秘計에까지 참여하고 아래로 백성들의 일을 담당한다면 나라가 망할 것이다.

백성들이 그 재상을 신임하지 않고 하급자가 그 상관을 받들지 않는데 그러한 자들을 오히려 군주만이 아끼고 신임하여 가까이 두려 한다면 그 나라는 망할 것이다.

국내의 인재는 쓰지 않고 오히려 국외에서 사람을 구하며, 공적에 의하여 임용을 결정하는 것이 아니라 떠돌아다니는 소문을 발탁의 기준으로 삼는다든지, 국외의 국적을 가진 인사가 고위 관직에 올라서 오래도록 임직에 있었던 사람들보다 높게 승진되는 나라는 망할 것이다.

적자의 지위가 무시되며 서자들이 이들과 대등한 세력을 누리는 왕실 분위기에서, 왕위를 계승할 태자가 아직 정해지지 않았는데 군주가 먼저 죽는다면 그 나라는 망할 것이다.

군주가 풍류와 배짱을 지닌 호걸의 풍모를 지녔지만 매사에 자신의 실수를 인정하는 법이 없고, 나라가 문란하여도 스스로는 현명하다고 하면서 국정을 잘 이끌어 가고 있다고 여기지만, 실제 국내 상황에는 어두워 이웃의 적국을 얕잡아 본다면 나라가 망할 것이다.

나라는 작은데 자신을 낮추지 않고, 국력이 약하면서도 강국을 두려워하지 않으며, 예의에 힘쓰지 않고 강대한 이웃 나라를 멸시하며, 늘 이익을 탐하고 쓸데없는 고집을 부려 남들과 사귐에 불편함을 주는 그런 군주가 다스리는 나라는 망할 것이다.

국왕이 태자가 책봉되었는데도 적대국의 여인을 취해 와서 정실부인으로 삼는다면 태자가 위태로워질 것이다. 이렇게 되면 신하들이 두 마음을 갖게 되고 왕을 향해 가지고 있던 충절의 마음을 바꾸게 되므로 그 나라는 망할 것이다.

강한 이웃을 두려워하면서 오히려 약한 적을 향해 수비를 강화하며, 화의 근원이 될 것이라 짐작하면서 마음이 유약하여 그 행동을 그만두지 못하고, 생각으로는 행해야 한다고 여기고 있지만 결단력이 약하여 실행하기를 주저하는 그런 나약한 군주가 다스리는 나라는 망할 것이다.

군주가 외국으로 도망하여 국내에는 새로운 세력들에 의해 또 다른 군주가 즉위해 있다거나, 태자가 볼모로 외국에 끌려가 돌아오지 못하고 있는데 군주가 다른 왕자를 태자로 세운다면 백성들 간에는 두 마음이 생겨날 것이고 그렇게 되면 나라가 망할 것이다.

신하이기는 하나 일국의 대신이라면 국왕도 그에게 예를 갖추어야 한다. 군주라 하여 그에게 모욕을 주었다가 또 친근함을 보이는 망령된 처신을 하였다거나, 백성이라 하여 함부로 형벌을 가하며 살육을 자행하고 잔혹하게 부역을 징발한다면, 나라 일각에서 원망을 품고 수치를 당한 자들이 학정에 괴로워하는 사람들을 끌어모아 난을 일으킬 것이니, 이러한 나라는 망할 것이다.

강력한 세력을 획득한 두 대신이 나라의 정권을 장악하고 있으며 또한 많은 왕실 귀족들이 강력한 세력을 이루고 나서 대내적으로는 도당을 결성하고 대외적으로는 원조를 구하여 권력과 이권을 다투게 된다면 이러한 나라는 망할 것이다.

군주가 여인네들의 말을 쉽게 믿고 총애하는 측근들의 의견을 맹목적으로 받아들이며, 백성과 신하들이 모두 비분과 원망에 싸여 있는데 군주가 여전히 불합리한 일들을 행할 때 그 국가는 망할 것이다.

군주가 조정의 대신들에게 모욕을 주고 왕실의 연배가 높은 왕족 대군들을 무례히 대하며, 백성들을 노동으로 괴롭히면서 무고하게 살육을 저지른다면 나라는 망할 것이다.

순간의 계산으로 이롭다고 판단되면 원칙을 깨는 것도 서슴지 않고, 늘 사적인 일을 위해서 공적인 것을 어지럽히며, 법으로 금한 바의 계율을 쉽게 바꾸면서 빈번히 신하들에게 명령을 발하는 군주가 재위하고 있는 나라는 망할 것이다.

산이나 강으로 만들어진 자연적인 요새도 없고 성곽도 견고하지 못하며, 축적해 놓은 양식도 없고 또 국가의 재정도 부족하며 정벌과 수비에 준비도 없는 상태에서 경솔하게 전쟁을 일으키는 국가는 망할 것이다.

왕족의 대부분이 단명하여 권세가 미약한 왕실에서 군주

가 세상을 떠나 어린 태자가 왕위를 계승했지만, 대신들이 전권을 행사하며 외래 정객들을 조정에 끌어들여 도당을 만들고 빈번히 영토의 일부를 분할하여 외국에 헌상하는 방식으로 관계를 유지하는 나라는 망하게 될 것이다.

태자가 지나치게 추앙을 받으며 따르는 자들이 강성하다면, 또한 이를 기반으로 대국들과 많은 교분을 쌓아서 자신의 위세를 현재의 군주에 버금가게 한다면 나라는 망할 것이다.

군주가 도량이 협소하고 성정性情이 급하여 허드렛일에 쉽게 휩쓸리거나 격한 마음의 동요를 자주 일으키는 성품을 지녔으며, 화가 나면 일의 전후 사정을 돌아보지 않고 대처한다면 나라는 머지않아 망하게 될 것이다.

군주가 평상시에 진노하는 일이 잦고, 농사에 관한 감독은 소홀히 하면서 군대를 일으키길 좋아하여 전쟁을 자주 벌인다면 그 나라는 망할 것이다.

권문세가나 귀족들이 서로 반목하는 와중에 대신들의 세력이 형성되어, 밖으로는 적대국의 힘을 끌어들이고 안으로는 백성들의 노동력을 착취하면서 자신의 숙적이 되는 무리에게 무력을 가하여 국가의 치안을 흔들어도 군주가 처벌할 실제적 힘이 없다면 나라가 망할 것이다.

군주는 무능하고 측실 소생의 대군들은 똑똑하다거나 태자는 경박한데 서자들은 오만하며, 관리들도 유약하여 거친 백성들을 통제하기 어렵다면 나라는 안정될 수가 없고 결국 망하게 될 것이다.

군주가 마음속에 분노를 쌓아 두기만 하고 이를 터뜨리지 않으며, 죄목에 해당하여 마땅히 벌을 받아야 함에도 이를 처벌하지 않아서 관리들이 두려워하여 장차 자신이 어떤 운명을 맞게 될 것인가를 불안해한다면 그 나라는 망할 것이다.

군대를 파병할 때 대장으로 임명한 자의 권한이 지나치게 크고 변경 수비의 직분을 맡긴 장수에게 직위를 너무 높여 주어 단독으로 명령을 내릴 수 있다든가, 공무를 즉결 처리하면서 조정에 알리지 않아도 되는 권한을 부여했다면 그로 인해서 나라가 망할 것이다.

내실의 여인네들이 음란하여 후비后妃까지도 음탕한 짓을 저지르고 태후도 젊고 미남인 정부情夫를 거느리며, 궁궐 밖의 사람과 거리낌 없이 밀통하여 궁의 출입이 혼란해지고 남녀의 분별이 지켜지지 않아 예속이 해이해지면 궁궐 안팎에 두 군주가 생겨나는 것으로 곧 나라가 망하게 될 것이다.

왕의 후비는 경시당하는 반면 비첩婢妾들은 존중받을 때, 혹은 재상에 비해 왕의 곁에서 빈객의 청알請謁을 전담하는 내시 따위가 막대한 권한을 쥐고 흔든다면 궁궐 내외의 일들이 서로 불화를 일으키므로 나라가 망할 것이다.

대신들이 지나치게 존귀한 존재로 군림한다거나 사적으로 만든 당이 난립한 채 저마다 세력을 확장해 나가면서 군주의 결정은 우습게 알고 나라의 대권을 독단적으로 사용한다면 나라는 망할 것이다.

세도가에 의해 천거되는 사람은 등용되나 장수로서 공을 세운 집안의 후손은 도리어 내쫓기고, 외진 시골에 살아 정무政務에 아는 바가 없는 자임에도 선량하다고 하여 발탁되고, 반면에 오랫동안 착실하게 공적을 쌓아 온 사람이 폐출되는 등 개인의 품성만 중시되고 국가에 대한 공헌은 무시되는 그런 나라는 망할 것이다.

국가의 부고府庫는 비어 있는데 대신들의 창고는 재물로 가득하고, 국내에 살고 있는 백성들은 빈곤에 허덕이고 있으나 국외에서 들어온 이주자들은 풍족한 생활을 누리며, 농민과 병사들은 곤궁하게 지내는 반면 상공업에 종사하는 사람들이 이득을 챙기는 나라는 망할 것이다.

커다란 이익을 보고도 서둘러 취할 생각을 하지 않고 막대한 재앙이 이를 것이라는 말을 듣고도 방비를 게을리한다든가, 전쟁에 관한 일들은 소홀히 하고 소용도 없는 인의나 외치며 자신을 꾸민다면 나라가 망할 것이다.

군주가 보국안민保國安民의 대사에는 힘쓰지 않고 부모의 일신을 봉양하는 서민들의 작은 효도나 숭배하면서 사직은 돌보지 않고 태후의 명령만을 순종하여 국사를 궁중의 여인들이나 환관 따위의 소인들이 주관한다면 나라가 망할 것이다.

군주가 말재주는 뛰어나지만 법률에 맞는 일이 적고, 사고는 영민하고 민첩하지만 통치술을 적절하게 구사할 줄 모르며, 재능은 있다고 하더라도 법도에 합당하게 국사를 처리하지 못한다면 나라가 망할 것이다.

새로 등용된 신하는 진급시키는 반면 오래도록 곁에서 일하던 신하는 폐출한다든지, 용렬한 자들이 대권을 잡고 현명한 신하는 빛을 발할 수 없으며 공적도 없는 사람이 존귀해지고 나라를 위해 애쓰고 노고를 아끼지 않았던 사람이 비천한 대우를 받는다면 아래 신하들이 원망을 품을 것으로 이렇게 되면 나라가 망할 것이다.

왕실 귀족이나 대신들이 공적에 비해 많은 봉록을 받고 법도에 넘어서는 옷차림을 한다거나 궁실에서 지나친 부를 향유하며 과도한 사치를 누리고 있는데, 군주가 자신의 권한으로 제재할 수 없으며 그래서 신하들의 탐욕스러운 마음도 그치지 않게 되면 그러한 국가는 망할 것이다.

군주의 부마나 자손들이 백성들과 어울려 살면서 이웃에 대하여 오만하게 횡포를 부린다면 나라가 망할 것이다.

나라가 망할 징조가 있다고 해서 반드시 그 나라가 망한다는 것은 아니다. 단지 망할 가능성이 있다는 뜻에서 말한 것이다. 현명한 요임금이 두 명이나 있다고 하여 나라가 잘 다스려지는 것은 아니며, 걸왕 같은 사람이 여럿 된다고 해서 나라가 망하는 것은 아니다. 국가의 흥망은 치세와 난세 혹은 국력의 부강과 쇠약 중에서 어느 한쪽 방면으로만 나아갔기 때문이다.

나무가 부러지는 근본적인 원인은 벌레가 먹었기 때문이고 담장이 무너지는 것 또한 틈이 생겼기 때문이다. 그러나 비록 벌레가 먹었다 하더라도 강한 바람이 불지 않으면 부러지지 않을 것이요, 벽에 틈이 생겼다 하더라도 큰비가 내리지 않으면 무너지지 않는다.

  만일 천하 일국—國에 나라를 다스리는 방법을 시행할 수 있다거나 모든 국사를 법에 맞게 처리할 수 있는 군주가 출현한다면, 망할 징조가 보이는 다른 국가에 대해 바람과 비와 같은 존재가 되어 천하를 손안에 넣는 것은 어렵지 않을 것이다.

거울이 맑음을 유지하고 흔들리지 말아야
아름답고 추함을 비춰낼 수 있으며,
저울이 단정한 균형을 잡고 흔들리는 일이 없어야
경중을 헤아릴 수 있다.
마찬가지로 법률도
흔들리거나 동요해서는 안 된다.

- 〈식사〉 중에서

韓非子

十六.
삼수

삼수 三守란 군주가 지켜야 할 세 가지 사항이라는 뜻이다. 본편에서는 군주가 지켜야 할 세 가지 사항과 더불어 신하로부터 방비해야 할 세 가지 점을 나누어 서술하고 있다. 요지는 일국의 대권을 군주에게 집중해야지, 신하들의 손에 넘어가게 해서는 안 된다는 것을 군주에게 일깨우고자 하는 것이다.

군주에게는 세 가지 지켜야 할 것三守이 있다. 이를 잘 지키면 나라가 평안하고 군주 자신도 영화로울 수 있지만 잘 지키지 못한다면 나라는 위태로울 것이요, 군주의 신변에도 위험이 닥칠 것이다.

그렇다면 삼수三守란 무엇인가?

첫째, 어떤 한 신하가 재상의 실책을 비판한다거나 정책을 주관했던 사람에 대해 그의 과실을 문책하려 한다든지, 또 아첨하는 자의 본모습을 군주에게 알리고자 할 때 군주가 그 말을 듣고서 마음속에 간직해 두지 않고 총애하는 다른 신하에게 그 사실을 누설하는 것이다. 군주의 이러한 행동으로 인해서 총애를 누리고 있는 무리들은 비판의 의견을 올리는 것을 싫어하여 군주들의 뜻에 영합하는 말만을 올리려 할 것이다. 이렇게 되면 정직한 말을 상신했던 신하는 군주에게서 멀어지고 마침내는 천천히 도태되고 말 것이다.

둘째, 군주가 어떤 사람을 좋아할지라도 마음대로 상을 내릴 수 없고 단지 누군가가 그를 치켜세워야만 상을 줄 수 있다거나, 미워하는 사람도 뜻대로 벌을 줄 수가 없으며 누군가가 그를 비방한 후에야 벌을 내릴 수 있다면, 그러한 군주는 군주로서의 권세를 장악하지 못하고 있는 것이다. 즉 권세는 좌우의 신하들 손에 쥐어져 있는 것이다.

셋째, 군주가 자신이 직접 국정을 돌보는 것이 고달프다고 여겨 여러 신하들에게 대신 처리하게 한다면, 이는 곧 권력을 신하들에게 넘겨주는 것과 다름없다. 그렇게 생사여탈의 막대한 권한이 신하의 손에 들어갔으니 군주의 권력이 침해받게 되는 것은 명약관화한 일이다.

이상은 군주가 지켜야 할 세 가지를 설명한 것이다. 이것이 잘 지켜지지 않았을 때는 곧 군주가 피살되거나 위협을 받게 될 전조라고 여겨도 될 것이다.

한편 군주가 신하로부터 받게 되는 협박으로 세 가지가 있다. 첫째는 허명虛名에 의한 협박이요, 둘째는 국사國事를 빌려 군주를 협박하는 것이요, 셋째는 신하가 형벌의 권한을 장악함으로써 협박하는 경우이다.

신하들은 기회가 있을 때마다 나라의 대권을 장악하려 하고 아래 신하들에게 이익을 마음대로 나누어 주며, 그럼으로써 조정 안팎에서 일어나는 모든 일을 그가 아니면 실행될 수 없게 만든다. 그래서 그를 반대하는 사람은 반드시 화를 당하고 추종하는 사람은 이득을 얻으니 비록 선량한 신하라 하더라도 어찌할 수 없게 된다. 이렇게 되면 나머지 신하들은 감히 군주에게 충성하는 마음을 가지려야 가질 수 없게 되고 결코 나랏일을 염려한다거나 사직을 지키기 위해 위험을 무릅쓰지 않을 것이다. 그러므로 군주가 비록 뛰어나다고 할지라도 독자적으로 국정을 주도할 수 없다거나 관리들이 군주를 위해 충성하고자 하지 않는다면 나라는 반드시 망할 것이다.

이런 나라에는 신하라는 명칭만 있을 뿐 신하가 존재하지 않는 것과 다름이 없다. 하지만 신하가 없다는 말이 실제 조정의 복도가 텅 비었다거나 조회에 참석하는 신하가 부족함을 의미하는 것은 아니다. 관리들이 봉록을 받아 자신이 속한 당의 세력을 증대하기에만 힘쓴다든지, 또는 자신의 이익만을 도모할 뿐 군주를 위해 충성을 바치지 않는다는 것이다. 이것은 군신지간에 유명무실한 헛껍데기의 이름만을 남게 하여 군주로 하여금 위협을 느끼게 하는 것이니 이를 일컬어 허명에 의한 협박名劫이라 한다.

또 신하들은 군주의 총애를 얻고자 온갖 수단을 다 하지만 일단 신임을 얻게 되면 이를 배경으로 국가의 대권을 훔

치고 외세를 빌려 국내의 정치를 좌우하며, 일에 대한 화복득실禍福得失의 형세를 현란한 수사로 설명하여 군주가 바라는 심리를 현혹하곤 한다. 군주는 이 말에 미혹되어 적극적으로 앞장서서 자신과 국가의 모든 역량을 기울여 추진한다. 만일 일이 실패할 경우에 군주는 그 의견을 제기한 신하와 함께 화를 입게 되지만, 일이 성공하였을 때는 그 신하 혼자 이익을 차지하게 된다. 이 일에 참여한 다른 신하들 역시 같은 무리들로 그 사안에 관하여 동일한 목소리로 장점을 늘어놓는다. 그렇게 되어 군주로 하여금 반대 의견을 내는 사람의 말을 불신하게 만든다. 이러한 것을 일컬어 국사에 의한 협박事劫이라 한다.

감옥을 관리하고 금령禁令과 형벌제도의 개폐改廢에 관해서 군주가 신하에게 전적으로 맡겨 처리하도록 한다면 그들은 이를 기회로 차츰 자신들의 세력을 키워 갈 것이다. 이를 일컬어 형벌의 권한에 의한 협박刑劫이라고 한다.

이상의 세 가지를 방비하지 못하면 곧 신하로부터 위협을 받게 될 것이다. 반대로 지킬 바를 완비하게 되면 위협은 소멸할 것이요, 이를 능히 할 수 있다면 천하를 다스릴 수 있을 것이다.

十七.
비내

비내(備內)란 '내부를 방비하라'는 뜻에서 붙여진 제목이다. 옛날에 군주가 거처하는 곳을 내(內), 혹은 궁(宮), 금(禁)이라 하였는데, 군주는 이 내부로부터 일어날 수 있는 반역의 음모를 소홀히 하기 쉽다. 즉 가까이 있기 때문에 지나치게 믿다 보면 위해를 받을 수 있으니 주의하라는 것이 본 장의 요지이다.

군주가 환란을 당하게 되는 까닭은 남을 너무 믿기 때문이다. 다른 사람을 너무 믿어 버리면 그에 의해 지배받게 된다. 신하의 위치에 있는 사람은 군주와 골육의 친분을 맺고 있는 것도 아니며, 단지 군주의 위세에 속박되어 섬기지 않을 수 없는 처지다. 따라서 신하는 늘 군주의 심경을 엿보고 살피느라 잠시도 쉬지 않는다. 그래서 세상에서 군주가 신하의 조종을 받거나 심지어 시해당하는 일이 발생하는 것은 군주가 잠시라도 나태하고 교만하게 처신했기 때문이다.

 군주가 자기 아들을 크게 신뢰한다면, 간신들은 태자의 후광을 업고서 그들의 사리사욕을 이루고자 할 것이다. 이태李兌가 조왕趙王의 위세를 업고서 왕의 아버지인 주보主父를 굶어 죽게 했던 일이 그것이다. 또한 군주가 자기 부인을 지나치게 신뢰한다면, 간신들은 역시 이를 틈타서 자신의 사욕을 채우고자 할 것이다. 우시優施가 진 헌공의 애첩 여희驪姬의 세도를 업고서 태자 신생申生을 살해하고 여희의 아들 해제奚齊를 옹립했던 것이 그 역사적 실례이다.

 무릇 가장 가까운 아내와 혈육의 친분이 있는 자식도 깊이 신뢰할 수 없거늘 그 나머지 사람들에 있어서 어찌 깊은 믿음을 둘 수가 있겠는가? 만승지국의 군주나 천승지국의 임금에게 있어서 그들의 후비나 부인의 아들을 태자로 옹립하게 되면 군주가 일찍 죽기를 희망하는 경우가 있다. 어찌 그러한 것을 알겠는가? 부부에게는 골육의 정과 같은 사랑과 친분이 없다. 군주가 사랑하면 가까이 두고, 총애하지 않으면 소원해진다. 예부터 이런 말이 있다. "어미가 사랑을 받으면 자식도 품 안에 안긴다." 그러므로 이 말을 뒤집으면 이렇게 말할 수 있을 것이다. "어미가 미움을 받으면 자식도 땅에 팽개쳐진다."

남자는 나이 오십이 되어도 여색에 대한 바침이 그치질 않으나 여자 나이 삼십이 되면 외양의 미모는 이미 쇠해 버린다. 미모가 쇠한 여인이 호색한 남자를 받들 때에 어찌 소원함을 당하지 않을까 염려하지 않겠는가? 또 그녀의 자식이 왕위를 계승하지 못할까 어찌 염려하지 않겠는가? 이것이 바로 후비와 부인들이 군주가 일찍 죽기를 바라는 이유이다. 어머니가 태후가 되고 자식이 군주가 되면, 그들의 명령은 내리는 즉시 실행되지 않는 것이 없고, 금지하고자 하면 그치지 않을 일이 없다. 비록 남편이 죽었다고는 하지만 태후의 권세라면 남녀 간의 환락도 선왕이 살아 있을 때와 다름없이 얼마든지 즐길 수 있다. 그래서 조금도 거리낄 것 없이 만승의 대국을 좌지우지할 수 있을 것이니, 이런 까닭에 짐주(鴆酒, 짐鴆이라는 새의 깃을 술에 담그면 독주毒酒가 되는데 사람이 마시면 즉사하게 된다)로 독살하려 하거나, 은밀하게 군주를 목 졸라 죽이려는 것이다.

옛 초나라의 역사책 《도좌춘추檮佐春秋》에서 이르기를 "군주가 병으로 사망하는 경우는 전체의 반도 되지 않는다."라고 하였다. 군주가 이를 알지 못한다면 환란이 일어날 요소가 더욱 많아지는 것이다. 그래서 군주의 죽음이 자기에게 이로움을 가져온다고 여기는 사람이 많을수록 군주는 위험해진다.

예전에 왕량王良이 말을 사랑했고 월나라 구천이 사람들을 아꼈던 것은 다 나름의 이유가 있었다. 왕량이 말을 자식처럼 사랑했던 것은 원하는 때에 타고 달리기 위해서였으며, 구천은 오나라에 대한 복수전을 꾀하였던 까닭에, 즉 전쟁을 치르기 위해서 사람들을 아꼈던 것이다. 또한 의사가 환자의 고름을 뽑아내기 위해 상처를 빨아서 입안에 머금으면서까지 치료를 하는 것은 결코 그 환자와 골육의 뜨거운 사랑이 있어서 헌신적인 행동을 하는 것이 아니다. 단지 그렇게 해야만 더욱 많은 이득을 얻을 수 있기 때문이다.

　수레를 만드는 장인은 사람들이 부귀해지기를 바라며, 목수가 관을 만드는 일을 시작한다면 사람이 빨리 죽기를 바랄 것이다. 수레를 만드는 장인은 다 착하고, 관을 만드는 목수는 모두 악해서 그런 것이 결코 아니다. 사람이 부유해지지 않으면 수레가 팔리지 않을 것이요, 사람이 죽지 않으면 관을 팔 수가 없어서이다. 즉 목수가 사람을 증오해서 빨리 죽기를 바라는 것이 아니라 그래야만 자기에게 이득이 돌아오기 때문이다.

　군주의 후비나 부인, 태자로 봉해진 아들이 자신들의 무리를 형성하고자 한다면 반드시 군주가 빨리 죽기를 희망할 것이다. 군주가 죽지 않으면 그들의 세력은 클 수가 없으니, 실제 그들이 군주를 증오하기 때문이 아니며 단지 자신들의 이익이 군주가 빨리 죽는 것에 있기 때문이다. 따라서 군주는 자신이 죽었을 때 이익이 돌아가게 되는 사람들에 대하여 주의를 기울이지 않으면 안 된다.

　옛말에 이르기를 "햇무리와 달무리는 각기 해와 달의 주위에 생기는 것이지만, 이를 만들어 내는 원인은 그 안에 있다. 마찬가지로 증오하는 자를 방비하기는 쉬운데, 화는 오히려 사랑하는 자로부터 일어난다." 하였다. 그래서 현명한 군주는 검증해 보지 않은 일은 행동으로 옮기지 않고 평소와 다른 특이한 음식은 맛보려 하지 않는다. 먼 곳의 일들은 다방면의 견해를 청취하고 가까이에 있는 일들은 마치 눈으로 직접 관찰하듯이 살펴보아 안팎으로 빠짐이 없는가를 심사한다. 또한 관리들마다 그들의 소견을 내놓게 하여 차이를 따져 보아 각 당파 간 분쟁의 실정을 헤아린다. 그리고 새로운 안건에 대하여 실제와 비교해 보고 유사한 경우를 나열해 보는 실험들을 종합해 본다. 그리하여 진언한 바의 실제 결과에 대해 신하를 문책한다. 일을 시행하여 나타난 결과를 신하가 처음 진언했을 당시의 말과 서로 부합하는지를 살핀다. 매사 법률에 따라 백성들을 다스리는데, 바탕이 되는 것은 항상 여러 단서들을 비교하고 관찰하는 과정을 거친다는 것이다.

지금의 군주들이 이런 일을 본받아 선비가 요행으로 상을 받는 일이 없으며 사형을 선고할 때도 반드시 합당한 절차를 밟으며 죄에 따라 응분의 처벌을 받게 한다면, 간사한 자들이 사욕을 품는 일이 없게 될 것이다.

국가에 요역徭役이 많으면 백성들이 고통을 당한다. 백성들이 괴로움을 당하면 권세가 일어나며, 그렇게 권세의 작용이 점점 증강하면 부역을 면제해 주고 받는 대가가 커진다. 그 대가가 커지면 관리들은 재산을 모으게 된다. 곧 백성들을 괴롭혀 관리들을 부유하게 하고 권세를 키워서 신하들이 이용토록 하는 것, 이것은 천하의 어느 국가든지 국익을 쌓아가는 장기적인 방안이 되지 못한다.

반대로 말한다면, 요역을 줄여 백성을 편안하게 하고 관리들이 한도를 넘어서는 권한을 갖지 못하게 하여 그들의 세도가 소멸한다면 백성들이 안락해지고 백성들에 대한 은혜의 공은 모두 군주에게로 돌아갈 것이다. 마치 물이 불을 이길 수 있는 것과 같이 자명한 이치이다. 그러나 이제 물을 솥에 담아 솥의 바닥이 물과 불을 격리시킨다면 솥 속의 물은 끓게 되어 차츰 증발하고, 불은 솥 아래에서 치열하게 타오르건만 물은 이제 불을 끌 수 있는 능력을 상실해 버리는 상태가 된다.

법률이란 모든 간사함을 제압하는 힘을 지녔으니, 이것은 마치 물이 불을 이길 수 있는 원리처럼 분명한 사실이다. 그러나 법률을 집행하는 관리는 마치 앞의 비유처럼 솥과 같은 존재여서 군주와 백성 사이에 끼어 양자를 격리시킨다. 그렇게 되면 법률은 단지 군주의 마음속에서만 분명할 뿐 더 이상 간사함을 제압할 힘을 상실하는 결과를 낳는다.

상고로부터 전해 오는 말과 《춘추》에 기록된 일 중에, 법률에 저촉되고 군주를 배반하며 중대한 죄를 범한 사례들은 거의가 직위가 높고 권세가 중한 국가의 대신들에게서 나왔다. 그러나 법령이 적용된 범위나 형벌의 심판에 의해 처벌을 받았던 대상은 늘 권세 없고 가난한 백성들이었음을 기록하고 있다. 그래서 백성들은 모두 실망에 빠진 채 가슴 가득한 울분을 호소할 곳이 없었다.

반면 대신들은 저희끼리 세력을 꾸며서 군주의 눈과 귀를 가리고, 암암리에 서로 돕고 있으면서 겉으로는 미워하고 있는 듯이 가장하여 사람들에게 그들 간에 어떤 사적인 정분이 맺어져 있지 않은 것을 보이려 한다. 그들은 서로의 눈과 귀가 되어 군주의 틈을 엿보아 위해를 가하고자 기다리고 있다. 군주가 한번 가림을 당하면 그들의 음모에 대해 들을 방도가 없으니, 군주는 존재하지 않는 것이나 다름없다. 신하들은 법을 마음대로 주무르고 이로써 사행을 저지르니, 동주東周의 천자가 이런 꼴을 당하지 않았던가? 심지어 군주의 권세가 한두 명의 대신의 손안에 들어간다면 상하의 위치가 바뀌는 일이 생길 것이다. 이것은 신하에게 군주의 권세를 절대로 빌려주어서는 안 됨을 깨우쳐 주는 말이다.

十八. 남면

고대 군주의 권좌는 남쪽을 향하였다. 따라서 군주가 정무를 들을 때 얼굴을 남쪽으로 향하게 되고, 여러 신하들은 북쪽을 향하였다. 이로부터 '남면南面'이란 군주를 칭하는 말이 되었다. 본 장에서는 군주가 힘써야 할 사항을 서술하고 있으므로 '남면'을 제목으로 삼은 것이다. 내용은 법을 밝혀야 하고明法, 실질을 규명하고審實, 구법은 바뀔 수도 있다責變法는 것이다.

군주가 이미 한 신하에게 어떤 일에 책임을 지고 담당하게끔 임명해 놓고서는 또다시 다른 사람에게 그를 감시하도록 파견하였다면 이것은 곧 군주의 과실이 된다. 나중에 파견한 관리의 의견은 반드시 먼저 보낸 자와 충돌하여 쌍방 대립이 될 것인데 이렇게 되면 군주는 나중에 보낸 관리에 의해 조종당하게 된다. 그리고 지금 감시를 받고 있는 관리는 예전에 그곳에 어느 관리를 감시하기 위해서 파견된 사람이었는데 이제는 처지가 바뀌어 감시를 당하고 있는 것이다.

군주가 법률을 정비하여 대신들의 권위를 제압할 수 없으면 백성들의 신뢰를 받을 도리가 없다. 군주가 법제로써 하지 않고 언제까지나 신하를 파견해서 또 다른 신하를 감독하게 하는 방법을 택한다면, 신하들 간에는 군주를 미혹에 빠뜨리게 할 풍조가 일어날 것이다. 즉 서로 친한 신하들 간에는 긴밀한 연계를 조직하여 서로를 높여 주기에 바쁘고 반대로 미워하는 세력 간에는 저마다의 도당을 중심으로 쌍방이 치열한 비방을 일삼을 것이다. 이렇게 신하들 사이가 비방과 친애의 관계로 서로 분쟁을 벌이고 있다면, 군주는 갈피를 잡을 수 없어 혼란에 빠지게 된다. 다른 신하들도 세도가나 당파에 소속하여 자신의 편을 치켜세우거나 두루 청탁하러 다니지 않고서는 작록을 구할 수 없게 된다. 법을 위반하고 전횡을 자행하지 않는다면 권위를 세울 수 없으며, 그러면서도 말로는 충성과 신의의 허울을 쓰고 군림하고 있으니 무슨 일이든지 뜻대로 금지시킬 수 있게 된다.

이 세 가지가 곧 군주의 눈과 귀를 어둡게 하고 법도를 문란하게 할 원인이다. 군주는 신하가 제아무리 지혜와 능력을 가졌다 하더라도 법을 위반하는 횡포를 부릴 수 없도록 해야 한다. 또 비록 재간이 있는 자라 할지라도 공적을 넘어선 만큼의 상을 주어서는 안 된다. 그리고 충절과 신의의 칭송을 듣고 있는 사람이라 할지라도 법을 어겼을 때에는 법을 무시하고 사면해 주는 행동을 하지 말아야 법도를 밝혔다고 할 것이다.

군주는 때로 어떤 정책의 안건으로 인해서 신하들에 의해 미혹될 수가 있으며, 또 신하의 말에 의해 올바른 판단을 흐리게 되는 때를 당할 수도 있다. 따라서 군주는 이런 두 가지 점을 주의하지 않으면 안 된다. 한 신하가 어떤 일이 쉽게 실행될 수 있으며, 필요로 하는 경비도 크지 않을 것이라고 주장하면서 자신이 낸 계획안을 채택되게 하려고 군주를 속일 경우가 있다. 만일 군주가 미혹되어 자세히 검토해 보지도 않고 무작정 칭찬해 주기만 한다면 신하는 그 일로 해서 군주를 자기 뜻대로 조종하고자 할 것이다. 이러한 상황을 "일에 의해 미혹된 것이다誘於事"라고 하며, 결과는 필연적으로 화를 입고 곤경에 처할 것이다. 그 신하가 군주 앞에서는 소모될 비용이 많지 않다고 하였는데 물러나 일을 시행하는 과정에서 과다한 경비를 지출하였다면 비록 공을 세웠을지라도 군주에게 처음 사안事案을 올릴 당시에는 성실하지 못했던 것이다. 군주에게 진언을 올리는 데 성실하지 못했다는 것은 곧 죄가 되는 것이다. 설사 일에 공이 있다 하더라도 상을 주지 않는 군주의 엄중한 권위를 보인다면 여러 신하들이 감히 교묘한 말을 앞세워 군주의 눈과 귀를 어둡게 만들지 못할 것이다.

군주가 군주다울 수 있으려면 신하들이 앞서 한 말이 뒤에 이룬 행적과 다르다던가, 나중에 맺는말이 앞에 한 행동과 부합되지 않았을 때, 비록 일에는 공을 세웠을지라도 반드시 죄로 다스려야 한다. 이것을 곧 "신하들에게 일마다 책임을 지운다任下"라고 말한다.

신하는 군주를 위해 국가의 정책을 계획하는데, 다른 신하들이 이를 비방할 것을 염려하여 먼저 이런 말을 서두에 붙일 것이다. "이 일에 대해서 왈가왈부하는 자들이 있다면, 이 일이 이루어지는 것을 시기하는 자들일 것입니다." 흔히 군주는 이 말을 깊이 받아들여서 다른 신하들이 따지고 드는 말을 더 이상 들으려 하지 않게 되며, 또 신하들은 그 말에 해를 입을까 봐 감히 그 일을 논의하려 하지도 않게 된다. 이런 두 상황이 심화되면 충신의 말은 왕에게 경청되는 일이 없고 아부하는 간신들만 신임을 받게 된다. 이러한 일을 바로 "신하의 말에 의해 군주의 판단력이 가림을 당하는 것壅於言"이라 말하며, 그 결과 신하에 의해서 조종당하는 군주가 된다.

 군주가 군주다우려면 신하들이 반드시 자신이 한 말에 책임을 지게 하며, 또 의견을 내야 할 때 말하지 않은 책임도 묻는 군주가 되어야 한다. 신하가 군주에게 의견을 올리는데 말의 시작과 끝이 없고 사실에 대한 인증도 없이 함부로 나서서 발언한다면 그렇게 발언한 행동에 대한 책임을 지도록 해야 한다. 한편 어떤 사안에 관해 진언한 말의 책임을 두려워하여 침묵으로 일관하면서 현재의 중요한 직위를 유지하기에 급급한 신하가 있다면 발언하지 않은 데 대한 책임을 지게 해야 한다. 군주는 신하가 의견을 올릴 때 반드시 처음과 끝을 이해할 수 있게 발언하도록 만들어 소기의 성과와 실제로 부합하는가를 살펴 책임을 묻는다. 말하지 않는 자에게는 먼저 질문을 던져 어떤 방법을 취하고 버리는 것이 좋겠는가를 물어서 답변에 대한 책임을 지게 한다. 이렇게 한다면 어느 신하건 감히 침묵만을 지킬 수 없을 것이다. 곧 발언하고 침묵하는 것은 다 책임을 갖는 것이다.

군주가 어떤 일을 하고자 할 때 일의 시작과 끝에 대해 분명하게 이해하지 못한 상태에서 자신의 의도를 드러냈다면 설사 그 일이 실행되었을지라도 이익은 얻어지는 것이 없을 뿐만 아니라 반드시 해가 닥칠 것이다. 이러한 이치를 알고 있다면 일을 할 때에 반드시 원칙이 있어야 하며, 수지를 계산했을 때에는 수입이 많고 지출이 적어야 비로소 실행해도 좋은 것이다. 그러나 어리석은 군주는 그렇지 않다. 그 수입만을 계산하고 지출은 계산에 넣지 않아 지출이 비록 수입의 배가 되고 있음에도 그 해로움을 알지 못한다. 즉 헛된 이름만 얻을 뿐 실속이 없다. 이와 같으면 공적은 작고 해는 크다고 할 것이다. 무릇 수입이 많고 지출을 적게 하는 것도 공이라고 일컬을 수 있다. 이제 어느 군주가 큰 낭비에 대해서는 죄로 보지 않고, 약간의 이득이 있다고 하여 공적이 있다고 한다면 신하들은 저마다 크게 낭비를 일삼으며 작은 공을 이루고자 할 것이다. 지출은 많은데 공이 적다면 군주에게는 해악이나 다름없는 것이다.

통치술을 터득하지 못한 사람들은 이렇게 말하곤 한다. "옛 법도를 바꾸지 말 것이며, 일상의 풍속을 바꾸지 말지어다." 바꾸어야 하는가 말아야 하는가에 관하여, 훌륭한 군주라면 여러 세인의 견해를 임의로 수용하는 일 없이 단지 바른 정치만을 행할 뿐이다. 그래서 옛 법도를 고치지 말아야 한다든가, 일상의 풍속을 바꾸지 말아야 한다는 논쟁은 전적으로 법 자체의 좋고 나쁨에 근거하여 결정할 일인 것이다.

이윤이 은나라의 구법을 바꾸지 않고 태공망太公望이 주나라의 옛 제도를 바꾸지 않았다면 탕왕이나 무왕이 천자가 될 수 없었을 것이다. 그리고 관중이 제나라의 구법舊法을, 곽언郭偃이 진晉나라의 옛 법식과 제도를 바꾸지 않았더라면 제 환공, 진 문공 같은 이들이 천하의 패주覇主가 될 수 없었을 것이다. 무릇 사람이 옛것을 바꾸기 어려워하는 까닭은 백성들이 옛 법도와 풍속 아래에서 생활하는 것에 익숙해 있음을 염려해서이다. 구법을 절대로 바꾸지 않겠다 하는 것은 과거에 있었던 혼란의 원천까지도 그대로 답습하는 것이요, 백성들의 심리에 영합하여 예전의 사악한 행위들이 창궐하도록 방임하는 것이다. 백성들은 우매하여 혼란이 일어나는 원인을 알지 못하며 군주는 나약하여 구법을 혁파할 만한 과단성이 없으니, 이리하여 점차 치세를 잃어 가는 것이다.

군주가 현명하여 통치술을 터득한 후에 준엄하게 이를 추진해 나간다면 비록 도중에 민심을 거스르는 일이 있더라도 반드시 치세를 확립할 수 있다. 예를 들면 상군이 진秦에서 구법을 바꿀 것을 주장하여 이를 시행했을 때, 그가 집을 나고 들어설 때는 항상 무기와 방패를 지닌 호위를 거느리고 엄중히 신변을 보호해야 했던 일이 그것이다. 또 곽언이 진晉나라에서 국정을 총괄하게 되었을 때 문공은 호위대를 설립해야 했으며, 관중이 제나라를 다스리게 되었을 때 제 환공 역시 안전을 위해 병거兵車를 동행하고 다녀야 했었다. 이 모두는 백성들의 위해를 경계한 대비였던 것이다.

우매하고 게으른 백성들은 조그마한 손실에는 정색하면서도 큰 이익을 놓치는 것은 간과하기 때문에 경인慶寅과 경호慶虎는 비난과 힐책을 받았던 것이며, 작은 변혁도 싫어하며 오랜 편익便益을 잃기도 하므로 추씨鄒氏와 가씨賈氏는 변법을 실행할 수 없었다. 또한 혼란에 익숙해 온 반면 사악함에 대해 관용하였던 까닭에 정나라 사람들은 돌아갈 나라가 없게 된 것이다.

十九.
식사

식(飾)이란 것은 '경계한다'는 뜻으로 식사(飾邪)는 "사악함을 경계하라."라는 말이다. 즉 군주는 법도를 밝히는 것으로 나라를 다스려야지 점성술이나 천문과 같은 사악한 방법에 의존하지 말 것을 밝히고 있다.

　조나라가 거북 껍질을 불에 구워서 운수를 점치고 산가지를 헤아려 길흉을 살피니 '대길大吉하다'는 점괘가 나와 연나라를 공격했다. 연나라도 거북점을 치고 산가지로 길흉을 살피니 역시 '대길하다'는 징조가 나와 조나라를 공격하였다. 추연(鄒衍. 후대 음양가陰陽家의 한 사람)이 연나라를 위해 계책을 내었지만 아무런 성과 없이 외교적으로 고립되기에 이르렀고, 극신劇辛도 연나라에서 대군을 지휘할 수 있는 위치에까지 올랐었으나 아무런 공도 이루지 못하고 나라만 위태로운 지경에 이르게 하였다.

　조나라는 먼저 연나라를 격파하여 승리를 거두고 이어 제나라를 침략하였다. 조나라는 몇 차례의 침략 전쟁으로 민심이 혼란한데 군주는 전승의 기분에 젖어서 자못 의기양양해하며 서쪽으로 강한 진秦나라와도 대적할 수 있으리라 여기게 되었다. 조나라의 승리는 결코 조의 점괘가 신통해서였다거나 연의 점괘가 그 나라를 속인 것이 아니었다.

　조나라는 다시 거북점을 치고 산가지로 길흉을 본 후에 재차 연을 정벌하고 나서 여세를 몰아 연과 연합하여 군대를 진나라 방향으로 돌렸다. 점괘가 또 '대길하다' 하여 위나라 대량大梁의 땅을 공격할 즈음에 진의 군대가 조의 상당上黨으로 진출하여 나왔다. 조의 군대가 희釐에 이르렀을 때, 진은 여섯 개의 성을 이미 점령하였고, 조나라가 양성陽成을 공격할 무렵 진이 조의 업鄴을 함락하기에 이르니 마침내 조나라는 대장 방원龐援으로 하여금 주력 부대를 갈라 남쪽으로 원병을 보낼 수밖에 없게 되었다. 그러나 조의 수도 한단邯鄲은 주변의 요새를 하나도 보존하지 못하고 전부 빼앗겨 더 이상 지킬 수 없게 되었다.

조나라의 거북점이 연나라를 침공하여 성공할 수 있으리라는 것은 미리 예견하지 못했더라도 괜찮았겠지만, 마땅히 진나라에 의해 큰 전화를 입게 되리라는 것에 대하여는 정확히 맞혔어야 했다고 나는 생각한다. 진나라가 대길하다는 점괘를 얻었기 때문에 실제 영토를 넓힌 만큼 실리도 얻고, 연나라를 구원했다는 명망도 얻을 수 있었다는 말은 해가 될 것이 없으므로 문제 삼을 필요가 없다. 그러나 조나라 역시 대길하다는 같은 점괘가 나왔음에도 불구하고 영토는 침탈당했으며, 군대는 치욕을 당했고 임금은 울분 속에서 죽음을 맞게 되었던 것은 어찌 설명할 수 있겠는가? 이 또한 진나라의 거북점은 신통하고 조나라의 거북점은 가짜이기 때문이 아니다.

위나라는 안희왕安釐王 때 처음 동쪽으로 소국들을 정벌한 후 몇 년간은 도陶와 위衛 두 지역을 완전히 점령하였었다. 그런데 그 후 수년간 서쪽으로 군대를 이동한 후로는 나라가 패망의 길로 치달았다. 이것은 길함을 상징하는 별인 풍륭豐隆이나 오행五行, 태을太乙, 왕상王相, 섭제攝提, 육신六神, 오괄五括, 천하天河, 은창殷槍, 세성歲星과 같은 별들이 수년간 서쪽에 떠 있었던 까닭이 아니며, 또한 흉함을 상징하는 별인 천결天缺이나 호역弧逆, 형성形星, 형혹熒惑, 규奎, 태台와 같은 별들이 수년간 동쪽에 있었다고 하여 서쪽의 진이 흥하고 함곡관 동쪽의 육국六國이 쇠망하였던 것도 아니다. 따라서 거북점이나 산가지로 길흉을 점친다든지 귀신을 섬기는 따위의 미신이 승패를 예견해 줄 수 있는 것이 아니며, 천상天上의 성좌들이 좌로 혹은 우로, 아니면 등지고 위치했다거나 나란히 정렬했다고 하여 화전和戰을 결정해 줄 수 있는 것이 아니다. 그럼에도 이를 믿는다는 것은 어리석음의 극치인 것이다.

옛날 선왕들은 백성들을 가까이 사랑하는 데 온 힘을 기울였으며, 법도를 밝히는 데 노력하였다. 나라에 법도가 분명하면 충신들이 나라를 위해 힘쓸 것이며, 형벌이 추상같으면 사악한 신하들이 사라질 것이다. 충신이 진력盡力하고 간신배들이 사라져 영토가 넓어지고 군주의 지위가 더욱 존귀해진 나라가 곧 진秦이다. 반대로 신하들 간에 붕당을 만들어 당의 이익을 위해 사행을 저지르며, 바른길은 가리고 국가보다는 개인을 위해 행동하여 나라가 침탈당하고 군주는 비천해진 나라들이 곧 태행산 동쪽에 있는 천하 육국이다.

약하고 혼란을 겪고 있는 국가는 망한다는 것이 인간 세상의 상도常道라면, 강한 치세의 국가가 천하를 영유하게 된다는 것 역시 예부터 증명되어 온 자연의 법칙이다.

월나라 구천은 신령스러운 거북의 계시를 받았으나 오나라와의 전쟁에서 패하여 친히 오나라의 노예나 다름없는 굴종을 당하였다. 후에 자신의 나라로 돌아와 거북점 같은 것은 내다 버리고 법을 밝히며 백성들을 아낌으로써 오나라에 설욕할 날을 고대하였다. 그런 후 마침내 오왕 부차를 사로잡을 수 있게 되었다. 대저 귀신을 섬기는 국가는 법률을 경시하는 경향이 있다.

한편 큰 나라를 지나치게 받들고 의존하는 국가도 위험한 상황에 빠질 수 있다. 지난날 조曹나라가 대국인 제齊를 믿고 따르면서 송宋의 말은 듣지 않고 지냈는데, 제나라가 초楚를 공격하는 틈을 타서 송나라는 조를 침략하여 멸망시켰다. 또 형邢나라가 오吳에 의지하면서 제나라의 요구를 무시하며 따르지 않았다. 그랬더니 월나라가 오를 공격하는 틈을 타 제나라가 형을 멸하였다. 허許나라도 초에 의존하던 소국이었는데 위魏의 말을 듣지 않다가 초가 송을 치는 틈에 위에 의하여 병합되었고, 정鄭나라도 위나라에 의지하다가 위나라가 초나라와 접전하는 중에 한韓나라에 의해 멸망하였다.

지금 한나라는 약소국이라 어쩔 수 없이 대국들에 의지하지 않을 수 없으나, 군주는 태만하게도 진秦, 위魏의 명령에 순종하고, 또 제와 초의 원조에 크게 기대하고 있으니 자립의 길은 멀어지고 반대로 쇠망의 길로 치닫고 있는 것이다. 즉 다른 나라의 힘에 의존해서는 국토를 넓히는 등의 국력 신장은 있을 수 없다는 것을 한나라에서는 알지 못하고 있다. 한때 위나라가 한나라를 공격한 적이 있었다. 그래서 한은 대국인 초와 제에게 구원을 청하였다. 초나라는 위를 공격하기 위해서 허許와 언鄢 땅으로 출병하였고, 제나라는 임任과 호扈의 땅을 빼앗으면서 위나라로 진공해 들어갔다. 명분은 한을 구원한다는 것이었으나 사실은 위나라의 땅을 차지하려는 자신들의 속셈에서였다. 이는 결국 외세에 의존해서는 한을 보존할 수 없음을 일러주는데, 유독 한은 이 사실을 깨닫지 못하고 있다. 이것은 모두 법도를 밝히지도 못하고 강해지려는 노력도 하지 않고서 단지 외세에나 의존하여 자신의 국가를 위태로운 상태로 만든 하나의 예증이다.

그래서 군주가 통치술에 밝다면 나라가 비록 작더라도 부유해질 것이며, 상벌의 집행이 신중하고 또 백성들로부터 신뢰를 받는다면 백성이 비록 적은 수일지라도 강한 나라가 될 것이다. 반대로 상벌이 공정하지 못하게 운영되면 나라가 크고 군사가 많을지라도 쇠약한 국가이니 땅이 있어도 군주의 땅이 아니요, 백성이 있어도 그의 백성이 아니다. 영토도 백성도 없다면 요순 같은 성현이라 해도 왕이 될 수 없으며 하夏, 은殷, 주周 삼대의 뛰어난 임금들이 나와도 역시 강한 세력을 이룰 수가 없다.

군주가 신하에게 잘못된 상을 내리면 신하들은 공도 없이 놀며 녹을 받는 것과 다름없다. 즉 군주가 법률을 준수하지 않으면서 고대 명군들의 공적을 칭송하며 본받기를 주장하는 사람에게 국정을 위탁한다면 이것은 옛날의 상賞으로, 현재의 사람에게 시상하는 것이나 다름없다. 군주가 이렇게 잘못된 시상을 하면 신하들은 공 없이 녹을 받는 것이다. 이런 잘못을 시정하지 않고 계속한다면 신하들은 더욱 요행을 바랄 것이며, 공로도 없이 봉록을 받는다면 공적功積이나 국가를 위한 헌신 등의 행위들은 존중받지 못한다. 또 공도 없이 상을 받으면 국가의 재물은 덧없이 소비되는 것이며, 이를 보고 백성들은 원망을 품을 것이다. 국고는 축나고 백성들의 원성은 높아지니 모두들 군주를 위해 힘을 내려고 하지 않는다. 그래서 군주가 상을 하사하는 것에 잘못이 있다면 민심이 동요할 것이요, 형벌을 가하는 데 있어서 잘못이 있다면 백성들이 벌을 두려워하지 않는다. 비록 상을 내리는 일이 있더라도 그것이 결코 선행을 권장하는 작용을 하지 못할 것이며, 형벌을 주더라도 결코 사행을 금지하는 역할을 담당하지 못할 것이다. 그렇게 되면 국토가 넓다 해도 혹은 백성들이 많다 해도 반드시 위태로움에 빠지게 된다. 그래서 작은 지혜를 가진 사람에게 국정을 계획하도록 맡길 수 없으며, 작은 충성을 가진 사람에게 국가의 사법권을 맡길 수가 없다고 말하는 것이다.

예전에 초나라의 공왕과 진晉의 여공厲公이 언릉鄢陵에서 전투를 하였다. 초나라 군대는 패전하고 공왕은 적의 화살에 눈을 맞는 중상까지 입었다. 전쟁이 한창 치열하게 벌어지는 중에 초의 사마司馬인 자반子反은 목이 말라서 좌우 시종을 시켜 마실 물을 가져오게 하였다. 시종 중에 곡양이란 자가 한 잔의 술을 떠다가 그에게 올렸다. 자반은 맛을 보고는 "치워라. 이것은 술이 아니냐!" 하니 곡양이 옆에서 "술이 아닙니다." 하자 자반은 받아서 마셨다. 자반은 성격이 술을 아주 좋아하여 일단 어떤 술이 좋다고 하면 마시기를 멈추지 못하는데 이번에도 그 자리에서 취해 쓰러질 정도로 마셨다. 공왕이 반격에 관해 상의해 보고자 사람을 보내 사마자반을 불러오게 하였다. 자반은 가슴이 아프다는 핑계로 못 가겠다고 했다. 그러자 공왕은 친히 수레를 타고 자반을 보러 왔다. 그의 장막을 들어서는 순간 술 냄새를 맡고 물러나오면서 말하기를 "오늘 전투에서 나는 눈에 부상을 입어 앞으로의 전투를 사마에게 담당하게 하려고 생각했었다. 그러나 사마는 이렇게 엉망으로 취해 있으니 이것은 아예 초의 사직을 염려하는 바도 없고, 백성들을 사랑하는 마음도 없으니 나는 더 이상 전쟁을 치러 나갈 방법이 없다."라고 하였다. 이에 군대를 물려 귀환하고는 사마자반을 처단하여 시중에 효시하였다. 곡양이 자반에게 술을 준 것은 결코 자반을 해하고자 했던 것이 아니라 성심성의껏 그를 돌보고자 하는 마음에서였다. 그러나 도리어 그를 죽게 하였으니 이것은 작은 충성은 행했으나 그로 인해 큰 충성을 깨뜨린 사례이다. 그래서 소충小忠은 대충大忠의 화가 된다고 하는 것이다.

만약 작은 충성을 지닌 사람에게 한 나라의 사법권을 전담하게 한다면 반드시 죄인에게 연민을 느껴 그의 형벌을 경감해 줄 것이다. 이는 백성들에 대한 관용이기는 하지만 백성을 다스리는 데 있어서는 각각의 직분을 다해야 하므로 이는 오히려 막대한 방해가 될 뿐이다.

위나라가 힘을 기울여 법제를 세우고 법령을 준수하였을 때 공로가 있는 사람은 반드시 상을 받았고 죄가 있는 사람은 처벌되었다. 나라가 강성해짐에 천하를 바로잡을 수 있었고, 위세는 사방의 이웃 국가들에 영향을 끼칠 정도였다. 그 후 법률의 기강이 해이해지고 상벌을 남용하자 국가는 점차 쇠약해져 갔다.

조나라 국법을 정비하고 대군을 보유했을 때는 인구도 많고 국력도 막강하여 연나라와 제나라를 침공해서 광대한 지역을 자국으로 편입시킬 수 있었다. 그러나 법제가 무너지고 장수들이 나약해지자 국세는 점차 쇠락해져 갔다.

연나라도 한때 적극적으로 법률을 받들고 관리들이 정무를 결정하는 데 신중히 검토하여 처리했을 때는 동쪽으로 거의 제나라를 삼킬 만큼 핍박하고 남쪽으로는 중산中山의 땅을 차지할 정도로 강성하였다. 그러나 법률을 파기하고 관리들은 자신들의 임무에 불성실하며, 좌우의 측근들은 이권을 다투고 인재를 선발하는 데 있어서 자기네들과 얼마나 친밀한가로 결정하였으니 국력은 쇠약해지고 영토는 침탈당하며 인접한 적들에 의해 지배받게 되었다. 그래서 법률을 확고히 세웠을 때는 강대해지나 법률을 무시하게 되면 쇠약해진다고 말하는 것이다. 곧 나라의 강함과 쇠약함의 원인이 이같이 분명한데 지금의 군주들은 이를 실천할 줄 모르니 나라가 망하는 것도 당연한 일이다. 옛말에 이르기를 "한 집안에 늘 하는 가업이 있다면 기근이 들었어도 굶주리지 않으며, 국가에 확고한 법도가 서 있다면 위급한 때를 당하여서도 멸망하지 않는다." 하였다. 만일 군주가 공명정대한 법률을 도외시하고 한 개인의 사적인 견해를 좇아서 국정을 운영한다면 신하들은 자신의 지혜와 능력을 최대한으로 꾸밀 것이다. 그와 같이 본모습을 가릴 수 있다면 나라에 국법이 바로 설 수 없다. 이렇게 모두가 법을 지키는 않는 행태가 만연하면 나라가 바로 다스려질 정도正道가 사라진다. 따라서 나라를 치세로 이끄는 길은 법을 해치는 요소들을 제거하는 것이다. 그렇게 되면 군주는 신하들의 재주에 현혹되지 않고 그들의 명성에 속지 않게 될 것이다.

옛날에 순임금이 한 관리에게 홍수를 다스릴 임무를 부여하려 하였다. 그런데 아직 명이 내리기도 전에 그가 치수治水의 공을 세우니 순임금은 그를 처형하였다. 하夏의 우禹임금이 회계산會稽山에서 제후들을 소집하였는데 방풍국防風國의 임금이 늦게 오자 그를 참수하였다.

이처럼 명령보다 앞서 행동한 자도 처형되고 명령보다 늦은 자도 참수되었다. 이것으로 볼 때 고대에는 명령을 준수하는 일을 가장 중히 여겼다고 생각할 수 있다. 그것은 마치 거울이 맑음을 유지하고 흔들리지 말아야 아름답고 추함을 비춰낼 수 있으며, 저울이 단정한 균형을 잡고 흔들리는 일이 없어야 경중을 헤아릴 수 있는 것과 같다. 다시 말해서 거울이 흔들리면 분명한 모습을 얻을 수 없고, 저울이 흔들리면 무게를 달 수 없는 것과 마찬가지로 법률도 흔들리거나 동요해서는 안 된다는 것이다.

그래서 선왕은 도를 모든 행동의 원칙으로 삼았으며 법을 나라 다스리는 근본으로 삼았다. 근본이 다스려졌을 때 군주의 명성은 존귀해졌으며, 근본이 문란해지면 그 군주는 이름조차 사라졌다. 밝은 지혜와 재능을 가진 사람이 기회가 있으면 그 역량을 시행하지만 기회가 없다면 그쳐야만 한다. 만약 지혜와 재능이 도와 적합하지 않다면 세상 사람들에게 전파할 수가 없다. 그래서 도와 법은 만의 하나도 잃는 것이 없지만, 지혜나 재능은 항상 착오가 있기 마련이다.

저울에 달아 보면 형평을 알 수 있고 컴퍼스를 사용하면 원이 바른지를 알 수 있는데, 이것은 만 번을 시행해도 틀림없는 방법이다. 현명한 군주는 백성들로 하여금 힘을 다하여 법을 준수하게 하며 무엇이 도인지를 알고 있어서 힘들이지 않아도 성과가 있게 한다. 원을 그리는 데 컴퍼스를 버리고 달리 기교를 부려 그리는 것처럼 법률을 버린 다음 지략 따위의 재주에 의거한다면 이것은 곧 세상을 어지럽게 하는 방도로서 혹란지도惑亂之道라고 한다. 반면 용렬한 군주는 백성들로 하여금 꾀를 내도록 한다. 무엇이 도인지를 알지 못하여 많은 힘을 들이지만 성과가 없다.

법률을 무시하고 청탁을 수수하며 대신들은 위에서 관직을 팔아 아래로부터 대가를 얻으니 재물은 신하들의 집으로 모이고 권세 또한 그들 손에 들어가게 된다. 그래서 사람들은 애써 군주를 받들려는 마음을 갖지 않고 고위 관리들과 친분을 맺으려 힘쓰게 된다. 백성들이 관리들과 친분을 맺으려고 한다면 뇌물이 올라가고 혹은 교묘한 변설에 뛰어난 자들이 중용될 것이다. 이리하여 간신들은 더욱 진출하고 공로가 있는 신하들은 갈수록 적어지며 재주 있는 신하들은 실의하여 귀향할 것이다. 그렇게 되면 군주는 눈과 귀가 있어도 제대로 볼 수 없으니 올바른 행동이 무엇인지 알 수 없고, 백성들은 무리 지어 살고 있지만 좇을 바를 알지 못한다. 이것이 곧 국법을 존중하지 않고 공로 있는 사람을 뒤로 미루면서 세간의 평이 좋다고 하여 등용하거나 뇌물을 받고 청탁을 들어주었기 때문에 생겨난 과실들이다. 무릇 국법을 깨뜨리는 사람은 반드시 속임수를 꾸미거나 뇌물을 바쳐서 가까이 총애를 구하고자 하며, 또 천하의 이야기들을 꺼내 놓고 담론하기를 좋아한다. 이것이 곧 폭군이나 무능한 군주들이 탐닉하여 미혹에 빠지는 까닭이며, 어진 신하들이 해를 당하게 되는 이유이기도 하다.

그래서 신하들은 이윤과 관중이 큰 공을 세워 숭앙되는 것을 거론하면서 법을 어기고 모략을 수행하는 데 있어서의 도구로 삼으며, 왕자 비간과 오자서가 충성을 다했음에도 사형당한 것을 내세워 군주를 협박하듯이 간언할 때의 수단으로 쓸 것이다. 앞엣것은 군주의 현명함을 칭송하여 말한 것이고 뒤엣것은 군주의 무도함을 지적한 것인데, 모두 군주를 위협할 심산으로 거론한 것이므로 비유로 삼아서는 안 된다. 이와 같은 것은 반드시 금지시켜야 한다. 군주가 법을 세우면 마땅히 옳은 것이라고 여겨야 한다. 하지만 현재 대부분의 신하들은 자신들의 지모를 사용하고자 하면서 나라의 법은 틀린 것이라고 생각하고 있다. 간사한 행위를 지혜롭고 능력 있다 하고, 국법은 틀린 것이라 생각하며 자신의 지모를 활용해 보고자 하는 마음들을 철저히 근절하는 것이 군주가 지녀야 할 통치술이다.

현명한 군주의 통치술은 공과 사를 분명하게 나누며 법치를 엄격히 실행하고 모든 개별적인 대인 접촉으로부터의 은혜를 없앤다. 명령은 반드시 시행되어야 하고 금지의 계율은 기필코 관철되어야 하는 것이 군주가 백성들의 공익을 위해 행해야 할 의리(公義, 다수를 위해 유익한 점이 있어서 대다수가 옳다고 여기는 행위)이다. 신하가 자신의 이익에 따라 행동하며 동료들과 교분을 맺는 데 정성을 다하게 되면 군주가 국정을 운영하는 데 있어서 상으로 어떤 일을 권장한다거나 형벌로 금지할 수 없는 권력의 공백이 생길 것이다. 이는 바로 신하들의 사사로운 의리(私義, 개인 혹은 극소수의 사람에게만 유익하여 그들만이 옳다고 생각하는 행위) 때문이다. 사의가 온 나라에 실행되는 국가는 문란해지며 공의가 실행되는 국가는 치세를 이룰 것이니, 군주는 반드시 공과 사를 분명히 나누어야 한다.

신하들은 사심을 가지고 있으며 또한 공적인 의리도 가지고 있다. 수신修身을 통해 맑고 깨끗한 인격을 갖고 일 처리가 공정하며 관리 노릇을 하면서도 일체의 치우침이 없는 것, 이것이 신하가 가진 공적인 의리이다. 인격이 저열하고 욕심에 좌우되며 자신과 집안의 안락만을 구하는 것이 곧 신하의 사심이다. 위로 현명한 군주가 재위하고 있으면 신하들은 사심을 버리고 공의를 실행할 것이다. 반대로 무능한 군주가 재위해 있다면 신하들은 공의를 버리고 사심을 실행할 것이다. 그렇게 군주와 신하는 늘 다른 마음을 갖고 있다.

군주가 이해득실을 따져서 신하들을 키운다면 신하들도 그와 같은 이해타산으로 군주를 섬길 것이다. 군신이 서로 계산을 튕긴다면 이런 결과가 나온다. 신하들은 자신에게 해가 되면서 국가에 이득을 가져오는 것은 하지 않는다. 신하들의 일반적인 심리는 자신에게 해가 되면 나라를 위하고자 하지 않는다. 군주의 심리는 국가에 해가 되면 신하에게 은혜를 베풀고자 하는 마음이 나질 않는다. 그렇게 군신 간의 관계란 이해가 얽혀서 이루어진 것이다. 그렇지만 신하들이 나라를 위해 온갖 지혜와 역량을 다 발휘하고 위태로운 때를 당하여 목숨을 아끼지 않는 것은 법의 작용으로 인한 것이다. 그래서 선왕들은 명쾌한 포상으로 신하들을 격려하고 준엄한 형벌로써 위엄을 갖추었다.

상벌이 분명하면 백성들도 기꺼이 목숨을 바쳐가면서까지 국가를 위해 힘을 쏟을 것이다. 백성들이 죽기도 마다하지 않는다면 군대의 힘은 강해지며 군주의 지위도 존귀해진다. 하지만 상벌이 분명하지 못하다면 백성들은 공이 없어도 상을 얻고자 할 것이요, 죄가 있어도 요행을 바랄 것인데 그렇게 되면 군사력은 약해지고 군주의 이름도 비천해진다.

그래서 고대의 성군聖君과 현상賢相은 힘과 지혜를 다하여 공사를 분명히 하고 법제를 세우고자 했던 것이다. "공과 사를 분명히 나누지 않을 수 없고, 법과 계율을 살피지 않을 수 없다."라고 하는 말을 고대 선왕들은 모두 알고 있었던 것이다.

二十.
해로

본 장은 《노자老子》 도덕경道德經에 해석을 가한 것으로 현존하는 《노자》 해석본 중에서 가장 오래된 문헌이라 할 수 있다. 따라서 제목을 '해로(노자를 해석한다)'라고 하였다. 사마천司馬遷의 기록 이래 한비자의 작품으로 믿는 사람들이 많았으나 후대의 고증으로는 역시 그의 저작이 아니라고 보는 견해가 지배적이다. 곳곳에서 한비자의 기본 사상과 일치하지 않는 부분들이 상당수 있으며, 때론 유가적인 해석도 보인다. 그러나 '해로解老'를 읽는 데 있어서 한비자의 사상을 기초로 삼지 않을 수는 없다. 《노자》 인용문은 도덕경 원문의 차례에 의거하지 않고 중요 부분만을 취하여 해석하고 있다.

덕德이란 인간이 내면에 보유하고 있는 것이며, 득得이란 외부로부터 취해 오는 것을 말한다. 《노자》에 나오는 '상덕부덕上德不德'이란 말은 최상의 덕은 덕이라 하지 않는다는 뜻으로, '최상의 덕성을 갖춘 사람의 정신과 마음은 외부로부터 취하여 온 것이 아니다'라고 해석될 것이다. 만약 정신과 마음을 외부로부터 취하여 얻는 방법을 고집하지 않는다면 인격이 완성될 것이며, 인격이 완성된 것을 일러 덕성德性이라 부른다.

무릇 덕이란 것은 인위적이지 않은 행동無爲을 통하여 모이고 욕심이 없는 상태無欲에서 이루어지며 인간의 사고행위를 빌지 않고不思 평온해지며 목적을 향한 수단을 사용치 않고서不用 고정되는 것이다. 반대로 인간이 이성에 따라 행동하고 또 감성에 따른 욕구를 분출한다면 덕이 내면에서 정착할 수가 없으며, 그와 같으면 인격도 완성될 수가 없다. 또한 목적을 이루기 위해 수단을 강구한다거나 논리적 사고를 중시한다면 덕이 내면에서 응집되다가도 확고해질 수 없으며, 확고하지 못하다면 외부로 실효를 발하지 못할 것이니 그 덕은 결국 득으로부터 산생된 것일 뿐이다. 외부로부터 취하고자 하면 덕을 이루지 못하며 외부로부터 취하려는 마음을 버리면 덕을 이루게 된다. 그래서 노자가 말하기를 "최상의 덕성을 갖춘 사람은 외부로부터 취해 오는 방법得을 택하지 않는다. 그래서 덕을 가질 수 있게 된 것이다."라고 하였다.

사람들이 무위無爲와 무사無思를 귀하게 여겨 '사심이 없는 고요한 마음虛'의 경지에 이르고자 하는 까닭은 자신의 뜻이 외부 사물에 의해 구속받지 않게 되기 때문이라고 말한다. 그래서 도에 접근하는 방법을 깨닫지 못한 사람은 의도적으로 무위와 무사의 방법을 통하여 고요한 마음의 경지에 이르고자 한다. 그러나 이와 같이 의도적으로 무위와 무사를 수단으로 하여 고요의 경지에 이르고자 하는 사람은 항상 고요한 마음에 모든 정신을 집착하게 된다. 결국 그 마음에 의해 속박받는 셈이다.

고요한 마음의 경지란 곧 사람의 뜻이 어떤 외부로부터 영향받지 않는 것을 일컫는다. 그러나 고요한 마음을 갖고자 집착한 나머지 오히려 그것에 의해 구속된다면 이는 고요한 마음이 아닌 것이다. 진정으로 그 경지에 도달한 사람은 무위를 반드시 행해야 한다고 여기지 않는다. 무위에 의해 속박받지 않으면 마음이 고요한 경지에 이르고, 마음이 고요해지면 덕성이 완성될 것이다. 덕성이 완성되면 이를 일러 최상의 덕을 갖춘 사람, 곧 상덕上德이라 부른다. 따라서 《노자 도덕경》에 이르기를 "최고의 덕성을 갖춘 사람은 행하는 것이 없지만 그렇기 때문에 무슨 일이건 이루지 못하는 것이 없다."라고 하였다.

인仁이란 흔쾌히 다른 사람을 사랑하는 마음의 상태이다. 즉 다른 사람이 좋은 일을 만난 것에 대해 기뻐하며 남의 재난에 함께 슬퍼하는 것이다. 순전히 내심으로부터 제지받지 않고 나오는 마음으로, 결코 상대로부터 보답을 구하고자 해서가 아니다. 그래서 노자는 "최상의 인을 갖춘 사람은 행함에 있어 고의로 하지 않는 사람이다."라고 말했다.

의義란 군신지간에 위와 아래로 처하는 일이요, 부자간에는 아비는 귀하고 자식은 낮추는 차별을 두는 것이며, 친구지간에 오랜 우정을 주고받는 일이요, 친하고 소원한 관계에서는 가까이 혹은 멀리하는 구분을 분명히 나누는 것이다. 신하는 군주를 섬기는 것이 마땅하며 아래는 위를 존경해야 마땅하다. 자식은 어버이를 섬김이 마땅하며 서열에서 난 자는 적손을 받들어야 하며, 오랜 친구 간에는 상부상조해야 하며 친한 자는 가까이, 소원한 자는 멀리 두는 것이 마땅하다. 곧 의란 그 마땅함을 일컫는 것이며, 마땅하기 때문에 그것을 행하는 것이다. 그래서 노자가 말하기를 "최상의 의를 갖춘 사람은 해야 하는 것을 의도적으로 행하는 사람이다."라고 했다.

예禮란 인간의 정리情理를 대변해 주는 상징이다. 모든 의로움에 대한 수식이며, 또한 군신·부자간의 관계를 세우는 것이며 귀천과 현명하고 어리석음의 분별을 밝히는 것이다. 마음속으로만 남을 존경한다면 다른 사람은 알지 못하기 때문에 얼른 달려가 절을 함으로써 표현하는 것이다. 또 진실로 남을 사랑하는 마음을 갖고 있지만 타인은 이를 알 수 없으니 듣기 좋은 말과 문사로 그 심경을 펴내는 것이다. 예란 곧 밖으로 꾸미는 장식으로, 상대가 안에 있는 마음을 깨닫게 하는 수단이다. 따라서 예의란 인간의 마음을 대신해 주는 상징이다.

무릇 사람은 외부의 자극을 받아 활동하는데 자신을 수양하기 위해서 예절을 행한다는 사실은 깨닫지 못하고 있다. 일반인이 예절을 행하는 것은 단지 남을 존경하기 위해서인 까닭에 열심히 하지만, 그런 이유만을 가지고 있기에 때로는 태만하게 된다. 군자가 예의를 행하는 것은 자신을 수양하기 위해서이다. 그렇기 때문에 최선을 다해 실천하며 그 결과 가장 예절 바른 사람이 된다. 군자는 최선을 다해 예절을 행하지만 일반 사람은 전심하지 않으므로 군자의 행례行禮만큼 예절을 행할 수 없다. 그래서 노자가 말하기를 "가장 예절 바른 사람은 최선을 다해 예절을 행하지만 그만큼 답례하는 사람은 없다."라고 하였다. 일반 사람들은 예절을 행하는 것에 전심하지 않지만 성인은 재삼 성실하게 극진한 예절을 행하며 손발의 예절 하나라도 어김없이 실천한다. 그래서 노자가 "일반 사람들이 예절을 수행하지 못한다면 팔을 걷어붙이고서라도 그들을 이끌라."라고 했다.

도道는 차츰 축적되는 것으로, 축적되면 효력을 발할 것이다. 덕이 곧 도의 효력이다. 효력이 있으면 내면이 충실해지고 충실해지면 빛을 발하게 된다. 인이 곧 덕의 빛이다. 빛이 발하면 은택이 있게 되고 은택이 있으면 일이 생긴다. 의가 곧 인의 일이다. 일이 있으면 예절이 생겨나며 예절은 장식하며 꾸미는 것이다. 예는 곧 의의 꾸밈이다. 그래서 노자가 말하기를 "도를 잃으면 덕을 잃고, 덕을 잃으면 인을 잃으며, 인을 잃으면 의를 잃고, 의를 잃으면 예를 잃는다."라고 하였다.

예란 인간 정리의 표상表象이며, 문文이란 본질에 대한 외장外裝일 뿐이다. 무릇 군자는 정리를 취하고서 표상은 버리며, 본질을 좋아하고 수식한 외장은 싫어한다. 만일 표상에 의거해 정리를 논한다면 본연의 정리는 나빠질 것이며, 외장에 의거해 본바탕을 품평한다면 그 본질은 쇠하게 될 것이다. 어찌 이렇게 말할 수 있는가?

화씨和氏의 옥은 흑백청황적의 어느 색으로도 수식을 가하지 않으며 수후隋侯의 보석도 금붙이나 은장식으로 수식을 더하지 않는다. 왜냐하면 그 자체로서 지극히 아름다워 어느 물건으로도 그것의 아름다움을 더할 수 없기 때문이다. 어떤 사물이 장식을 가한 후에야 사용된다고 한다면 그것의 본바탕은 진정한 아름다움을 잃은 것이다. 그래서 "부자지간의 예절은 간단 소박하고 서로의 마음은 돈독하나 표현하는 예절은 담박하다."라고 말하는 것이다.

어떤 사물들은 동시에 성할 수 없는데 음양이 그것이며, 어떤 일은 이치상 득실을 달리하는 것이 있는데 위엄과 은덕이 그것이다. 실질은 풍부하나 겉모습은 소박한 것으로

부자간의 예가 그러하다. 이로부터 볼 때 예절이 번거로운 것은 빈약한 마음의 표현이다. 예절을 행하는 자는 상대에게 진정한 마음을 전달해야 하는데 일반 사람들은 예절을 행하는 데 있어서 상대가 똑같이 예절로 답하면 기뻐하고, 답례를 받지 못하면 마음속에 원망을 품는다. 예절을 행하는 자에게 원망하고 미워하는 마음을 갖게 했으니 분쟁이 없을 수 있겠는가? 분쟁이 생기면 난이 일어날 것이므로 노자는 "무릇 예절이란 충성과 신의가 얄팍한 사람의 마음을 드러내는 것으로 난을 야기하는 원인의 으뜸이다."라고 말했다.

사물을 관찰하지 않고 발언하거나 사리를 헤아리지 않고 행동하는 것을 일러 선입관, 곧 전식前識이라 한다. 무릇 전식이란 근거 없이 제멋대로 추측하는 것이다. 이를 어떻게 설명할 것인가?

예전에 초나라의 도인 첨하詹何가 제자들과 함께 앉아 있었는데 문밖에서 소 울음소리가 들렸다. 한 제자가 말하기를 "이것은 검은 소인데 이마가 흽니다."라고 하자 첨하가 "그렇다. 이것은 검은 소이다. 그러나 그 뿔이 흰색이란다."라고 말했다. 사람을 시켜 나가 보게 했더니 과연 검은 소의 뿔이 백포白布로 싸여 있었다.

첨하의 도술은 많은 사람들의 마음을 사로잡았는데 비록 사람들을 매료시킬 만큼 신통하였지만 결국 유해무익한 것이다. 그래서 이것을 '도道의 허식'일 뿐이라고 말한다. 첨하 같은 통찰력은 버리더라도 상관없다. 단지 무지한 어린아이들을 보내기만 해도 그 소가 검은 소이고 백포로 뿔을 싸고 있다는 것을 금방 알 수 있기 때문이다. 첨하와 같은 통찰력을 얻으려고 쓸데없이 심신을 소모한 후에 겨우 무지한 동자도 쉽게 알 수 있는 정도의 효과밖에 얻지 못한다면 무엇 때문에 그 많은 수고를 들이겠는가? 그래서 이를 '어리석음의 시초'라고 말한다. 노자는 "전식이란 도의 헛된 자랑일 뿐이며, 어리석음의 시초이다."라고 말했다.

소위 대장부大丈夫는 지혜가 많다고 한다. 그리고 '처기후불처기박處其厚不處其薄'이란 말은 직역하면 '본질이 두터운 곳에 거처하며 박한 곳에 거처하지 않는다'는 말로서 진실한 내면의 인정人情을 행하며, 겉으로만의 예의범절을 버린다는 뜻이다. '처기실불처기화處其實不處其華'라는 말은 직역하면 '내실이 충만한 곳에 거처하며 겉으로만 화려한 곳에는 거처하지 않는다'는 말이다. 그것은 도리에 의거할 뿐 선

불리 판단하지 않는다는 뜻이다. 또 '거피취차去彼取此'란 말은 '저것을 버리고 이것을 취한다'는 말이다. 저것이란 곧 표면상의 예절과 섣부르고 단순한 판단을 가리키는 것으로 이를 버리라는 뜻이며, 이것을 취한다는 말은 도리에 의거하고 진실한 내면의 인정을 따르는 방식을 채택하라는 것이다. 그래서 노자가 "거피취차"라고 말했다.

사람이 화禍를 만나면 마음속에 두려움이 생기고 마음에 두려움이 있으면 행동이 단정해진다. 행동이 단정하면 화를 입지 않을 것이고 화가 미치지 않으니 천수를 누릴 것이다. 또 다른 면으로 마음에 두려움이 있으면 사고가 성숙해지고 사고가 성숙해지면 사리를 깨닫게 되어 일에서 성취를 얻을 수 있게 되기도 한다. 자신의 명을 다 채우니 건강하고 장수할 것이며 일에 성공을 이루니 부귀를 누릴 것이다. 건강하고 장수하며 부귀영광을 누리니 이를 복福이라 할 것이다. 그래서 복이란 화에 근본을 두고 있는 것이므로, 노자는 "화 속에는 복이 깃들어 있다."라고 말했다. 이것은 곧 화가 사람을 성공하게 한다는 말이다.

사람이 복이 있으면 부귀가 이르는데 부귀가 오면 좋은 옷을 입고 좋은 음식을 먹는다. 그런데 의식衣食이 좋아지면 교만한 마음이 생기며 그렇게 되면 괴벽한 행동을 하고 도리에 어긋나는 일들을 자행할 것이다. 사행과 괴벽을 일삼으면 요절할 수가 생기며, 도리에 어긋나는 일을 서슴지 않으면 아무런 일도 이루지 못할 것이다. 안으로는 요절할 재난을 당하고 밖으로는 공을 이루거나 명성을 쌓지도 못하니 이는 크나큰 불행인 것이다. 그래서 불행禍이란 행복福에 그 근원을 두고 자라나는 것이므로 노자는 "행복의 이면에는 불행이 숨어 있다."라고 했다.

도리에 의거해 일을 진행해 나간다면 성공하지 못할 것이 없다. 성공하지 못할 것이 없으므로 크게는 천자天子와 같은 지위와 권력도 이룰 수 있을 것이며, 작게는 일국의 경상卿相이나 장군에 상당하는 지위나 봉록도 쉽게 얻을 수 있을 것이다. 만일 도리에 어긋나게 행동하고 경거망동한다면 비록 최고의 천자나 제후의 권세를 누리는 자일지라도 혹은 낮게는 의돈猗頓, 도주陶朱, 복축卜祝과 같은 부를 지녔다 할지라도 자신의 백성과 재산을 잃어버리게 될 것이다. 일반 사람들 역시 쉽사리 도리를 저버리고 경거망동하게 되는 까닭은 다 화복 간의 관계가 그렇게 밀접한 것이며, 또 도의 세계가 이렇게 심원하고 광대한 것인지를 알지 못하고 있기 때문이다.

그래서 노자가 일깨우고자 이렇게 말했다. "누가 그 끝을 알겠는가?" 이 말은 곧 화복은 각각 극한이 있어서 극에 이르면 반대로 이행하는 작용을 일으키는데, 행복이 극에 달하면 불행으로 바뀌고 불행이 다하면 행복으로 옮겨간다는 것이 도의 운행원리라는 것이다.

사람은 부귀와 건강, 장수를 바라지 않는 자가 없으나 누구나 가난과 질병, 요절을 면할 수는 없다. 마음으로는 부귀와 건강, 장수를 바라고 있지만 당장의 현실에서는 가난과 질병으로 괴로워하거나 요절하곤 하는데, 이는 그들이 도달하고자 하는 목표에 이를 수 없었기 때문이다.

무릇 사람이 가고자 하는 길을 잃고서 헤매고 다니는 것을 미혹迷惑이라고 한다. 미혹당하면 자신이 가고자 하는 목표에 도달할 수가 없게 된다. 지금 많은 사람들이 자신이 가고자 하는 목표에 도달할 수 없는 상황에 처해 있기에 그들이 미혹되었다고 말한다. 이와 같은 일은 천지가 개벽한 이래로 지금까지 내내 그러했던 것이다. 그래서 노자가 말하기를 "사람들의 미혹됨은 이미 오래되었다."라고 했다.

소위 단정하다는 것은 표리가 일치하며 언행이 서로 부합하는 것을 말한다. 청렴하다는 것은 살고 죽는 때를 분명히 판단하며, 재물을 가벼이 여기는 것이다. 강직하다는 것은 행동이 공정하며 마음에 치우침이 없는 것이다. 영광이라는 것은 관직이 높고 의복과 장식으로 성대하게 치장하는 것이다.

도를 얻은 군자는 마음이 성실하고 겉으로는 유순할지라도 몰락한 자를 비방하거나 속이지 않는다. 또한 절의節義를 위해 죽고 재물을 경시할지라도 약한 자를 모욕하지 않으며 탐욕스러운 자를 비웃지 않는다. 또 행동이 공정하고 마음의 치우침이 없을지라도 간사한 무리를 배척하고 이기적인 자를 책망하지 않는다. 그리고 지위가 존귀하고 의복을 성장盛裝하였다 할지라도 가난한 자에게 뽐내거나 비천한 사람을 속여 누르지 않는다.

이것은 무슨 까닭인가? 도를 얻은 자가 못난 사람을 비난하면 도리어 궁지에 빠지는 수가 있기 때문이다. 길을 잃은 사람이라고는 하지만 길에 익숙하고 길을 잘 아는 사람에게 기꺼이 물어본다면 미혹되지 않을 것이다. 대부분의 사람들이 성공하고 싶어 하는데도 실패하곤 하는 것은 도리를 이해하지 못하면서도 길을 잘 알고 잘 인도할 수 있는 사람에게 물으려 하지 않아서이다. 그들이 잘 물어오지 않으므로 성인聖人들은 실패와 재난을 조성하는 말을 하여 그들을 견책하고자 하는 것인데, 이것이 그들로부터 원망을 사게 되는 것이다. 평범한 사람들은 많고 성인은 적으니, 적은 수로 다수를 이길 수 없는 것은 필연의 이치이다. 만일 한 사람의 거동이 천하 사람들에게서 적대시된다면 그것은 몸을 보존하고 생명을 유지해 가는 방법이 되지 못한다. 그래서 자연의 도리와 법도를 따라서 천하의 백성들을 인도하고자 행동하는 것이다. 그리하여 노자는 "단정하나 남을 해치지 않으며, 청렴하나 남을 상하게 하지 않으며, 강직하나 방자하지 않으며, 영광이 찬란하나 현란하게 하지 않는다."라고 말하였다.

청력과 시력, 지력은 천부적으로 받는 것이며 행위하거나 사고하는 것은 인위적인 것이다. 사람은 태어날 때 이미 볼 수 있는 능력을 가졌는데 그를 통해서 세상을 보며, 들을 수 있는 청력으로 소리를 듣고, 나면서부터 받은 지혜로써 사고를 한다. 그러나 시력을 과도하게 사용하면 눈이 볼 수 있는 능력을 잃게 되고 청력도 지나치게 사용하면 귀가 들리지 않게 되고 이것저것 사고를 깊이 하다 보면 정신이 혼란해진다. 눈이 보이지 않으니 흑백의 색도 구분할 수가 없고, 귀가 들리지 않으니 맑고 탁한 소리를 식별할 수 없다. 또한 정신이 혼란하니 일의 득실과 성패를 가늠할 수가 없게 된다. 눈이 흑백조차 구분할 수 없으면 맹인盲人이라 부르며, 귀가 청탁의 소리도 식별할 수 없으면 농인聾人이라 한다. 그리고 정신이 일의 득실과 성패를 가늠할 수 없으면 광인狂人이라 부른다.

맹인은 대낮에도 위험을 피할 줄 모르며 농인은 천둥이 칠 때도 일어날 피해를 대비하지 못한다. 광인은 세상에서 정해 놓은 법령을 지키지 못해 화를 입게 될 것이다. 《노자》 59장에서 말한 '치인治人', 즉 사람을 다스린다는 것은 행위를 적절하게 해 주며 사고의 헛된 낭비를 줄이게 하는 것이다. 그리고 '사천事天'이란 것은 곧 하늘을 섬긴다는 말로, 시력과 청력을 극도로 소모하지 않도록 하고 지력을 최대한 사용함으로써 고갈 상태에 이르지 않도록 한다는 뜻이다. 그래서 노자가 말하기를 "사람을 다스리고 하늘을 섬기는데 아끼는 것보다 더 나은 방법은 없다."라고 했다.

일반 사람들이 정신을 사용하는 것은 아주 급박하다. 급박하면 소모가 많고 소모가 심하면 이를 사치하다고 한다.

성인이 정신을 사용하는 것은 고요하다. 고요하면 소모가 적고 소모가 적으면 절약이라고 한다.

절약이라는 방법은 자연의 도리로부터 나온 것이다. 만약 절약할 수 있다면 곧 자연의 도리를 따를 수 있는 것이다. 사람들이 불행을 만나고 환란에 빠지는 것은 물러날 때를 알지 못한다거나 도리를 따르지 못해서이다. 성인도 비록 환란의 형상은 보지 못했지만 도리를 좇아 마음을 비움으로써 조복(早服, 일찍부터 남들보다 앞서서 도리를 따른다는 뜻)의 방법에 부합할 수 있었다. 그래서 노자가 말하기를 "성인은 정신 쓰는 일을 아낄 수 있었으므로 일찍이 도리를 따를 수 있었다."라고 하였다.

'치인'을 잘 터득한 사람은 그 사고가 고요하고 '사천'을 아는 사람은 이목구비와 같은 몸의 공혈孔穴이 화통하다. 생각이 고요하면 원래의 덕성을 잃지 않을 것이며, 몸의 공혈이 막힘이 없으면 부드러운 화기和氣가 날로 흡입될 것이다. 그래서 노자가 말하기를 "부단히 덕성을 쌓아야 한다."라고 하였다.

만약 원래의 덕성을 상실하지 않고 새로운 화기를 날마다 증진할 수 있으면 빠른 시간 안에 도리를 따르게 된다. 그래서 노자가 말하기를 "빠른 시간 안에 도리를 따르는 것이 곧 부단히 덕성을 쌓는 것이다."라고 했다. 덕이 쌓인 이후에 정신이 평온해지고, 정신이 평온해진 후에야 화기가 증대될 수 있다. 화기가 증대된 후에야 생각하는 바가 합당해지며, 생각이 합당한 후에야 만물을 제어할 수 있게 된다. 만물을 제어할 수 있으니 전쟁에 나가 쉽게 적을 이길 것이며, 언변으로 세상 사람들을 압도할 수 있을 것이다. 그러므로 노자는 이렇게 말했다. "극복하지 못할 것이 없다." 즉 이루지 못할 것이 없다는 말은 부단히 덕성을 쌓는 것을 근본으로 한다. 그래서 "부단히 덕성을 쌓아 간다면 이루지 못할 일이 없다."라고 노자가 말했다.

전쟁에 나가 쉽게 승리할 수 있다면 천하를 병합할 수 있으며 말로써 반드시 세상 사람들을 압도해 낼 수 있다면 만민萬民이 복종할 것이다. 나아가서는 천하를 손에 넣을 수 있고 물러나서는 만민을 거느릴 수 있으니 그 도리는 매우 심원한 것이다. 일반 사람들은 그 시작을 알 수가 없다. 그 시작을 알 수 없으니 그의 귀착점 또한 헤아릴 수 없다. 그래서 노자가 "이루지 못하는 것이 없다면 그 누구도 궁극의 모습을 헤아릴 수 없다."라고 했다.

무릇 나라를 가지고 있었으나 멸망하고, 신체가 있으나 훼손했다면 나라를 가질 수 있다거나 그 몸을 보존할 수 있다고 말할 수 없다. 나라를 잃지 않고 소유할 수 있으려면 나라의 사직을 공고히 할 수 있어야 한다. 한편 자신의 몸을 보존할 수 있으려면 반드시 하늘로부터 받은 수명을 다 누릴 수 있어야 한다. 그런 후에야 나라를 가질 수 있고 신체를 보존할 수 있다고 말할 수 있다.

무릇 나라를 소유할 수 있고 신체를 보존할 수 있으려면 도를 터득해야 한다. 도를 터득하게 되면 사람은 지혜가 깊어지고 그렇게 되면 계획이 원대해진다. 계획이 원대하면 일반 사람들은 그가 도달할 극점을 볼 수가 없다. 남에게 자신이 한 일의 끝을 알 수 없게 할 수 있어야 비로소 신체를 보존하고 국가를 소유할 수 있다. 그래서 노자가 말하기를 "남들로 하여금 자신이 한 일의 극점을 알지 못하게 할 수 있어야 나라를 소유할 수가 있다."라고 하였다.

노자가 "유국지모有國之母"라는 말을 하였는데 한 나라를 탄생하게 한 모체란 뜻으로 이때 모체란 곧 도이다. 도는 나라를 갖는 방법을 만든다. 그래서 도를 '유국지모'라고 부른다. 만약 도에 따라서 세상일을 대처해 나가면 사람이 생명을 부지하는 시간이 비교적 길 것이며, 봉록과 작위를 소지하는 기간도 오랠 것이다. 그래서 노자가 말하기를 "유국지모를 갖춘다면 장구長久함을 유지할 수 있다."라고 하였다.

나무의 뿌리는 만근曼根과 직근直根이 있다. 만근은 사방으로 퍼져 가는 뿌리인 반면 직근은 줄기 아래로 곧장 뻗는 뿌리이다. 직근을 《노자》에서는 '저柢'라고 하였다. 직근은 나무의 생명을 수립하는 기초가 되며, 사방으로 뻗은 뿌리는 생명을 유지하는 요소이다.

덕이란 인간에게 생명을 수립하는 기초가 되는 반면에 봉록과 작위는 생명을 유지하는 요소가 된다. 이치에 의거할 수 있으면 봉록과 작위를 보유할 수 있는 시간이 비교적 오래일 것이므로 그래서 "곁뿌리를 깊이 해야 한다."라고 말하는 것이다. 도를 실천할 수 있으면 생명을 비교적 길게 연장할 수 있으니 "중심 뿌리를 굳건히 해야 한다."라고 말하는 것이다. 중심 뿌리가 굳건하면 생명이 오래 연장될 수 있고 곁뿌리들이 깊고 탄탄하게 자리 잡으면 오래 누릴 수 있다. 그래서 노자는 "곁뿌리는 깊게 하고 중심 뿌리는 굳건하게 하는 것이 생명을 연장하고 오래도록 영유하는 방법이다."라고 말했다.

공인工人이 거듭 작업을 변경한다면 일의 성과를 상실할 것이다. 농부가 거듭 경작지를 옮기면 작물을 망칠 것이다. 한 사람이 일을 하면서 하루에 반나절은 손을 놓아 시간을 낭비했을 때 열흘이면 다섯 사람이 이뤄냈을 만큼의 성과를 손실한 것이다. 만일 만 명이 작업을 하는데 하루에 반나절을 소일로 보낸다면 열흘이 지났을 때 오만 명의 인원이 동원되어야 이뤄냈을 만한 일을 손해 본 것이다. 그런즉 작업을 자주 바꾸는 것은 사람이 많이 참여했을수록 손실이 커진다.

무릇 법령도 마찬가지로 바뀌게 되면 사람들 간의 이해관계에 변화가 일어난다. 이해관계에 변화가 발생하면 사람들의 작업도 따라서 바뀌게 된다. 사람들의 하는 일이 바뀌는 것, 이를 '변업變業'이라 부른다. 그래서 사리에 맞춰 살펴보건대, 사람들에게 작업을 시키고 자주 변동을 일으키면 일의 성취는 아주 작을 것이다. 대형 기물은 한번 한자리에 배치했으면 자꾸 옮기지 말아야 하는데 그렇지 못하면 파손되기 쉬우며, 작은 생선을 요리하는데 너무 자주 흔들어대면 제 맛을 잃는다. 나라를 다스리는 데도 자주 법령을 바꾼다면 백성들이 괴로움을 겪는다. 그래서 도를 터득한 군주는 사념 없는 고요한 마음 상태를 아주 중요시하며, 쉽게 법령을 바꾸지 않는다. 그래서 노자가 "대국을 다스리는 것은 마치 작은 생선을 요리하는 것과도 같다."라고 하였다.

사람은 병이 나면 의사를 존중하고 재난을 당하면 귀신을 두려워하는 마음이 커진다. 성인이 나라의 지도자로 있으면 백성들의 욕망은 줄어들게 되며 욕망이 줄어들면 혈기가 조절되고 합리적으로 거동하게 될 것이다. 혈기가 조절되고 행동이 합리적이게 되면 재난이 자연스레 줄어든다. 만약 신체에 부스럼이나 종기, 부종과 같은 병이 없고, 외부로부터 형벌로 인한 화를 입지 않는다면 사람들은 귀신을 크게 두려워하지 않고 가볍게 여길 것이다. 그래서 노자가 "도를 사용해서 천하를 다스리면 귀신이 신통함을 부리지 못할 것이다."라고 했다.

치세에는 사람과 귀신이 서로 해치지 않는다. 그래서 노자는 "귀신이 신통술을 부리지 못하는 것이 아니라, 그 신통술이 사람을 해치지 않는 것이다."라고 했다. 귀신이 화(禍)를 일으키면 사람에게 병이 생기니, 이를 '귀신이 사람을 상하게 했다'고 말한다. 반대로 사람이 모든 병을 몰아냈다면 '사람이 귀신을 상하게 했다'고 한다. 백성이 법령을 위반하면 '백성이 군주를 해쳤다'고 한다. 그리고 군주가 형벌로 백성들을 도륙했다면 '군주가 백성을 해쳤다'고 말한다. 백성들이 법령을 위반하지 않으면 군주가 극형을 시행하지 않을 것인데, 이것을 '군주는 사람들을 해치지 않는다'고 말한다. 그래서 노자는 "성인은 역시 사람들을 상하게 하지 않는다."라고 말했다.

군주와 백성이 서로 해치지 않고, 사람과 귀신이 서로 해하지 않으니 "양자兩者가 서로 상하지 않는다兩不相傷."라고 노자가 말했다. 백성들이 법을 어기지 않으니 군주가 백성들의 몸에 형벌을 가하는 일이 없고 군주가 백성들의 재산을 과도하게 착취하는 일이 없다. 군주가 극한 형벌을 사용하지 않고 과도한 세금을 징수하지 않으니 백성들은 저절로 번창하고 유복함을 누릴 것이다. 백성은 번영하고 국가는 풍요하니 이를 '유도有道', 즉 덕으로 충만하다고 일컫는다.

무릇 귀신이 화를 일으키면 사람의 혼백이 육체로부터 분리되어 정신이 혼란해진다. 정신이 혼란하다는 것은 덕이 존재하지 못하는 상황이다. 귀신이 사람에게 화를 끼치지 못하면 사람의 혼백이 육체에서 분리되지 않는다. 혼백이 몸을 떠나지 않는다면 정신이 혼란해지지 않으며, 정신이 혼란하지 않다면 곧 '덕으로 충만하다_{有德}'고 할 것이다. 군주가 선정을 베풀어 백성들로부터 가혹한 징수를 하지 않고, 귀신이 사람들의 정신을 어지럽히지 못하면 백성들은 덕으로 충만하게 된다. 그래서 노자가 "양자가 서로 상하지 않게 된다면 덕이 함께 어우러져 돌아올 것이다." 하였는데, 이 말은 덕이 임금과 백성에게서 모두 흥성한 것이며 이때의 이로움은 모두 백성에게로 돌아갈 것이라는 뜻이다.

도를 따르는 군주는 대외적으로 이웃한 국가와 원한을 맺지 않으며 대내적으로는 백성들에게 은혜를 베푼다. 대외적으로 인접국들과 원한을 맺지 않은 군주는 제후들에 대한 예의도 분명할 것이며, 대내적으로 백성들에게 은택이 두루 미치게 하는 군주는 나라의 근본에 힘쓰며 백성들을 다스릴 것이다. 예의를 갖추어 제후들을 대우하니 전쟁이 반드시 줄어들며, 나라의 근본인 농업에 힘쓰며 백성들을 다스리니 과도한 사치풍조가 일어나지 않는다.

말_馬이 사용되는 주요 목적은 밖으로 무기를 공급하는 군사적 수요 때문이며, 안으로는 사치품을 수송하는 데 사용된다. 도를 따르는 군주는 대외적으로 군사행동이 드물고 대내적으로 사치스러운 물품을 금지하므로 군주가 말을 타고 전투하거나 적군을 추격할 일이 없고 백성들이 멀리까지 사치품을 운송할 일이 없다. 따라서 모든 역량을 농업생산에만 집중할 뿐이다. 역량을 집중하여 농업생산에 힘쓰므로 말은 밭에 거름을 주거나 관개灌漑를 하는 데만 사용될 것이다. 그래서 노자가 "천하에 질서가 서게 되면 군대와 운반을 위해 쓰였던 말들이 농민에게 돌아가 밭 가는 일을 하게 될 것이다."라고 하였다.

무도한 군주는 백성들에게 포악하고 인접 국가들을 침략한다. 학정을 계속하니 백성들의 생산이 파괴되고 침략을 일삼으니 군대의 징발이 빈번하다. 백성들의 생산이 파괴되니 가축이 줄어들고 거듭되는 군사작전으로 병사들의 사상이 막대하다. 가축이 모자라니 장군이 탈 군마도 부족하고, 병사 중에 사상자가 많으니 군대의 유지에도 위기가 온다. 군마가 부족하니 새끼를 낳아야 할 어미말까지도 전장에 끌려 나가고 군사의 수급이 위태로우니 군주를 호위해야 할 근위병까지 차출될 것이다.

《노자》 46장에 나오는 '융마생어교戎馬生於郊'를 해석할 때에 '마馬'를 예로 든 까닭은 말이 군사상 중요한 수단이기 때문이며, '교郊'라고 한 것은 국경에 가까운 지역을 가리킨다.

그 결과 군대에 공급되는 인력은 호위병이고 군마는 군주의 말이거나 어미말일 것이다. 그래서 노자가 "천하에 질서가 문란할 때는 새끼 밴 어미말조차 군대로 끌려가 전장에서 새끼를 낳을 것이다."라고 하였다.

사람이 욕망으로 가득 차면 사고가 혼란해진다. 사고가 혼란해지면 욕망은 더욱 강렬해지는데 욕망이 강렬해지면 사악한 마음이 고개를 든다. 사악한 마음이 일어나면 사행과 괴벽한 일을 일으킬 것이요, 그런 잘못된 일들을 중지하지 못한다면 화와 재난이 일어난다. 이로부터 보건대 화와 재난은 사악한 마음으로부터 발생하는 것이며, 사악한 마음은 사물을 탐내는 욕망에 끌려서 일어나는 것이다. 사람에게 탐욕을 일으키는 사물은 나아가서 선량한 백성들을 간사하게 만들고 물러나서는 착한 사람이 화를 당하게 한다. 간사한 풍조가 퍼지면 위로 유약한 군주가 침해당할 수 있고, 화가 사람들에게 미치면 대부분의 백성들이 상해를 당할 것이다. 그런즉 탐욕을 일으키는 사물이 군주를 침해하고 백성들을 다치게 한다. 위로 군주가 해를 받고 아래로 백성들이 상해를 당하니, 이는 죄가 막대한 것이다. 그래서 노자가 "죄가 되는 것 중에서 탐욕스러운 것보다 더 큰 것은 없다."

라고 하였다. 이런 까닭에 성인들은 각종 아름다움에 유혹되지 않고 현란한 음악에 빠지지 않았던 것이며, 현명한 군주는 노리개와 같은 사물을 천시하며 지나치게 곱고 매력적인 대상은 물리쳤던 것이다.

인간은 새나 짐승처럼 깃과 털이 없는 까닭에 옷을 입지 않으면 추위를 견딜 수 없다. 또한 하늘에 속한 것도 아니요, 땅에 부속된 존재도 아니므로 장腸과 위胃를 근본으로 영양을 섭취해 살아가는데, 만약 먹지를 못한다면 살 수가 없다. 그래서 사람은 이익을 추구하는 마음을 버릴 수 없다. 이러한 마음을 제거하지 못하는 것이 인간의 우환인 것이다.

성인은 옷이 추위를 막을 수만 있으면 되고, 음식이 배고픔만 해결해 준다면 걱정이 없다. 하지만 일반 사람들은 이렇지 못하여 크게는 제후가 되고자 하고, 작게는 천금의 재산을 쌓아 두려 하니 그들의 이익을 바라는 조바심은 제거할 수 없는 것이다. 죄수가 요행으로 풀려나기도 하고 사형의 죄에 해당하는데 사면되기도 한다면 만족할 줄을 모르는 인간의 근심은 영원히 해소할 수 없게 된다. 그래서 노자는 "화를 부르는 것 중에서 족함을 모르는 것보다 더 큰 것은 없다."라고 했다.

따라서 이익을 구하고자 하는 욕망이 심하면 근심이 쌓이고 근심이 있으면 병이 생긴다. 병이 나면 지혜가 쇠퇴하고 지혜가 쇠하면 사리를 헤아리는 표준을 잃는다. 그렇게 되면 경거망동하기 쉽고 그로 인하여 해악이 닥치니 여러 질병이 체내에서 뒤엉킬 것이다. 질병이 몸 안에서 요동하니 고통을 느끼고, 화가 외부에서 핍박하니 정신적으로 괴로울 것이다. 육체적 고통과 정신적 괴로움이 뒤섞여 사람을 크게 상하게 하고, 사람이 심하게 상하면 물러나 자신을 질책하게 된다. 즉 물러나 자신을 질책하는 것은 본래 이익을 탐하는 마음에서 비롯된 것이다. 그래서 노자가 "질책받는 일 중에서 이익을 탐하여 자신을 책망하게 되는 것보다 더 심한 것은 없다."라고 했다.

도란 만물이 생성하는 원리이며 만 가지 이치의 근원이다. 온갖 사물들 각각의 규율을 이理라고 한다. 이것은 모든 만물의 모양과 성질을 만들어 내며, 이러한 규율을 만들어 내는 것이 곧 도이다. 그래서 노자는 "도는 모든 사물을 종합, 정리하여 각각에 규율을 주는 것이다."라고 말한다.

만물은 각각의 규율을 가지고 있어서 서로 침범해서는 안 된다. 각 규율이 서로 침범할 수 없기 때문에 종합 정리를 거쳐 만물의 규칙이 만들어졌다. 만물의 규칙이 모두 다르기는 하지만 도는 그 전부를 포괄한다. 그렇기 때문에 각각에 응대하여 변화하지 않을 수 없다. 그래서 영원히 변화를 일으키고 있으며, 하나의 모습으로 고정되지 않는다. 도가 영원히 변화를 일으키고 있으므로 생물은 끝없이 생사生死의 변화를 겪게 된다. 인간은 많은 지혜를 가지고 있지만 영원히 취하고 버림을 선택해야 하는 숙명 속에 있으며, 모든 세상사 또한 끝없는 생멸의 틀을 벗어날 수 없다.

하늘은 도를 얻어서 높은 것이며 땅도 도를 얻어서 만물을 포용할 수 있게 된 것이다. 북두北斗는 도를 얻어 모든 별의 중심이 되는 권위를 세우게 되었으며 해와 달은 도를 얻어 영원히 빛을 발할 수 있는 것이다. 오성(五星, 원문에는 오상五常으로 되어 있다) 역시 도를 통하여 각각의 고정된 위치를 얻었고 뭇별들은 단정하게 정렬할 수 있는 것이다. 사계절도 도를 얻어 기후의 변화를 조절할 수 있으며 황제(黃帝, 중국 전설상 최초의 제왕. 원문에는 헌원軒轅으로 되어 있다)는 천하의 모든 곳을 지배할 수 있었다. 적송자(赤松子, 고대의 이름난 선인)는 천지가 다할 때까지 장수를 누리게 되었고 성인들은 문물제도를 창제할 수 있었다. 도가 요순에게서는 총명한 지혜로 변했으며 접여(接輿, 초나라의 현사賢士로 천하가 어지러워지자 미치광이로 가장하고 세상사에 관심을 두려 하지 않은 인물의 상징이 되었다)는 미치광이가 되게 하였다. 걸주桀紂 같은 폭군에게서는 쇠멸로 변했으며 탕무湯武에게서는 번창으로 변했다. 그것은 가깝다고 생각되면 먼 사방의 끝에 있으며 멀다고 생각되면 우리의 몸 가까이에 있다. 그것은 어두운 것이어서 보이지 않는가 하면 그 광채가 눈이 부시게 빛나고 밝고 또렷한가 하면 그 본질은 어렴풋이 그윽하다. 도의 효력은 천지를 이루어낼 수도 있고 천둥 치는 소리도 고요하게 바꿀 수 있다. 전 우주에 있는 삼라만상이 모두 도에 의해 이루어진다.

무릇 도의 진실한 실체는 만들어진 적이 없고 형상도 없다. 부드럽고 연약하며 시간을 쫓아서 만물의 규율과 서로 상응한다. 만물은 도를 얻어서 사멸하기도 하고 생장하기도 한다. 모든 세상사 역시 도를 얻어 실패하기도 하고 성공하기도 한다. 도는 물에 비유할 수 있다. 만일 사람이 물에 빠져서 물을 너무 마시게 되면 죽음에 이르지만, 사막에서 갈증으로 죽음의 지경에 이른 사람이 마음껏 물을 마시게 되면 생명을 찾게 된다. 또한 창칼과 같은 무기에 비유할 수 있는데, 어리석은 자가 화를 못 이겨 흉포하게 휘두르면 참화를 빚게 되지만, 성인이 폭군을 벌하는 데 사용한다면 사람들에게 행복을 누릴 수 있게 한다. 그래서 말하기를 "도를 얻어서 죽을 수도 있고 살 수도 있다. 또한 도를 얻어서 실패할 수도 있고 성공할 수도 있다."라고 하는 것이다.

사람들은 살아 있는 코끼리를 볼 기회가 좀처럼 없으므로 죽은 코끼리의 뼈를 보고 코끼리가 살아 있을 때의 모습을 상상해 낸다. 그래서 사람들이 상상을 통해 그려낸 것을 말할 때 '상象'이라 부른다.

도 역시 비록 들을 수 없고 볼 수 없는 것이지만 성인은 그로부터 스며 나오는 작용의 단편들을 통해서 그 형상을 추리해 낸다. 그래서 노자는 "도는 드러나는 현상이 없는 현상이며, 구체적인 물체가 아닌 물상이다."라고 하였다.

무릇 사물의 규율이라고 하는 이理는 네모진 것과 둥근 것, 짧은 것과 긴 것, 굵고 거친 것과 가늘고 보드라운 것, 견고한 것과 얄팍한 것의 분별이다. 그러므로 사물의 규율이 정해진 후에야 도에 대해서 말할 수 있게 된다. 정해진 규율에는 존재와 부재, 생겨나고 사라지는 것, 기운이 성해 가는 것과 쇠해 가는 것이 있다. 모든 만물은 한때 존재했다가 한때는 사라지고, 홀연 없어졌다 생겨나고, 처음에는 성하다가 후에는 쇠하고 하는 과정을 거치니 항상恒常이라 일컬을 수 없다. 오직 천지의 개벽과 더불어 생겨나서 하늘과 땅이 소멸할 때까지 죽지 않고 쇠하지 않아야 항상이라고 일컬을 것이다. 항상이란 개념은 바뀌는 바도 없고 정해진 규율도 없다. 정해져 있는 규율이 없으니 반드시 정해져 있는 곳에 머무는 것이 아니다. 이와 같기 때문에 말로 정하거나 논할 수 없는 것이다. 성인은 그것의 심원함과 공허함을 터득하고는 보편적으로 순환하는 운행 원리를 근거로 억지로 그것에 '도道'라는 이름을 붙였다. 그런 후에야 논할 수 있기 때문이다. 그래서 노자는 "도라고 이미 말할 수 있을 때 그것은 이미 항상의 도가 아니다."라고 말했다.

사람은 출생으로 시작하여 죽음으로 끝난다. 시작을 '나온다出'라고 하고 끝은 '들어간다入'라고 하니, 노자는 "출생입사出生入死"라고 했던 것이다. 사람의 몸에는 삼백예순 개의 마디가 있고 사지四肢와 구규(九竅, 이목구비와 요도, 항문을 포함한 아홉 개의 구멍)가 있는데, 이것이 인체의 가장 중요한 기관이다. 두 손발과 이목구비 등의 구규를 합하면 모두 열셋인데, 이 신체기관이 하는 작용은 사람의 생존과 절대적으로 연관이 있다. 무엇엔가 부속되어 있는 것을 '도徒', 즉 부속물이라 부른다. 그래서 노자는 "생존의 부속물은 열세 개의 기관이다."라고 했다. 사람이 죽음에 이르면 이 열세 개의 신체기관은 사망과 연관을 맺으니, 죽음의 부속물 또한 열세 개다. 그래서 노자가 "삶과 관련된 신체기관도 열셋이요, 죽음과 관련된 신체기관도 열셋이다."라고 하였다.

사람은 누구나 삶을 도모하고자 하는데 삶을 돌보기 위해서는 반드시 활동을 한다. 활동을 하게 되면 삶에 손해를 입게 되고, 활동을 멈추지 않으니 손해도 그치지 않으므로 삶이 다할 것이다. 그것을 죽음이라 부르며, 열세 개의 신체기관은 사람을 사지死地로 몰아갈 것이다. 그래서 노자가 "인류는 삶을 영유하기 위해서 활동을 하지만, 활동할수록 사지로 나아갈 것이요, 앞장서는 것들은 열세 개의 신체기관이다."라고 했다. 이 때문에 성인들은 정신을 아끼고 사심 없는 고요한 마음을 중시한다. 만일 성인과 같이 행동하지 않는다면 그 해가 호랑이나 뿔소의 해보다도 클 것이다. 호랑이와 뿔소는 일정한 구역, 일정한 시각에 활동하므로 활동구역을 피하고 그들의 출몰 시각을 계산한다면 그들로부터의 화는 예방할 수 있다. 사람들은 단지 호랑이와 뿔소만이 발톱과 뿔을 가지고 있어서 사람을 해친다는 것을 알 뿐, 세상 만물에도 뿔과 발톱이 있다는 것은 알지 못하여 그들로부터의 위해危害를 피하지 못하고 있다.

  어떻게 그것을 설명할 수 있는가? 예를 들어 장마철에 비가 몹시 쏟아지면 온 들녘에 빗소리만 고요할 뿐 사나운 짐승들은 출몰하지 않아 위험은 없겠지만 아침저녁으로 산을 오르고 강을 건널 때 맹수 대신에 바람과 이슬의 해를 당할 것이다. 군주를 섬기는 데 충성심이 없고 제멋대로 법령을 어긴다면 형벌의 뿔과 발톱에 해를 입을 것이다. 시골에서 생활한다고 하여 예절과 규범을 지키지 않고, 사람을 친애하고 증오하는 데 기준이 없으면 다툼과 분쟁의 뿔과 발톱에 다치고 말 것이다. 욕망이 끝이 없고 행동하는 데 절제가 없으면 뒤따라오게 될 질병의 뿔과 발톱에 다치게 될 것이다. 이기적인 계산에 의한 잔꾀를 부리기 좋아하며 사회적인 도리를 돌보지 않는다면 법망法網의 뿔과 발톱에 해를 당할 것이다. 이렇듯 호랑이와 뿔소의 생활구역이 있듯이 세상의 모든 해악에는 그 근원이 있다. 따라서 호랑이의 생활구역을 피하고 해악의 근원을 막아 버린다면 모든 해를 면할 수 있을 것이다.

무릇 칼과 갑옷은 해악을 방비하기 위해 사용하는 것이지만 생명을 중시하는 사람은 비록 군대 내에서 칼을 쥐어야 하더라도 원한을 품어 싸움으로 해결하려는 마음이 없는 까닭에 이러한 물건이 필요 없다. 단지 광야에서 진을 치고 있는 군대에서만이 이러하겠는가? 성인은 세상을 살아가는 데 남을 해치려는 마음을 갖고 있지 않다. 이런 마음이 없으니 다른 사람도 해치러 오지 않는다. 해치러 오는 사람이 없으니 다른 사람을 방비할 필요가 없다. 그래서 노자가 "성인은 뭍에서 길을 가더라도 호랑이와 뿔소를 만나지 않을 것이며 군대에서 생활하더라도 칼과 갑옷을 반드시 갖출 필요가 없다." 하였다. 세상에서 생활하는 데 칼과 갑옷을 준비하듯이 해악을 방비하는 방식을 취하지 않아도 해악을 멀리 물리칠 수 있다. 그래서 노자가 말하기를 "뿔소가 그의 뿔을 사용할 곳이 없고, 호랑이도 자신의 발톱을 사용할 곳이 없으며, 무기들이 그 날카로움을 쓸 곳이 없다."라고 하였다. 방비하지 않아도 반드시 위해를 가해 오지 않을 것이니 이것이 천지자연의 도리이다. 천지간의 도리를 깨달았으므로 노자는 "무사지언無死地焉" 즉 죽음이 올 틈이 없다고 하였는데, 살아 있기 때문에 활동을 하지만 활동을 할지라도 사지로 가게 되지는 않는다는 말이다. 이것을 곧 "생명을 잘 보양했다."라고 하는 것이다.

자식을 사랑하는 사람은 자식에 대하여 자애롭다. 생명을 중시하는 사람은 신체에 대해 소중히 여기며, 어떤 일의 공적을 귀하게 여기는 사람은 매사에 자식을 돌보듯이 일의 성패에 주의를 기울인다. 자애로운 어머니는 어리고 약한 자식에 대하여 복이 이르도록 힘쓴다. 그들에게 복이 이르려면 그들에게 엄습할 해악을 제거하면 되는데 해악을 없애기 위해서는 사고가 성숙해져야 한다. 사고하는 것이 성숙해지면 사리를 터득하게 되고 그렇게 되면 반드시 뜻하고자 하는 바를 이루게 될 것이다. 의도하던 바의 공을 이루게 되면 행동에 주저하는 바가 없게 되며, 이렇게 주저함이 없는 것을 가리켜 용기라고 부른다.

성인이 세상의 모든 일을 대하는 마음가짐은 마치 자애로운 어머니가 약한 자식을 위해 염려하는 것과 같아서 반드시 준수해야 하는 도리를 깨달을 수 있게 된다. 그러한 도리를 깨닫게 되면 행동하는 데 있어서 회의나 주저함이 없게 된다. 이것을 역시 용기라고 부른다. 따라서 매사에 주저함이 없는 행동은 결국 자애로움으로부터 생겨나는 것인 까닭에 노자가 이르기를 "자애롭기 때문에 용감할 수 있다."라고 했던 것이다.

　주공周公이 말하기를 "겨울에 얼음이 단단하게 얼지 않는다면 봄과 여름에 초목이 무성하지 못할 것이다."라고 하였다. 천지간의 자연에서조차 오래도록 사치하거나 낭비하는 일이 없거늘 하물며 자연의 일부인 사람에게서는 어떠하겠는가? 세상의 만물에는 흥하고 쇠하는 때가 있으며, 모든 일은 느슨할 때도 있고 팽팽히 긴장될 때도 있다. 한 나라에서는 문화적인 것이 숭상될 때가 있고 상무적尙武的인 기운이 득세할 수도 있으며, 어느 군주나 통치의 수단인 상벌로 다스리기 마련이다. 이런 까닭에 지혜 있는 선비는 재물을 절약하고 검소히 생활하여 집안을 부유하게 만들고, 성인은 자신의 정신을 귀하게 여기고 아껴서 활동력을 왕성하게 한다. 마찬가지로 한 나라의 군주가 자신의 군대를 이끌고 함부로 전쟁을 벌이지 않는다면 백성들이 증가하고 백성들이 많아지면 나라가 넓어진다. 그래서 노자는 이런 일을 빗대어 "검소한 까닭에 광대해진다."라고 하였다.

　무릇 형체를 가진 사물은 쉽게 재단되며 쉽게 분할된다. 어째서 이렇게 말할 수 있는가? 형체를 갖게 되면 길고 짧음이 생기며, 길고 짧음이 있으면 크고 작음이 생기고, 크고 작음이 있으면 둥글고 네모진 것이 있고, 둥글고 네모짐이 있으면 단단하고 얄팍한 것이 있고, 단단하고 얄팍함이 있으면 무겁고 가벼움이 있으며, 무겁고 가벼움이 있으면 흰 것과 검은 것이 있다. 이들 장단長短, 대소大小, 방원方圓, 견취堅脆, 경중輕重, 흑백黑白의 분별을 정하는 것이 곧 각 사물의 규율이 되는 이理이다.

사물의 규율이 정해지면 쉽게 나누어진다. 조정에 여러 사람이 모여 회의할 때 모든 사람의 말을 듣고 나서 최후에 발언한 자의 의견은 쉽게 채택되는 일이 많은데, 이는 의견을 잘 적중시키는 사람들이 대개 알고 있는 요령이다. 네모진 물건 혹은 원형의 물건을 제작하고자 한다면 반드시 자와 컴퍼스로 하는 것처럼, 각종 사안들을 실행하고자 한다면 객관적인 사리에 의거해야 비로소 일의 효과가 드러날 수 있는 것이다. 이렇듯 세상 모든 만물에는 그것에 의거하는 규칙이 있으니 의견을 제기하고자 하는 사람은 반드시 그 규칙을 살펴야 한다. 성인은 전적으로 모든 일의 규칙을 따르므로 노자는 "천하의 사람들과 앞자리를 다투려 하지 않는다."라고 하였다. 모든 사람의 선두를 차지하려고 하지 않으므로 하는 일마다 이루지 못하는 것이 없고, 공을 세우는 데 성공하지 못하는 적이 없다. 그가 제기하는 의견은 반드시 천하를 덮으니 관직으로 말하자면 고관대작이 되고자 하지 않더라도 어찌 그럴 수 있겠는가? 지위가 높다는 것은 천하의 중대사를 영도하는 사람인 것이니, 노자가 말하기를 "천하 모든 사람의 앞자리를 차지하려고 하지 않지만, 그럼으로써 천하의 중대사를 영도하는 사람이 될 수 있다."라고 하였던 것이다.

자식을 사랑하는 사람은 의식衣食을 부족하게 하지 않고 몸을 아끼는 사람은 법도를 위반하지 않으며 네모와 원을 정확히 그리고자 하는 사람은 자와 컴퍼스를 버리지 않는다. 그래서 군사를 이끌고 전쟁을 할 때 병사들을 아끼고 사랑하면 강한 적과도 싸워 승리할 수 있으며, 기계를 소중히 하면 성곽을 견고하게 할 수 있다. 그래서 노자가 "자애로울 수 있으면 공격하여 승리할 수 있으며 수비에서도 견고하게 지킬 수 있다." 하였다.

만약 자애로운 마음을 갖출 수 있으며 모든 일과 세상 만물의 규칙을 따를 수 있다면 반드시 자연스럽게 산생되는 것이 있을 것이다. 그것은 바로 객관규칙을 따르는 의식意識

이며 천하에 존재하는 도리는 모두 이로부터 생겨난다. 만약 자애로운 마음으로 이를 지켜내고 잃어버리지 않는다면 매사 완전해질 것이며 행동에는 절대로 부당한 점이 없을 것이니 가장 값진 보배라 할 수 있다. 그래서 노자는 "나에게는 세 가지 보배가 있다. 그것은 앞서 말한 자애와 검소, 그리고 천하 사람들의 최선두를 차지하고자 하지 않는 자세, 이 셋을 가리킨다. 영원히 이들을 쥐고 있으면서 지극한 보배로 삼는다."라고 하였다.

《노자》 제53장에서 말하고 있는 '대도大道'란 정도正道를 가리키는 것이며, '시施'라고 말한 것은 사도邪道를 가리킨다. '경徑'이라 한 것은 구불구불한 작은 길을 말하는데, 이것은 사도 내부의 갈림길들이다. 그리고 '궁전이 아주 장엄하고 화려하다'라고 한 것은 세금을 과중하게 징수하고 소송이 많이 일어나고 있음을 가리킨다. 사람들 간에 소송이 빈번하다면 경작해야 할 전답은 황폐해지고, 논밭이 황폐하면 창고가 비고, 창고가 비었다면 국가는 반드시 빈곤에 허덕인다. 국가가 빈곤해지면 민간의 풍속은 사악하고 방탕하게 되며, 의식衣食과 같은 기본적인 생계가 단절될 것이다. 사람들의 의식이 족하지 못하다면 속임수를 쓸 것이며, 사기

행각이 난무하게 되면 외모를 화려하게 치장하게 된다. 그래서 노자는 "화려하고 사치스러운 비단의복을 입는다."라고 하였다.

세간에 분규가 끊이질 않아 소송이 빈번하고 곳곳마다 창고에는 비축된 것이 없고 그럼에도 풍속은 사악과 방탕으로 달음질친다면 국가는 마치 예리한 보검으로 베이는 것처럼 깊은 상해를 입을 것이다. 그래서 노자가 "예리한 검을 허리에 찬다."라고 했던 것이다. 사악한 꾀와 교묘한 수단으로 나라에 상해를 입힌 사람은 자신들의 집안은 반드시 부유하게 만들 것이다. 이들이 풍족해지므로 노자는 "재물이 남음이 있다."라고 말했다. 나라에 이런 현상이 일어난다면 우매한 백성들이 본받지 않을 수 없다. 백성들이 모방하기 시작한다면 작은 도적들이 일어나게 될 것이다. 이로 보건대, 위에서 간사한 행동이 벌어진다면 작은 도적들이 따라서 일어날 것이며, 위에서 앞장서서 간사한 행동을 저지른다면 작은 도적들이 본받아 일어날 것이다.

우(竽)는 생황과 비슷한 악기로 음악을 연주할 때 다른 악기를 영도하는 역할을 한다. 그래서 이것이 먼저 시작하면 여러 악기들이 뒤이어 음을 연주한다. 즉 우가 선도하면 다른 악기들이 이에 화창하여 뒤따른다. 만약 위에서 간사한 행동을 자행했다면 일반 백성들은 그들의 인도를 받을 것이요, 그렇게 인도되었으니 작은 도적들이 뒤따라 생겨날 것이다. 그래서 노자가 "화려하고 사치스러운 비단옷을 입고 허리에는 예리한 검을 차고 물릴 만큼 배부르게 먹고 마시며 그러고도 재물이 남음이 있는 자, 이들을 가리켜 도우盜芋, 즉 도둑의 괴수라 일컫는다."라고 말하였다.

현명한 자나 어리석은 자나 모두 추구하려는 것이 있고 피하고자 하는 것이 있다. 한편 마음이 담박하고 고요한 사람은 화복禍福이 찾아오는 까닭을 모르는 이가 없다. 사람은 좋고 싫음이 있기 때문에 탐욕하는 마음이 생기고, 또 진기하고 재미있는 것에 유혹을 받아 마음이 어지럽게 된다. 어째서 이렇게 되는가? 이는 곧 외부 사물로부터의 유혹과 재미있어하는 것으로부터 받은 마음의 교란으로 말미암은 것이다. 마음이 담박하다면 나아가고 버려야 하는 도리를 알게 되며, 마음이 고요하다면 화복을 헤아릴 수 있는 슬기를 터득할 것이다. 현재의 사람들은 자신이 재미있어하는 것으로부터 방해받고, 외계 사물로부터 유혹을 받아 본성을 상실하였으니, 노자는 이를 가리켜 "본성을 뽑혔다拔."라고 표현하였다.

성인은 그와 같지 않다. 이미 나아가고 버릴 바에 대하여 결정해 둔 것이 있으니 설혹 갖고 싶은 물건을 보게 되더라도 유혹되지 않는다. 노자는 이 유혹되지 않는 상태를 가리켜 "본성을 뽑히지 않았다不拔."라고 하였다. 성인의 의지는 한결같아서 비록 욕심나는 물건을 보더라도 마음이 동요되지 않는다. 마음이 동요되지 않는 것을 노자는 "벗어나지 않았다不脫."라고 하였다. 자손 된 처지에서 이러한 도리를 깨달아 선조의 사업을 계승한다면 종묘의 제사가 끊이지 않을 것인데, 이런 뜻에서 "제사가 끊이지 않는다."라고 하였다.

한 개인의 일신은 정신을 축적하는 것을 덕으로 삼고, 한 집안으로서는 재산을 축적하는 것이 덕이며, 한 고을이나 국가 혹은 천하는 백성을 모으는 것을 덕으로 삼는다. 이제 만일 자신의 일신을 잘 수양할 수 있다면 외계 사물이 그의 정신을 교란시킬 수 없을 것이므로, 노자는 "이러한 도리로 자신을 수양한다면 그의 덕성은 진실할 것이다."라고 했다. 여기서 진실이란 말은 덕성이 확고해져서 영원히 산실되지 않음을 뜻한다. 한 집안을 다스리는 데 있어서 쓸데없는 물건에 함부로 지출하지 않는다면 재물이 넉넉해질 것이므로, 노자는 "이러한 도리에 따라 집안을 다스린다면 그 덕성이 풍부해질 것이다." 하였다. 한 고을을 다스리는 데 이 도리에 맞게 절제를 행할 수 있다면 부유한 가정이 더욱 늘어날 것이므로, 노자는 "이 도리에 따라 고을을 다스린다면 그 덕성은 더욱 좋아질 것이다." 하였다. 한 나라를 다스리는 데 마찬가지로 절제하여 정책을 실행한다면 고을마다 덕을 갖춘 사람들이 더욱 많아질 것이다. 그래서 노자는 "이 도리로 나라를 다스리면 그 덕성은 더욱 풍성해질 것이다." 하였다. 천하를 다스리는 데에도 이러한 도리에 따른 절도 있는 통치를 실행한다면 사람들의 생활에 모두 은택이 미칠 것이니, 노자가 말하기를 "이러한 도리로 천하를 다스린다면 그 덕성이 널리 모든 백성을 덮을 것이다."라고 하였다. 자신을 수양하는 사람은 이를 통해 군자와 소인으로 구별된다. 또한 한 고을, 한 국가, 온 천하를 다스리는 사람이 이 도리에 근거하여 세상사의 성쇠와 만물의 존망을 살핀다면 만에 하나라도 실패하는 일이 없을 것이다. 그래서 노자가 이렇게 말했다. "한 개인으로서 개인을 관찰하고, 가정으로서 가정을 관찰하고, 고을로서 고을을 살피고, 국가로서 국가를 살피며, 천하로서 천하를 보라. 내 어찌 천하가 그러함을 알겠는가? 바로 이러한 도리를 통해서였던 것이다."

二十一. 유로

유喩는 '비유'의 뜻이고, 노老는 《노자》 책을 가리킨다. 따라서 20장 해로解老편과 같이 노자의 사상을 설명하고자 하는 것이 본 장의 요지이다. 해로편은 뜻으로 노자를 해석한 반면 유로喩老편은 역사적 사건을 비유로 들면서 해석하고 있다. 순수 법가류의 주의주장과는 다른 면을 띠고 있으므로 역시 한비자의 작품이 아니라고 보는 견해가 많다.

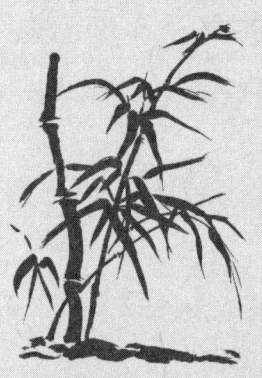

천하가 평안할 때는 긴급한 변란이 없으므로 명령을 급히 송달해야 할 역마驛馬나 마차가 필요 없게 된다. 그래서 노자가 "급박하게 달리던 역마들이 농민에게 돌아가 밭을 갈게 된다."라고 하였다. 그러나 천하가 어지러워지면 사람마다 나라마다 서로 다투고 전쟁을 일으켜 단 몇 년도 끊일 때가 없다. 군인들이 입고 쓰는 갑옷과 투구에는 이蝨와 서캐가 자라고 야전에 나가 있는 군대의 막사에는 제비와 뭇새들이 둥지를 틀고 살 지경에 이르도록 고향으로 돌아갈 날은 기약이 없다. 그래서 노자가 "새끼를 밴 어미말조차 군마로 쓰이니 변경의 전장에서 새끼를 낳는다."라고 하였다.

한 적인(狄人, 북쪽 오랑캐)이 큰 여우의 가죽과 검은 표범의 가죽을 진 문공에게 바쳤다. 진 문공은 이 진귀한 예물을 받으면서 말하기를 "훌륭한 가죽이로다! 가죽이 너무나 훌륭하기에 자신에게 화를 불러왔구나." 하고 탄식하였다.

또한 나라의 군주가 명성 때문에 재난을 당한 경우가 있는데 서徐 언왕偃王이 그러하였다. 서국徐國의 왕이 배를 타고 종주국까지 갈 수 있도록 진陳과 채蔡를 잇는 수로를 만드는 중에 땅속에서 붉은색의 활과 화살을 얻게 되었다. 왕은 이를 상서롭게 여겨 자칭 서 언왕이라 부르게 하였다. 서 언왕이 36개의 소국을 정벌해 가자 주周 목왕穆王이 초나라에 명하여 서국을 정벌하라고 하였다. 그러자 서국의 왕은 백성들을 보호하고자 싸움을 포기하고 패배를 감수하였다. 이러한 고사를 배경으로 말한 것이다. 또 성읍과 토지 때문에 재난을 당한 경우가 있는데, 우虞나라와 괵虢나라가 그러했다. 그래서 노자가 "욕심을 내는 것보다 더 큰 재난은 없다."라고 하였다.

진晉 왕실이 망하고 여섯 대부大夫가 서로 대권을 잡고자 경합을 벌였다. 지백은 범씨와 중행씨를 멸하고 이어 조 양자를 공격하였다. 한과 위는 처음에 지백과 동맹을 맺었으나 최후에는 그에게서 등을 돌리고 조 양자의 편이 되니 지백의 군사는 진양晉陽의 전투에서 대패하고 말았다. 지백 자신은 고량高梁의 동쪽에서 처형되고 그의 영토는 한, 위, 조 삼국에 의해 분할되는 최후를 맞았다. 가장 곤경을 겪었던 조 양자는 지백의 두개골을 잘라 옻칠을 하고 요기尿器로 삼음으로써 분을 풀었다. 그래서 노자가 이르기를 "화를 당하게 되는 원인 중에서 만족할 줄 모르는 마음을 갖는 것보다 더 심한 것은 없다."라고 하였다. 우나라의 군주도 굴산屈産 지방에서 기른 명마名馬와 수극垂棘의 옥을 탐하여 충신인 궁지기의 간언도 듣지 않고 진晉에게 길을 빌려줌으로써 자기 나라도 망하고 자신도 피살되는 최후를 겪게 되었던 것이다. 이와 같은 일이 "탐욕보다 더 심각한 과오는 없다."라고 노자가 말한 것의 예증이라 할 수 있다.

나라는 보존될 수 있을 만큼만 되면 정상인 것이며, 때로 어떤 나라가 득세하여 패왕을 칭할 수 있게 되는 것은 특수한 경우이다. 마찬가지로 개인에게 있어서도 생존할 수 있을 정도만 되면 정상이고 크게 부귀해지는 것은 특수한 상황이다. 탐욕으로써 스스로 자신을 해치지 않는다면 나라도 멸망하는 일이 없고, 개인도 죽음을 맞게 되는 일이 없을 것이다. 그래서 노자가 "만족함을 아는 것이 진실로 만족한 상태이다."라고 하였다.

초 장왕이 하옹河雍 지방에서 진晉나라에 승리를 거두었다. 개선하여 승전의 공로가 컸던 손숙오孫叔敖에게 상을 주고자 하였는데, 손숙오는 기이하게도 한수漢水 부근의 모래와 자갈만 있는 척박한 오지를 봉읍으로 받고자 청하였다. 초나라의 제도는 공신에게 봉토를 줄 때 2대에 걸쳐 혜택을 누리게 한 후에는 국가에서 다시 회수하게 되어 있었다. 그러나 손숙오의 봉읍만은 유독 구대九代를 내려가도록 회수하지 않았는데 그 까닭은 그 지방이 몹시 척박한 땅이었기 때문이었다. 그래서 구대의 자손에 이르기까지 그곳의 수익으로 선인들을 제사 지낼 수 있었다. 노자가 "세우기를 잘하였다면 쉽게 뽑히지 않고, 부여안기를 잘하였으면 쉽게 떨어뜨리지 않는다. 자손 대대로 이러한 성취를 계승하게 되므로 선인에 대한 제사가 끊이지 않는다."라고 하였는데, 손숙오가 그러했다고 말할 수 있다.

군주가 나라의 대권을 자신의 손안에 장악하고 있으면 "권세가 중하다."라고 말하고, 자신의 지위를 확고하게 지키는 것을 "안정되다."라고 한다. 권세가 막중하다면 천박한 무리들을 부릴 수가 있으며 지위가 안정된다면 경박한 무리들을 부릴 수가 있다. 그래서 노자가 "무거움은 가벼움의 근본이며 안정은 경박함을 주재主宰한다."라고 하였다. 또 말하기를 "군자는 길을 가는 데 종일 가도 수레를 떠나지 않는다."라고 하였는데, 국가란 곧 군주의 수레와 같은 것이다. 조나라 무령왕은 생전에 그 나라를 막내아들 하何에게 물려주었는데, 이는 수레를 떠나는 행동이었다. 비록 멀리 북쪽으로 대代와 운중雲中의 땅을 차지하는 데 성공하여 연일 주연을 열어 즐겼지만 그는 이미 권세에서 멀리 벗어나 조나라를 통제할 수 없게 되었다. 무령왕은 만승의 대국에서 군주를 지냈으나 스스로 자신을 천하 사람들이 가벼이 여기는 사람이 되게 하였다. 권세가 없으면 "가볍다."라고 말하고, 지위를 떠나면 "경박한 무리"에 지나지 않는다고 할 수 있다. 그래서 결국 신하들에게 사구沙丘의 궁에서 포위된 채 굶어 죽게 되었던 것이다. 노자가 "권세가 가벼우면 신하를 잃고 지위가 안정되지 못하면 군왕의 자리도 잃을 것이다."라고 하였는데, 무령왕의 경우가 이러했다.

엄중한 권세란 군주에게 있어서 마치 물고기가 물을 필요로 하는 것과 같이 중요한 것이다. 군주의 권세는 신하들과의 관계 속에서 엄중해지는 것이므로 한번 잃게 되면 되찾을 수가 없다. 제나라의 간공이 전성에게 권세를 빼앗겼던 경우와 진晉나라 왕실이 육경六卿들에게 권세를 빼앗긴 결과 나라가 망하고 자신도 죽임을 당하지 않았던가! 그래서 노자가 이르기를 "물고기는 물을 떠나서는 안 된다."라고 하였다.

상벌제도를 운용하는 것은 나라를 다스리는 데 아주 유효한 도구이다. 그것이 임금의 손에 쥐어져 있으면 신하들을 제압하고 거느릴 수 있지만, 신하들 손에 장악되어 있다면 군주를 조종하고자 할 것이다. 또 군주가 상을 줄 뜻을 시사하면 신하는 중간에서 몫을 줄여 남에게도 나누어 주며 마치 자신의 은덕인 양 사람들의 환심을 사고자 할 것이다. 반대로 벌 줄 뜻을 미리 비치면 신하는 그 형량을 더 증가시켜 자신의 위세를 과시하고자 할 것이다. 이와 같이 군주가 상 주려는 마음이 신하에게 노출되면 신하는 군주의 권력을 이용하고자 하고, 벌주려는 마음이 간파되면 신하는 군주의 위엄을 빌려 세도를 부릴 것이다. 그래서 노자가 "나라를 다스리는 데 있어서 유효한 도구, 즉 상벌을 남들이 쉽게 볼 수 있도록 해서는 안 된다."라고 하였다.

월나라 구천이 오나라에 패하여 노예나 다름없는 처지로 오왕 부차를 섬기게 되었다. 오왕으로 하여금 제나라를 공격하라고 권유하였는데, 암암리에 오나라를 지치게 하려는 의중을 갖고 있었다. 오나라의 군대는 애릉艾陵에서 제나라를 격파한 후 장강長江과 제수濟水에까지 세력을 넓혔으며, 황지黃池에서는 진晉나라와 세력 다툼을 벌인 끝에 태호太湖에서 상대를 제압할 수 있었다. 그래서 노자는 "상대로부터

무언가를 빼앗고자 한다면 먼저 그의 세력을 확장시켜 주고, 상대가 쇠약해지기를 바란다면 먼저 그를 강하게 해 주어야 한다."라고 하였다.

그와 같이 진나라 헌공도 우나라를 치고자 하였을 때 먼저 그들에게 보옥과 준마를 선물하였다. 지백도 구유仇由의 땅을 취하고자 하였을 때 먼저 그들에게 전차를 선물로 보냈었다. 그래서 상대를 취하려면 먼저 그들에게 베푸는 것이 있어야 한다고 말하는 것이다. 무형無形 중에서 일의 발단을 일으킨다면 천하에서 위대한 공업을 세울 수 있을 것이다. 이것을 일러 미미한 중에서 사건의 발전을 정확히 본다는 뜻으로 "미명微明"이라고 부른다. 세력이 미약한 위치에 처하여 자신을 숙이고 상대를 높이는 것이 곧 "유약함이 강대함을 이긴다."라는 도리이다.

형상을 가진 모든 물체는 어느 것이나 할 것 없이 큰 것은 반드시 작은 것에서부터 자라 이루어졌으며, 장기간의 발전을 거쳐 수적으로 많은 무리를 짓게 된 것은 반드시 소수로부터 모여 이루어졌던 것이다. 그래서 노자가 "세상에서 어려운 일이라 부르는 것은 모두 쉬운 일이 모여 만들어진 것이고, 세상 사람들이 대사大事라고 부르는 일들은 모두 작은 일로부터 만들어진 것이다."라고 하였다. 그러므로 어떤 일이나 사물을 제작하고자 한다면 반드시 가볍고 쉬운 일부터 시작해야 한다. 그래서 노자는 "어려운 일을 이루고자 할 때는 쉬운 일부터 일으켜야 하고, 큰일을 치르고자 한다면 작은 일부터 시작해야 한다."라고 하였다.

몇 리를 뻗어 있는 제방이라 할지라도 땅강아지나 개미의 구멍에 의해 무너질 수 있고 백 척百尺의 높은 누각도 굴뚝에서 날아온 작은 불씨로 잿더미가 될 수 있다. 그래서 백규白圭는 제방을 순시하며 땅강아지와 개미의 조그만 구멍들을 막았으며, 나이 든 노인들은 화재를 방비하기 위해서 굴뚝에 작은 틈이라도 생기면 얼른 보수한다. 그렇게 하였기에 백규는 수화水禍를 당하지 않았고 노인들은 화재를 예방할 수 있었다. 이 모두가 쉬운 일을 조심함으로써 어려운 일을 피할 수 있는 것이며 작은 일을 신중히 하여 큰일로 커지는 것을 멀리할 수 있게 되는 것이다.

편작(扁鵲, 명의名醫의 상징)이 위魏 환후桓候를 배알하였다. 환후를 잠시 바라본 후에 "임금께서는 병을 가지고 계십니다. 지금 피부에 스며들 정도이니 치료하지 않으시면 장차 심해질까 염려됩니다."라고 하자, 환후는 "나에게는 병이 없습니다."라고 하였다. 편작이 방문을 나서니 환후가 말하기를 "의사들이란 모두 이득을 좋아하는 자들로, 흔히 병 없는 사람을 치료해 놓고 자신의 공이라 자랑한다."라고 하였다. 열흘이 지나서 편작이 다시 환후를 알현하고는 "임금의 병환이 이미 살 속으로 침투하였으니 치료하지 않으시면 병이 더욱 깊어질 것입니다."라고 하였다. 환후는 아무 말도 하지 않고 편작이 방문을 나서자 안색에 불쾌한 빛을 나타냈다. 다시 열흘이 지나서 편작은 세 번째로 말했다. "임금의 병은 이미 장과 위에까지 들어갔으니 치료하지 않으시면 위독해질 것입니다." 환후는 역시 아무런 대답도 하지 않고 편작이 방문을 나설 때 몹시 화를 냈다. 편작은 또 열흘이 지나 환후를 보게 되었는데 이번에는 그를 보고 나서 얼른 물러났다. 환후가 사람을 시켜서 편작이 물러나간 까닭을 물어보게 하였다. 편작은 "병이 피부에 막 스며들었을 때는 열기로 천천히 문지르기만 해도 물리칠 수 있습니다. 그런데 일단 살 속으로 들어가면 침을 놓는 치료를 해야 하고, 장과 위에까지 침투하였다면 약을 달여 복용함으로써 고칠 수 있는 것입니다. 그런데 골수에까지 침입하였다면 이는 운명의 신이 관여할 일로 인력으로는 회복시킬 방법이 없는 것입니다. 이제 군주의 병이 골수에까지 침입하였으니 제가 더 이상 치료할 시기를 권유하지 않았던 것입니다." 하였다. 마침내 닷새가 지나자 환후는 전신에 통증을 느껴서 그제야 사람을 보내 편작을 찾았으나 그는 이미 진秦나라로 떠난 뒤였다. 환후는 얼마 안 있어 숨을 거두고 말았다. 그러므로 명의는 병이 피부에 막 진입하려 할 때에 치료하고자 하며, 병이 심해지기 전에 서둘러 제거하려고 한다. 그래서 성인들은 사람의 화禍 역시 질병과 마찬가지로 생각하여 조속히 처리하고자 하는 것이다.

예전에 진晉의 공자인 중이重耳가 망명을 떠나 국외를 떠돌아다닐 때 정나라를 지나게 되었다. 그런데 정나라 군주는 중이를 무시하여 무례하게 대접하였다. 그때 대부인 숙첨이 "이 사람은 현명한 공자입니다. 임금께서는 그를 후대하여 덕을 쌓아 두심이 좋을 것으로 사료됩니다."라고 하였다. 임금이 듣지 않자 숙첨이 또 간언하였다. "만일 그를 후대하시지 않으시려거든 차라리 그를 죽여 없애서 후환이 없게끔 하십시오." 그러나 임금은 이 말도 듣지 않았다. 세월이 흘러 공자 중이는 마침내 진으로 돌아가 군주의 지위에 오르게 되었다. 그는 정나라에서 받은 모욕을 씻고자 군사를 일으켜 공격하여 정의 군대를 대파하며 여덟 개의 성을 점령하였다.

 진 헌공은 수극의 보옥을 미끼로 우나라에 괵을 치러 가는 길을 빌려 달라고 요구하였다. 우나라의 대부 궁지기가 "안 됩니다. 우리와 괵나라는 이(齒)와 입술 같은 관계로 입술이 없으면 이가 시리게 되는 이치와 똑같습니다. 양국이 지금껏 서로를 구원해 온 것은 상대에게 덕을 베풀고자 해서가 아니라 그럴 수밖에 없는 필연적인 정세였기 때문이었습니다. 이제 진나라가 괵나라를 멸망시키게 된다면 다음날로 우나라도 따라서 망하게 될 것입니다."라고 간언하였다. 그러나 우나라 군주는 그의 말을 듣지 않고 보옥을 받고 길을 빌려주었다. 진나라는 괵을 취한 후에 돌아오는 길에 우나라를 쳐 멸망시켰다.

 위의 두 신하는 모두 병을 초기에 치료하고자 하는 의사와 같은 자세였으나 두 군주가 들어주지 않았다. 그러므로 숙첨과 궁지기는 정나라와 우나라에 있어서 명의 편작과 같은 존재였지만 두 임금이 그들의 간언을 듣지 않았던 까닭에 정나라는 전쟁에서 커다란 패배를 당하였고 우나라는 멸망하게 되었던 것이다. 그래서 노자가 "정세가 안정되어 있을 때 유지하는 것이 쉬우며, 또한 변고가 아직 조짐을 드러내지 않았을 때 처방을 계획하는 것이 쉬운 일이다."라고 하였다.

 옛날 폭군 주왕이 상아를 깎아 젓가락을 만들어 쓰니 숙부인 기자箕子가 염려하기 시작했다. 그가 생각하기를, 상아로 된 젓가락을 사용하니 반드시 흙으로 구워 만든 그릇은 사용치 않을 것이며 옥으로 만든 술잔을 사용할 것이다. 상아 젓가락에 옥으로 만든 술잔을 사용하니 채소로만 만든 국은 먹지 않을 것이며 소고기, 표범의 고기와 같은 육식에 진귀한 것만을 먹을 것이다. 또 진귀한 음식만을 먹으니 거친 포布로 만든 짧은 옷은 입지 않을 것이고, 허름한 초가의 움막에서는 식사하려 하지 않을 것이다. 그러니 반드시 비단옷에 구중궁궐이나 고대광실高臺廣室의 훌륭한 집에서 지내려고 할 것이다. 기자는 주왕의 최후가 어찌 될 것인지를 두려워하였기에 처음 상아 젓가락을 만들었을 때 큰 걱정을 하였던 것이다. 그 후 오 년이 지났을 때 주왕은 방탕함이 극에 달하여 육포肉圃와 포락(炮烙. 포격炮格이라고도 하는데 두 가지 뜻이 있다. 하나는 사치한 생활을 가리키며, 또 하나는 혹형酷刑을 일컫는다)을 만들고, 술지게미가 구릉을 이룰 만큼 쌓였으며, 술로

못을 만들어 놓았다. 마침내 상나라는 주왕에 이르러 멸망하고 말았다. 그와 같이 기자는 상아 젓가락을 만드는 것을 보았을 때 이미 천하에 닥쳐올 화를 알았던 것이다. 노자는 "작은 조짐을 간파해 낼 수 있다면 밝은 통찰력을 지녔다고 말한다."라고 하였다.

월왕 구천은 노예나 다름없는 처지로 오나라에 끌려갔을 때 몸에 창검을 갖추고서 오왕을 위해 앞장서서 길을 여는 일도 했었다. 그러한 굴욕을 이겨내어 마침내 고소姑蘇의 땅에서 오왕 부차를 죽일 수 있었다. 문왕은 옥문玉門에서 주왕에게 구금되어 욕을 당하였으나 안색이 조금도 바뀌지 않으며 전혀 원망하는 기색을 띠지 않았다. 그래서 무왕 때 이르러 상나라를 공격하여 목야牧野에서 주왕을 벨 수 있었던 것이다. 그래서 노자가 "유약한 태도를 유지하는 것이 진정한 강함이다."라고 하였다. 월왕 구천이 훗날 패왕이 될 수 있었던 것은 노예와 같은 굴종도 견뎌낼 수 있었기 때문이며, 주 무왕이 천하를 다스릴 수 있게 된 것도 부친인 문왕이 치욕을 인내하였기 때문이다. 그래서 노자가 "성인에게는 치욕이 없다. 왜냐하면 치욕으로 여기지 않기 때문에 치욕이 없는 것이다."라고 하였다.

송나라의 어떤 시골 사람이 큼지막한 박옥璞玉을 발견하여 사성司城 자한子罕에게 바쳤다. 그러나 자한은 받으려 하지 않았다. 그러자 그 시골 사람이 하는 말이 "이 옥돌은 아주 진귀한 보물로 군자를 위한 그릇이 되기에 마땅하지 소인들이 쓰기에는 마땅치가 않습니다." 하였다. 그러자 자한이 "당신은 옥돌을 보물로 여기지만 나는 당신의 보옥을 받지 않는 행위를 보물로 여긴다오."라고 하였다. 이것이 뜻하는 바는 그 시골 사람은 옥돌을 얻길 바라지만 자한은 옥돌 따위를 바라지 않는다는 사실을 말하고 있는 것이다. 그래서 노자는 "남이 욕심내는 것을 바라지 않으며 얻기가 쉽지 않은 물건을 귀하게 여기지 않는다."라고 하였다.

왕수王壽가 책 보따리를 짊어지고 길을 떠났다. 주나라 땅에 이르러 서풍徐馮을 만나니, 서풍이 "일이란 것은 사람의 행위이며 행위라는 것은 시세에 따라 생겨나는 것이다. 시세에 응하여 생기는 것이므로 항상恒常스러운 일이란 존재하지 않는다. 또한 책이란 것은 사람의 말을 기록한 것이며, 말은 지혜로부터 생겨난 것이다. 따라서 지혜로운 사람은 책을 소장할 필요가 없다. 그대만이 유독 책 보따리를 지고 길을 가는 것은 어찌 된 셈인가?"라고 하였다. 왕수는 홀연 깨닫는 바가 있어 즉시 짊어지고 있던 책들을 내려 모두 불살라 버렸다. 그러고는 즐겁게 춤을 추기 시작했다. 이와 같이 밝은 지혜를 가진 사람은 말로써 인도하고자 하지 않으며 총명한 사람은 서적을 갖추며 학습하지 않는다. 서적을 버리는 것에 대하여 세상 사람들은 잘못이라고 여기지만 왕수는 그와 같이 따랐으니 바로 학습하지 않는 방법을 배운 것이다. 그래서 노자는 "학습하기를 끊는다는 것은 세상 사람들이 잘못이라 여기는 길로 가는 것이지만 이를 본받아야 한다."라고 하였다.

만물에는 모두 일정한 성질과 모양이 있으므로 사람은 단지 그러한 특성을 따라 보조와 인도의 작용을 가할 수 있을 뿐이다. 그런 작용을 통해 고요히 안정된 상태를 유지할 때는 덕성을 배양할 수 있고, 움직이며 행동할 때는 도리에 순응할 수가 있다.

송나라의 어떤 사람이 상아를 닥나무楮의 잎사귀처럼 깎아 군주에게 바쳤다. 삼 년이 걸려 완성하였는데, 잎사귀의 크기라든가 잎의 자루, 잎이 연결된 작은 가지 그리고 잎 주위에 삐죽삐죽한 톱니 형상과 짙은 색조가 모두 정교하여 진짜 닥나무 잎들 사이에 섞어 놓고 볼 때 구별해 낼 수 없을 정도로 훌륭하게 만들었다. 그러자 열자列子는 이 일을 듣고 말하기를 "만일 천지자연이 삼 년이 걸려서 한 잎의 잎사귀를 만들어 낸다면 만물 중에서 잎사귀를 갖는 존재는 많지 않을 것이다."라고 하였다. 그러므로 자연으로부터 생성되는 성질을 따르지 않고서 한 개인의 재주와 능력만을 사용하거나 자연으로부터 자라 나온 일정의 수량에 의거하지 않고 한 개인의 지혜를 학습한다면 이런 행위는 모두 닥나무 잎사귀를 인위적으로 만들고자 하는 행동과 다름이 없다.

그렇기 때문에 겨울에 곡식을 심는다면 천하의 후직(后稷. 요 임금이 천하를 다스릴 때 농사를 관장하였던 신하. 죽은 후에 농신農神으로 받들어짐)이라도 풍성하게 수확할 수 없을 것이며, 풍년이 들어 이삭이 여무는 때라면 아무리 재주 없는 노비와 같은 자가 농사를 지었더라도 흉작을 이루지는 않을 것이다. 이로 볼 때 개인의 재능에만 의지한다면 후직이라도 만족스럽지 못한 결실을 볼 것이며, 자연의 도리에 순응한다면 보잘것없는 사람이라도 풍요로움을 누리게 될 것이다. 그래서 노자가 "세상 만물의 자연스러운 발전에 의지할 뿐이며 감히 스스로 조작을 가하지 않는다."라고 하였다.

사람의 몸에 있는 이목구비 등의 공혈은 사람의 정신이

넘나들 수 있는 창이라 할 수 있다. 그러나 귀와 눈이 소리와 색을 분별할 힘을 잃었다든가, 정신이 외계사물에 집중하여 남김없이 소모되었다면 마음이 몸을 주재할 힘을 상실하게 된다. 마음의 주재력을 잃게 되면 비록 화복禍福이 산만큼 커질지라도 이를 식별할 수 없다. 그래서 노자는 "문으로 나가지 않아도 천하의 일을 알 수 있고, 창문을 통하여 밖을 내다보지 않아도 천지간의 도리를 깨달을 수 있게 된다."라고 하였다. 이는 정신이 본래의 자리를 떠나서는 안 됨을 말하고 있는 것이다.

조나라 양자가 왕어기王於期에게서 수레 모는 기술을 배웠다. 오래지 않아 왕어기와 경주를 하게 되었는데 양자는 세 차례나 수레의 말을 바꾸며 겨뤘지만 세 번 모두 졌다. 양자가 왕어기에게 묻기를 "선생이 나에게 수레 모는 방법을 가르쳤는데 기술을 완전히 가르쳐 주지 않으셨지요?" 하니, 왕어기가 대답하기를 "기술적인 면은 모두 가르쳐 드렸습니다. 다만 임금께서 세 번 모두 지신 것은 적용이 잘못되었기 때문입니다. 수레를 모는 데 가장 중요한 점은 말의 움직임이 수레와 일치하여 안정감이 있어야 하고, 자신의 마음이 말의 행동과 조화를 이루어야 하는 것입니다. 그렇게 해야 빠르고 멀리 달릴 수 있는 것입니다. 그러나 방금 임금께서는 저보다 뒤처졌을 때는 저를 따라잡으려고 조바심내고, 잠시 앞서게 되었을 때는 저에게 따라잡히지 않으려고 초조해하셨습니다. 길에서 달리기 경주를 하다 보면 앞설 때도 있고 뒤질 때도 있는 것입니다. 임금께서는 앞서 가거나 뒤처졌을 때 마음이 모두 저에게 집중되었으니 어찌 말을 조종하는 기술이 뜻처럼 되겠습니까? 이러했기 때문에 임금께서 세 차례나 지신 것입니다."라고 하였다.

초나라 태자 건建의 아들인 백공승白公勝은 부친이 정나라의 손에 죽임을 당했으므로 보복을 염원해 왔다. 그런데 오히려 초나라가 정나라를 구원하자 그는 크게 노해 난을 일으키고자 하였다. 조정에서 물러 나와 돌아오는 길에 얼마나 생각에 골똘하였던지 말채찍을 거꾸로 쥐어 채찍 위의 날카로운 부분에 뺨을 찔려 피가 땅 위로 흘러내릴 정도였으나 이를 깨닫지 못하였다. 정나라 사람이 이 이야기를 듣고 말하기를 "자신의 뺨이 다치는지조차 잊을 정도이니 무슨 일엔들 잊고 사는 일이 없겠는가?"라고 하였다. 그래서 노자는 "마음속으로 지나치게 먼 것까지 계산한다면 이해하는 바는 더욱 적게 된다."라고 하였다. 이는 먼 곳에 있는 사물에까지 생각을 동원한다면 가까이에 있는 사물에 대해서는 도리어 빠뜨리는 것이 있게 된다는 말이다. 그래서 성인에게는 영원토록 변치 않는 행위란 없다. 동류同類의 것에 비교하여 알 수 있으므로 노자는 "문밖으로 나가지 않아도 천하의 일을 알 수 있다."라고 하였다. 또한 같은 종류의 사물을 비교해서 볼 수 있으므로 노자는 "창문을 통해 내다보는 일이 없어도 자연의 법칙을 깨달을 수 있다."라고 하였다. 시세의 변화에 따라 일을 일으키고 자연의 성질을 이용하여 공적을 세우면 만물 자체의 능력을 응용하여 그 가운데서 이익을 얻는다. 그래서 노자가 "인위적이고 적극적인 행동이 없어도 이루어 낼 수 있다."라고 하였다.

  초 장왕이 즉위하고 삼 년이 되도록 명령을 내리거나 정무를 처리하는 일이 없었다. 어느 날 우사마右司馬가 왕이 앉아 있는 옥좌의 곁에 시립侍立하고서 뼈가 담긴 수수께끼를 왕에게 들려주었다. "한 마리 큰 새가 남쪽 언덕에 내려와서는 삼 년이 지나도록 날갯짓 한 번 하지 않으며, 날지도 않고 울지도 않습니다. 조용하게 있을 뿐 소리 하나 내지 않고 있으니 이것은 무슨 새이겠습니까?" 하니, 장왕이 말하기를 "삼 년 동안 날갯짓을 안 하니 날개를 장대하게 하고자 함이요, 날지 않고 울지 않는 것은 백성들이 활동하는 생활규칙을 보고자 함이니, 비록 날지 않았을지라도 한번 날아오르면 하늘을 가를 것이며 울지 않았을지라도 한번 울게 되면 뭇사람들을 놀라게 할 것이오. 그대는 더 이상 말하지 말라. 나는 이미 깨닫고 있도다."라고 하였다.

이리하여 반년이 지나자 왕은 그때부터 직접 정무를 처리하였는데 열 명의 신하는 폐출하고 다른 아홉 명은 승진되었다. 다섯 명의 대신을 처형하고 여섯 명의 은사를 등용하니 나라가 크게 다스려졌다. 군대를 일으켜 제나라를 공격하여 서주徐州에서 그들을 격파하였다. 하옹河雍에서는 진晉나라에 승리하니 천하의 제후들을 송으로 불러 모아 맹약을 맺고는 마침내 패왕의 자리에 올랐다. 장왕은 미미한 선행은 행하지 않았으나 그럼으로 크게 명성을 쌓을 수 있었고, 자신의 의도를 계획하는 단계에서 남들에게 내보이지 않음으로써 큰 공을 세울 수 있었다. 그래서 노자가 "큰 그릇은 오래 걸려 이루어지며, 크고 맑은 소리는 흔하게 들을 수 있는 것이 아니다."라고 하였다.

초나라 장왕이 월나라를 정벌하고자 하였다. 장자莊子가 "왕께서 월나라를 치고자 하시는데 무슨 까닭에서입니까?"

라고 하니, 왕이 "월나라는 지금 국정이 문란하여 군사력이 크게 약해지지 않았는가?"라고 하였다. 장자가 말하기를 "사람의 눈은 백 보가 넘는 거리에 놓인 물건은 볼 수 있지만 자신의 눈썹은 볼 수가 없습니다. 만일 지혜가 이것처럼 가까운 일에 대해서 헤아릴 줄 모른다면 그때의 결과가 심히 염려스럽습니다. 대왕의 군대는 진秦과 진晉나라에 의해 차례로 패배를 당하여 몇백 리의 영토를 잃어버렸을 뿐만 아니라 군사력도 크게 쇠약해져 있습니다. 또한 장교莊蹻와 같은 자가 국내에서 난을 일으키고 있는데도 신하들은 이를 진압하지 못하고 있으니 이는 정치적으로도 어지러움을 겪고 있음을 말해 주는 것입니다. 이렇게 볼 때 우리 초나라 역시 나라가 어지럽고 군사력이 쇠약해 있다는 것이며 이와 같은 상황은 월나라보다 결코 가볍다고 볼 수 없습니다. 그럼에도 월나라를 정벌하시고자 하는 것은 앞서 말한 지혜와 눈의 비유처럼 가까운 일을 보지 못하심이 아닌가 생각됩니다."라고 하였다. 장왕은 이 말을 받아들여 월나라를 치고자 하는 일을 그만두었다. 사람들은 남을 파악하는 것은 정확히 하면서도 자기 자신에 대해서는 잘 알지 못하는 경우가 있는데, 바로 여기에 지혜를 활용하는 데 있어서의 어려운 점이 있는 것이다. 그래서 노자는 "자신에 대해서 명확히 볼 수 있다면 이를 지혜로움 중에서도 특히 '밝다明'고 이른다." 하였다.

자하子夏가 증자曾子를 찾아가 만났는데 증자가 "당신은 근래에 왜 이렇게 살이 찌셨습니까?" 하니, 자하가 "최근에 전쟁에서 승리한 일이 있는데 그래서 살이 찌기 시작했습니다."라고 답하였다. 증자가 의아한 듯이 되묻기를 "어찌 된 말씀입니까?"라고 하니, 자하는 "제가 학문儒學의 길에 들어가서 선왕들의 바른 의義를 보게 된다면 곧 커다란 영광이 될 것이며, 세속에 나아가서 부귀의 즐거움을 맛보게 된다면 그 또한 큰 영광일 것입니다. 이 두 가지 생각이 마음속에서 전쟁을 치르고 있는 동안에는 그 승부를 알 수 없는 까닭에 몸이 야위었었습니다만, 지금 선왕의 의를 따르자는 생각이 승리한 까닭에 몸도 살찌기 시작했던 것입니다."라고 하였다. 이것으로 볼 때 사람이 뜻을 품는 데 있어서의 어려움이란 남을 이기는 데 있는 것이 아니라 자신을 이기는 데 있는 것이다. 그래서 노자가 "자신을 이길 수 있다면 진정 '강하다'라고 일컫는다." 하였다.

상나라가 천하를 다스리던 그 말기에 상나라 임금인 주紂

가 신하 교격膠鬲을 시켜 주周나라에 있는 옥판(玉版, 문자를 새기고 왕명이나 계율을 적어두는 데 쓰는 옥석玉石)을 가져오게 하였다. 주나라 문왕은 교격이 왔을 때는 옥판을 주지 않았으나, 다음에 다시 비중費仲이 왔을 때는 그것을 주었다. 그 까닭은 교격은 현명하고 착한 사람이지만 비중은 아첨하는 신하였기 때문이었다. 주 문왕은 현명한 사람이 상나라 주왕에게서 중용되기를 바라지 않았던 까닭에 교격에게 주지 않고 비중에게 주었던 것이다. 문왕이 위수渭水의 강가에서 만난 태공太公을 등용하였던 것은 그를 존중하였기 때문이며, 옥판을 비중에게 주었던 것은 그가 주왕의 마음을 어지럽혀 놓을 수 있는 간신이므로 그의 역할을 아꼈기 때문이다. 그래서 노자는 "스승 되는 분을 귀하게 모시지 않고, 옥판을 가져다 주었던 자를 아끼지 않았다면 비록 스스로 지혜롭다 여길지라도 크게 어리석은 것이니, 이를 일러 지극히 미묘한 도리라 일컫는다."라고 하였다.

二十二.
세림 상

세說란 '유세하다'라는 말이며, 각종 사물이 모여 있으면 수풀과 같다고 하여 '림林'이라 하였다. 곧 무림武林이나 유림儒林의 림과 같은 쓰임이다. 춘추전국시대에 유세가 횡행하던 풍조에서 한비는 유세에 관한 이야기들을 모아 참고가 되게 하고자 하나의 편으로 엮어 '세림說林'이라 명하였다. 편폭의 관계로 상하편으로 나누었을 뿐이며 본 상편에는 서른네 개의 고사故事를 담고 있다.

탕왕은 하왕조를 멸망시키고 상을 건국하였다. 폭군이었던 걸왕을 멸한 직후에 탕왕은 그를 없앤 것이 천하를 차지하고자 하는 탐욕 때문이었다고 세상 사람들이 비난할 것을 염려하였다. 그래서 당시 고고한 선비로서 사람들로부터 덕망을 얻고 있던 무광務光에게 천하를 물려주겠다고 선전하였다. 실제 선전은 그렇게 하였으나 내심으로는 무광이 받을까 봐 은근히 걱정하였다. 이에 남몰래 무광에게 사람을 보내 술책을 펴기를 "탕왕이 임금을 죽여 놓고 선생에게 그 오명汚名을 전가하고자 천하를 양도하겠다는 것입니다." 하면서 받지 말 것을 권고하였다. 무광은 이를 걱정하다가 끝내 강에 뛰어들어 자살하고 말았다.

진秦 무왕이 감무甘武에게 태복(太僕, 궁중을 출입하는 수레나 말을 관장하는 관리)과 행인(行人, 외교적 초빙과 사절을 보내는 일을 담당하는 직책) 중에서 하고 싶은 직책을 택해 보라고 하였다. 맹묘孟卯가 감무에게 귀띔하길 "당신은 태복의 직위를 택하시는 것이 좋겠습니다. 행인이 하는 일에 대해서는 이 나라에서 당신이 가장 적격자이니, 비록 당신이 태복의 자리로 가더라도 왕은 당신을 불러 행인의 일을 보도록 청할 것입니다. 그러니 당신은 태복의 인끈을 허리에 차고 행인의 업무를 보게 될 것인즉, 이러한 선택으로 당신은 두 관직을 동시에 겸임할 수 있는 것입니다."라고 하였다.

자어子圉가 공자孔子를 송나라 태재太宰에게 천거하였다. 공자가 태재를 만나고 나간 후에 자어가 들어와서 자신이 천거한 공자에 대해서 품평을 듣고자 하였다. 태재가 말하기를 "내가 공자를 만나보니 그대는 마치 벼룩이나 이蝨와 같은 소인배로 보이오. 나는 오늘 당장 그를 임금께 천거할 작정이오." 하였다. 그러자 자어는 공자가 임금을 만나 귀하게 등용될 것을 질투하여 태재에게 이렇게 말했다. "만일 임금께서 공자를 보시고 나면 그대 역시 임금께 벼룩 같은 존재로 보일 것입니다." 하였더니 태재 역시 자어와 같은 생각이 들어 그 후로 공자를 다시 만나려고조차 하지 않았다.

위魏나라 혜왕이 구리臼里의 땅에서 각국의 제후를 소집하여 맹약을 맺고는 주 왕실의 천자를 예전의 지위로 회복시키고자 하였다. 팽희彭喜가 한韓나라 군주에게 권고하기를 "임금께서는 그의 말을 따르지 마십시오. 무릇 큰 나라는 세상에 천자가 있는 것을 싫어하며 작은 나라의 경우는 천자가 있으면 하고 바라는 법입니다. 장차 임금께서는 큰 나라와 가까이 지내면서 이번 일에 협조하지 않는다면 위나라가 어찌 소국들만을 규합하여 천자의 지위를 회복시킬 수 있겠습니까?"라고 하였다.

진晉나라가 약소국인 형邢나라를 공격하니 제나라의 환공이 형을 구원하고자 하였다. 환공의 모사謀士인 포숙鮑叔이 그에게 간언하기를 "너무 이릅니다. 형은 아직 망하기엔 시간이 좀 더 걸리며, 공격하고 있는 진도 아직 지치지 않았습니다. 진나라가 지치지 않으면 우리 제도 쉽게 적을 물리치기 어렵습니다. 또한 위급한 나라를 구원하는 것보다는 멸망한 나라를 다시 회복시켜 주는 것이 더 큰 은덕입니다. 대왕께서는 구원을 좀 늦추시고 공격해 온 진나라가 피곤해질 때를 기다리심이 좋을 것입니다. 이럴 때 실리가 가장 크며, 형나라가 망하기를 기다려 그때쯤에 비로소 나라를 다시 세울 수 있도록 도와준다면 천하가 우러르는 명성을 얻게 될 것입니다."라고 하였다. 환공은 이 말을 따라서 형나라에 구원군을 보내지 않았다.

오자서가 초나라에서 수배를 피하여 타국으로 빠져나가는 중에 변경 수비병에게 체포되었다. 그러자 오자서는 그 군사에게 이렇게 말했다. "초나라 왕이 나를 잡고자 하는 것은 내가 진귀한 보석을 가졌기 때문이다. 지금 나는 그 보석을 잃어버렸는데 그대가 나를 체포하여 왕에게 넘긴다면 나는 왕에게 '그대가 내 보석을 가져가 삼켰다'고 말할 것이오. 그러면 초왕은 그대의 배를 가르고 말 것이오." 하니, 그 병사는 오자서의 속임수에 속아 자신이 죽을 것을 두려워하여 그를 놓아주었다.

경봉慶封이 제나라에서 난을 일으키다 실패하고는 월나라로 피난을 떠나고자 하였다. 그의 가족 중의 한 사람이 "진晉나라가 가까운데 어찌 그리로 피하지 않으시오?" 하니 경봉이 "월나라는 멀리 있으니 화를 피하기에 가장 안전하다."라고 하였다. 그러자 가족의 한 사람이 다시 "당신의 그 마음만 고친다면 진에서 살아도 무방할 것이오. 하지만 반란을 일으켰던 그 마음을 고치지 않는 한 월나라가 멀리 있다 한들 어찌 안전할 수 있겠소?"라고 하였다.

지백이 위魏의 선자에게 영토를 떼어 내놓으라고 요구하였는데 선자는 이유 없이 주고 싶지 않았다. 그러자 임장任章이 그에게 "어째서 지백에게 주려고 하지 않으십니까?" 하니, 선자가 "아무런 까닭 없이 강제로 영토를 분할해 달라고 하니 어찌 주고 싶겠는가?"라고 하였다. 임장이 말하기를 "이유 없이 땅을 달라고 하는 것을 보고 이웃의 다른 나라들은 모두 그를 두려워할 것입니다. 또한 그는 욕망이 너무 커서 만족할 줄 모를 것이니 계속 다른 나라의 땅을 요구할 것입니다. 그러므로 임금께서는 그에게 땅을 떼어 주십시오. 지백은 반드시 교만해져서 적을 경시하게 될 것이며, 이웃의 국가들은 모두 그가 두려워 그들끼리 서로 가까워질 것입니다. 이렇게 서로 가까워진 국가들이 연합하여 상대를 경시하는 국가와 대적한다면 지백의 목숨은 머지않아 다할 것입니다. 옛날 《주서周書》에 이르기를 '훗날 상대를 패배시키고자 한다면 우선 잠시 그를 도와줄 것이요, 또한 상대를 쳐부수고 취하고자 한다면 먼저 그가 요구하는 바를 주어야 한다.' 하였습니다. 임금께서는 그에게 땅을 주시어 그를 교만하게 만드셔야 합니다. 임금께서는 어째서 이런 방법, 곧 천하의 군사를 이끌고 지백을 쳐부수는 방법을 버리시고 우리 위나라로 하여금 홀로 지백의 공격을 받는 목표가 되게 하려 하십니까?" 하였다. 이에 선자는 "그대의 말이 옳소." 하고는, 만호萬戶의 백성이 사는 큰 지역을 지백에게 주었다. 지백은 아주 즐거워하며 다시 조나라에게 땅을 달라고 요구했다. 조나라가 불응하자 지백은 군대를 이끌고 쳐들어와 조의 진양晉陽을 포위하였다. 그러나 얼마 후 한, 위 두 나라가 등을 돌려 지백을 외부에서 공격하고 포위되었던 조나라의 군사들이 성을 나와 마주 공격하니 지백은 마침내 망하고 말았다.

진秦 강공康公이 누대樓臺를 세우고자 공사를 일으킨 지 삼 년이 되도록 완공을 하지 못하고 있을 때, 초나라가 군대를 일으켜 제나라를 치고자 한다는 소문이 돌았다. 임망任妄이 강공에게 말하기를 "나라에 기근이 들면 외국의 침략을 불러오게 되며, 나라에 질병이 돌아도 그렇게 됩니다. 자연적인 재난에서뿐만 아니라 정치적으로도 침략을 초래하는 경우가 있는데, 백성들을 동원하여 노역을 심하게 시킨다거나 정치적인 혼란이 있으면 역시 외적의 침략을 불러오게 됩니다. 왕께서 누대를 세우고자 삼 년을 끌어온 지금 초나라가 군대를 일으켜 제를 친다고 하는 것은 신이 보건대 소문일 뿐이며 실상은 우리 진을 침공하는 것이 그 목표라고 생각됩니다. 이에 대한 방비를 서두르심이 가할 것이옵니다."라고 하였다. 이에 강공이 동쪽의 변경을 수비하도록 명하니 초나라가 제를 친다고 하던 움직임을 멈추었다.

제나라가 송을 공격하니 송나라는 장손자臧孫子를 시켜 남으로 가서 초나라에 구원을 요청토록 하였다. 초나라 왕은 구원을 요청하는 말을 듣고 아주 반가워하며 즉석에서 힘껏 송나라를 돕겠다고 응낙하였다. 장손자가 귀국하는 중에 시종 어두운 안색을 펴지 못하니 그의 수레를 모는 신하가 물었다. "이제 구원군의 약속을 얻어냈는데, 선생께서는 아직도 온 얼굴이 근심으로 가득하시니 어찌 된 영문입니까?" 하자 장손자가 "송나라는 작으나 제나라는 대국이다. 작은 송나라를 구원하는 것은 대국인 제나라의 미움을 살 것으로, 이는 세상의 모든 사람들이 우려하는 일로서 숙고하여 결정할 일이거늘 초나라 왕은 도리어 흔쾌히 여기며 즉시 허락하였다. 이러한 태도의 저의는 우리로 하여금 완강히 저항토록 만들려는 것이며, 우리가 결사적으로 저항하여 제나라를 지치게 한다면 이것이 곧 초나라에 이로운 일이 되기 때문이다."라고 대답하였다. 장손자는 송으로 돌아갔고, 얼마 후 제나라는 송의 다섯 성을 점령하였으나 끝내 초나라의 구원군은 이르지 않았다.

위魏 문후文侯가 조나라의 길을 빌려 중산中山을 공격하고자 하였다. 조 숙후肅侯는 이를 허가하지 않으려는데, 조각趙

刻이 말하기를 "주군께서는 잘못 생각하고 계십니다. 위나라가 중산을 공격하여 성공치 못한다면 반드시 지치게 될 것이며, 위나라가 지쳐서 힘이 약해진다면 이는 상대적으로 우리 조나라의 힘이 강해지는 것입니다. 반대로 위나라가 중산을 공격하여 목적을 이루었을 때는 조나라를 넘어 다니며 중산의 땅을 통치할 수 없으므로 결국 힘들여 군사를 사용한 것은 위나라이지만 이득을 얻는 것은 우리 조나라인 것입니다. 주군께서는 그들에게 조나라의 영내를 통과해도 좋다고 허가해 주십시오. 하지만 너무 즐거운 듯이 허락하셔서는 안 됩니다. 그러면 저들도 일의 결과가 조나라의 이득임을 깨닫고서 행동을 멈출 것입니다. 주군께서는 길을 빌려주되, 양국 간의 우호협력을 위해 힘들게 응낙하는 것처럼 행동하셔야 합니다."라고 하였다.

치이자피鴟夷子皮가 전성자를 섬겼다. 전성자가 제나라를 떠나 연나라로 도피의 길을 떠나고 있는데 치이자피가 관문關門의 통관을 허가하는 증명을 등에 지고 뒤쫓아왔다. 함께 길을 가다가 마을이 내려다보이는 곳에 이르렀을 때 자피가 전성자에게 말했다. "선생께서는 연못이 마르면 거기에 살던 뱀들이 옮겨 간다는 이야기를 들어보신 적이 있으십니까? 연못의 물이 모두 말라 버리면 물뱀들은 다른 곳으로 이주해야 하는데, 그때 한 마리 작은 뱀이 큰 뱀에게 이렇게 말했습니다. '네가 앞장서서 가고 내가 뒤를 따라가면 사람들이 그저 평범하게 뱀이 지나가는구나 하고 여기며 너를 잡아 죽이려 할 것이야. 그러나 네가 나를 등에 업고 내가 너의 머리를 물고서 길을 지나가면 사람들은 보고 놀라며 나를 신군神君이라 여길 것이야. 감히 우리를 죽이지 못하겠지.' 하여 그들은 작은 뱀의 말을 따라 큰 뱀이 작은 뱀을 업었습니다. 사람들이 다니는 큰길을 지날 때에도 그것을 본 사람들은 신군이 지나간다고 말하며 얼른 길을 비켜 주었답니다. 지금 선생께서는 외관이 당당하고 저는 초라한 모습입니다. 만일 선생께서 저를 빈객賓客으로 삼고 있는 그대로를 보이면 남들은 선생을 그저 천승지군千乘之君으로밖에 보지 않을 것입니다. 그러나 선생께서 저의 시종인 것처럼 꾸며 보인다면 사람들은 저를 만승지국萬乘之國의 재상으로 받들 것입니다. 그러니 잠시 인내하시고 저의 시종이 되십시오." 전성자는 그의 말에 수긍하고 자피의 시종인 듯 역할을 바꾸어 통관 허가증도 자신의 등에 졌다. 과연 여관에 다다르니 주인은 그들을 아주 공경스럽게 대하며 그들에게 온

갖 술과 고기를 내다 바쳤다.

온溫 지방의 사람이 주 왕실의 수도인 낙양洛陽에 들어가려 하였다. 주나라 사람들(여기서 주나라 사람이란 주 왕실에서 직접 관할하는 경기京畿 지방에 살고 있는 사람으로 한정)은 그가 외부에서 온 사람이므로 받아들이려 하지 않았다. 한 사람이 그에게 "그대는 외부인이지 않은가?" 하고 물으니 "아니다. 주周의 사람이다." 하고 주장하였다. 이에 어디에 사는지 거주지를 물었으나 대답하지 못하였으므로 관리들이 끌어다가 옥에 가두었다. 주나라 천자가 사람을 시켜 그를 심문하여 말하기를 "그대는 주나라 사람이 아니면서도 외부인이 아니라고 고집하고 있으니 어찌 된 까닭인가?" 하니, "소신이 어려서 시詩를 외운 것이 있는데 한번 외워 보겠습니다. '온 하늘 아래에 천자의 땅이 아닌 것이 없고, 땅 끝에서 안쪽으로 천자의 신하 되지 않은 자 없네.'라고 하였습니다. 지금 임금께서는 천자이신즉, 저는 천자의 신하이지 어찌 한 개인의 신하일 수 있으며 외부인이란 말씀입니까? 그래서 주의 사람이라고 했던 것입니다."라고 하였다. 이에 천자는 그를 풀어 주었다.

한韓 선왕宣王이 규류樛留에게 이르기를 "나는 공중公仲과 공숙公叔 두 사람을 모두 등용하고 싶은데, 어떻게 생각하오?" 하니, 규류는 "안 됩니다. 지난날 진晉나라가 육경六卿을 두었다가 나라가 여섯 조각이 났고, 제나라에서는 전성과 감지를 동시에 등용했다가 간공簡公이 피살되었습니다. 위나라에서도 서수犀首와 장의張儀를 함께 중용하였다가 서하西河 밖의 지역을 잃었습니다. 만일 왕께서 공중과 공숙 두 사람을 함께 등용하신다면, 그중 세력을 키운 자는 당파를 만들 것이고 힘이 작은 쪽은 외세를 끌어들일 것입니다. 그렇게 되면 그 밑의 신하들도 당파에 들어가 군주를 속이는 자가 나올 것이고, 혹은 국외로 외세와 결탁하여 나라의 영토를 남의 나라에 떼어 넘기는 일을 벌일 것입니다. 그 결과 왕의 국가는 큰 위험에 빠지게 될 것입니다."라고 하였다.

소적매紹績昧가 술에 취하여 곯아떨어졌다가 자신의 가죽옷을 잃어버렸다. 송나라 임금이 그에게 "술에 취하여 가죽옷을 다 잃어버릴 수 있느냐?" 하고 물으니 "걸왕은 술에 취해 나라를 잃었는데 가죽옷 잃은 정도야 뭐 대단하겠습니까? 《강고康誥》에 이르기를 '무이주毋彝酒'라 하였는데 이는 늘 술을 마시지 말라는 말입니다. 계속 술만 마시다가는 천자는 천하를 잃고, 일반 백성은 자신의 몸을 잃게 될 것입니다."라고 하였다.

관중과 습붕이 제 환공을 따라 종군하여 고죽국孤竹國을 정벌하였다. 봄에 떠났던 원정길이 어느덧 계절이 바뀌어 겨울이 되니 지리에 익숙지 못한 타지에서 그들은 그만 길을 잃고 말았다. 관중이 제안하기를 "늙은 말의 지혜를 한 번 써 봅시다." 하여 늙은 말을 풀어 놓고 그 뒤를 따라가니 마침내 길을 찾을 수가 있었다. 또 그곳은 산악지대여서 한참을 가도 보충할 물이 없었다. 이번엔 습붕이 "개미는 겨울에 산의 양지쪽에 살고 여름에는 음지쪽에 산다고 들었습니다. 개미집의 밖에 쌓인 흙이 일 촌一寸 정도일 때, 칠 척七尺 정도 파 들어가면 물이 있다고 합니다." 하여 개미집을 찾아 땅을 파 보니 과연 물이 나왔다. 관중의 총명함과 습붕의 지혜로도 해결할 수 없는 일을 만나니, 늙은 말이나 개미일지라도 그들의 지혜를 섬기는 데 주저하지 말아야 한다. 그러나 지금의 사람들은 자신들의 어리석은 마음은 알지 못하면서 관중과 습붕 같은 성인들의 지혜만을 본받고자 하니 어찌 잘못됐다 하지 않을 수 있겠는가?

불사不死의 약을 초나라 왕에게 바친 사람이 있었다. 알자(謁者, 군주를 알현하는 데 관계된 일을 맡아보는 신하)가 그 불사약을 받들고 왕의 처소로 들어가는 중이었다. 도중에 중사지사(中死之士, 궁중에서 사례射禮의 일에 종사하는 신하)가 보고 "먹어도 괜찮은 것이냐?" 하고 물으니 "그렇다."라고 하자 빼앗아 그 약을 먹었다. 왕은 크게 노하여 사람을 시켜 중사지사를 사형에 처하라고 하였다. 중사지사는 다른 사람에게 부탁하여 왕을 설득시키고자 이렇게 말했다. "신이 알자에게 '먹어도 괜찮은 것이냐?(자신이 먹어도 되느냐는 뜻으로 물었음)'라고 물었더니 '먹어도 된다'라고 하여 신이 먹었던 것입니다. 신에겐 죄가 없으며 죄가 있다면 알자가 죄를 지은 것입니다. 그리고 불사약이라고 바친 것을 신이 먹었는데 왕께서 저를 죽이신다면 이 약은 결국 사약死藥이나 다름없는 것이니 이 또한 약을 바친 자가 왕을 속인 것입니다. 죄 없는 저를 죽여서 왕께서 속으신 것을 세상에 밝히기보다는 저를 석방해 주심이 좋지 않겠습니까?" 하니 이에 왕은 그를 풀어 주었다.

전사田駟가 추국鄒國의 군주를 속인 일이 있었다. 임금이 그를 처형하려고 하자 전사는 두려워서 혜자(惠子, 전국시대의 학자인 혜시惠施로 변론에 뛰어나며 장자와도 교분이 있었다. 공손룡과 함께 명가名家를 대표하는 사람으로 꼽힌다)에게 가 사실을 말하고 도움을 청했다. 혜자가 임금을 만나서 말하기를 "어떤 사람이 임금을 뵈옵는데 한쪽 눈을 감고 있다면 임금께서는 어찌하시겠습니까?" 하니 임금은 "반드시 그를 처형할 것이다."라고 대답하였다. 혜자가 다시 묻기를 "궁중에서 음악을 관장하는 악관의 두 눈은 감겨 있는데 임금께서는 왜 그를 죽이지 않으십니까?" 하니 "그들은 원래 장님이니 눈을 감을 수밖에 없다." 하였다. 혜자가 말하기를 "전사는 동쪽으로 가서 제나라 임금을 속이고 남쪽으로 가서는 초나라 임금을 속였는데, 그에게 있어서 남을 속이는 것은 악관의 두 눈과 같이 어쩔 수 없는 것입니다. 임금께서는 어찌 그만을 원망하십니까?" 하고 유세하였더니 추나라 임금은 전사를 죽이지 않았다.

노魯 목공穆公이 여러 공자公子들로 하여금 누구는 진晉에 가서 벼슬을 하고 누구는 초에 가서 관리가 되게 하였다. 그것은 국가가 위급할 때 구원을 쉽게 얻을 수 있도록 하려는 의도였다. 여서犁鉏가 왕에게 "어떤 사람이 물에 빠진 아들을 구하기 위해 월나라에 가서 수영 잘하는 사람을 불러온다 해도 그 아들은 살지 못할 것입니다. 불을 끄고자 바다에 가서 물을 퍼 오려고 한다면 바다의 물이 아무리 많다고 해도 불을 끌 수가 없는 것입니다. 멀리 있는 물로는 가까이 있는 작은 불조차 끌 수 없기 때문입니다. 지금 진과 초가 비록 강대하다고는 하지만 가까이에 있는 것은 제나라로 우리 노나라가 불을 끄지 못할까 염려되는 바입니다." 하였다.

한韓의 재상 엄수嚴遂가 주나라의 임금을 미워하였다. 그래서 주의 임금의 두려워하고 있었는데 풍저馮沮가 임금에게 진언을 올려 이렇게 말했다. "엄수는 한나라의 재상이며 한괴韓傀는 한나라 임금의 총애를 받고 있는 자입니다. 자객을 보내 한괴를 암살한다면 그 임금은 반드시 엄수의 소행이라고 여길 것입니다."

장견張譴이 한나라의 재상을 지내다가 병이 들어 죽음이 임박하였다. 공승무정公乘無正이 황금 삼십 근을 품고 가 장견에게 바치면서 문병을 하였다. 한 달쯤 지났을 때 한나라 임금이 장견을 찾아와 "만일 그대가 죽는다면 누구를 그대의 후임으로 두는 것이 좋겠소?" 하니 "공승무정은 법도를 잘 받들면서 주상을 어려워하며 잘 공경하리라고 생각됩니다. 그렇기는 하지만 공자 이아食我가 백성들의 민심을 얻고 있으므로 이아가 낫다고 봅니다."라고 대답하였다. 장건이 죽은 후 한나라 임금은 공승무정을 재상으로 삼았다.

악양樂羊이 위魏나라의 장군이 되어 중산中山을 공격하였다. 그러나 그의 아들이 그때 중산의 땅에 있었기에 중산의 임금은 그의 아들을 삶아서 국을 만들어 악양에게 보냈다. 악양은 막사 안에서 그 국을 받아 놓고 앉아서 맛보다가 한 그릇을 다 먹었다. 그 소식을 들은 위 문후가 도사찬堵師贊에게 "악양은 나를 위하여 자기 아들의 육신을 먹었구려." 하였더니, "자기 자식조차 기꺼이 먹는 자이니 그 누구인들 못 먹는 것이 있겠습니까?"라고 하였다. 악양이 마침내 중산을 파하고 돌아오니, 위 문후는 그의 공에 대해서 상을 내리기는 하였으나 내심 그를 두려워하며 의심하기 시작했다.

노나라 맹손孟孫이 사냥을 나가서 작은 사슴을 사로잡았다. 진서파秦西巴로 하여금 먼저 가지고 돌아가라고 명했는데 작은 사슴의 어미가 계속 뒤따라오며 울부짖었다. 진서파는 마침내 참을 수가 없어서 새끼를 어미에게 돌려주고 말았다. 맹손이 막 돌아와서 사슴을 찾으니 진서파가 대답하였다. "어미 사슴이 뒤따라오며 슬피 울기에 저도 더 이상 참을 수 없어서 새끼를 어미에게 돌려보냈습니다." 하였더니, 맹손은 몹시 화를 내면서 진서파를 쫓아냈다. 석 달이 지났을 때 맹손은 그를 다시 불러다 자식의 스승으로 삼았다. 맹손의 수레를 몰면서 가까이 모시는 신하가 물었다. "지난번엔 그에게 벌을 주시더니, 오늘은 불러서 아드님의 스승으로 삼으시니 어찌 된 일입니까?" 하니, "어린 사슴의 괴로움을 차마 보지 못하고 놓아주었으니 내 아들이 혹시 괴로움을 겪을 때 이를 그냥 지켜볼 위인이 아닐 것이라 생각해서였네."라고 대답하였다. 그래서 말하기를 교묘한 술책을 부리는 것은 우직한 성실함만 못하다고 한다. 악양은 공을 세웠음에도 의심을 받았지만, 진서파는 죄를 얻고서도 더욱 신임을 받게 되었던 것이다.

증종자曾從子는 검劍을 잘 감별하는 능력을 가진 사람이었다. 위衛나라 임금이 오나라 왕을 미워한다는 것을 알고 위나라 임금을 찾아가 말하기를 "오왕이 보검을 좋아한다고 합니다. 소신은 보검을 감별하는 자이니 제가 오나라에 가서 검을 감별해 준다고 하고서는 검을 뽑아 들고 잠시 훑어보다가 기회를 노려 오왕을 찌르겠습니다."라고 하였다. 그러나 위나라 임금은 "그대가 이 일을 하겠다고 하는 것은 정의正義를 따져서가 아니라 이득이 생기기 때문에 한다는 것이 아니겠는가. 하지만 오나라는 강하고 부유하며, 우리 위는 약하고 가난하니 그대가 오나라에 갔다가는 도리어 오왕을 위해서 그대의 계책을 내게 사용하러 오지 않을까 나는 그것이 염려되오." 하고는 그를 쫓아냈다.

주왕紂王이 상아 젓가락을 만드니 기자가 훗날을 걱정하기 시작했다. 그가 생각하기에 상아 젓가락을 쓰니 반드시 흙으로 빚은 그릇에는 죽을 담지 못하게 할 것이요, 그런즉 물소의 뿔이나 옥으로 만든 잔과 그릇을 만들라 할 것이었다. 옥으로 만든 그릇에 상아 젓가락을 사용하는 사치를 부리니 반드시 거친 음식, 채소는 그릇에 담지도 못하게 할 것이요, 그런즉 들소 고기와 표범의 태아 같은 진귀한 고기만을 찾을 것이다. 그같이 진귀한 고기만 먹으니 짧은 홑옷이나 백성들이 지내는 움막 같은 가옥은 멀리할 것이 분명하며, 반드시 비단옷을 입고 첩첩 궁원에 고대광실 좋은 집에서만 살고자 할 것이다. 이런 식으로 커져 간다면 천하에 있는 어떤 진귀한 것들도 그의 욕망을 채워 주지 못할 것이다. 성인은 잠재되어 있는 미세한 요소를 보고도 그것이 앞으로 드러날 모습을 미리 알며, 일의 서단緖端만 보고서도 장래의 결과를 예측할 수 있다. 그런 까닭에 상아 젓가락을 보고 두려워하기 시작했던 것이니, 천하의 어떤 진귀한 것도 그를 만족시켜 주지 못할 것임을 알았던 것이다.

주공周公 단旦이 어린 성왕成王을 대신하여 섭정攝政을 하고 있을 때 옛 은나라의 후예들이 난을 일으켰다. 주공은 난을 주도했던 무경武庚을 진압하고 장차 반군의 근거지인 상개商蓋를 공격하고자 하였다. 그러자 신공갑辛公甲이 "대국은 공격하기 어렵습니다. 대신 작은 나라들은 복속하기 쉬우니 소국들을 여럿 복종시켜 대국을 위협하는 것이 좋겠습니다."라고 하였다. 이에 방향을 바꾸어 회하淮河 부근의 아홉 이족夷族들을 공격하니 상개도 마침내 항복하고 말았다.

주왕紂王이 밤낮을 가리지 않고 며칠 동안 술자리를 벌였다. 환락에 빠져서 날짜를 잊어버렸기에 좌우의 사람들에게 물었으나 아무도 아는 자가 없었다. 이에 사람을 보내 기자에게 물어보게 하였다. 기자는 자기의 시복侍僕에게 "천하의 주인이 제위에 있으면서 온 천하의 사람으로 하여금 시일時日을 잊게 하였으니 머지않아 온 천하가 위태로울 것이다. 천하 사람들이 모두 날짜를 알지 못하는데 나만이 알고 있으면 나 자신이 위험해질 것이다. 너는 가서 나 역시 술에 취해 알지 못한다고 일러라." 하였다.

노나라 사람 중에서 자신은 비단신을 잘 만들고, 그 아내는 비단을 잘 뽑아내는 기술을 가진 부부가 있었다. 그들이 장차 월나라로 이주하려고 하는데 누군가 그들에게 말했다. "그대는 반드시 궁핍하게 될 것이오." 그러자 비단신을 잘 만드는 그 사람이 "어째서 그렇소?" 하고 물으니, "신이란 것은 발에 신고 다니는 것인데 월나라 사람들은 맨발로 다니며 비단 모자는 머리에 쓰는 것인데 그 사람들은 머리카락을 짧게 자르고 산다오. 그러니 당신의 기술이 아무리 뛰어나다 한들 그런 물건을 사용치 않는 나라에 가서 살고자 하니 가난하게 살지 않고자 해도 뜻대로 되겠습니까?"라고 하였다.

진진陳軫이 위왕魏王에게 중용되자 혜자가 그를 만나 이렇게 말했다. "반드시 좌우 측근들의 비위를 거스르지 마시오. 무릇 버드나무는 옆으로 심어 놔도 죽지 않고, 거꾸로 심어도 죽지 않으며, 꺾어서 심어 놔도 잘 자라는 나무라오. 그러나 열 사람이 다니며 나무를 심어도 한 사람이 따라다니며 뽑아 놓으면 살 수 있는 나무는 한 그루도 없을 것이오. 그와 같이 열 사람의 무리로 생명력이 강한 나무를 심는데도 한 사람을 이기지 못하고 나무를 죽이게 되는 것은 어찌 된 까닭이겠소? 나무를 심는 것은 어려우나 뽑는 것은 쉽기 때문이라오. 그대가 비록 왕의 앞에서 자신의 면모를 심은 것은 잘하였지만 그대를 뽑아내고자 하는 자들이 많아진다면 그대는 반드시 위태로워질 것이오."

노나라 계손季孫이 막 노의 임금을 시해하였을 때 오기가 그의 밑에서 벼슬을 하게 되었다. 어떤 사람이 오기에게 "사람이 막 피살되었을 때면 선혈이 흐르고, 그렇게 피가 흐르고 나면 부패하기 시작한다. 부패하게 되면 머지않아 재로 변할 것이요, 재는 다시 흙으로 변할 것이다. 흙으로 변한 뒤에는 숭배받을 수 없게 된다. 이제 계손이 임금을 시해하여 방금 선혈이 흘러내렸는데, 이 일이 어떻게 결말이 날는지 알 수 없으니 염려되는 바이오."라고 하였다. 오기는 이 말을 받아들여 노나라를 떠나 진晉나라로 갔다.

제나라에서 벼슬을 하던 습사미濕斯彌가 당시 제의 실권을 쥐고 있던 전성자를 알현하였다. 전성자는 그를 데리고 누대에 올라가 사방을 둘러보며 경치를 관망하였다. 그 누대에서 삼면으로는 모두 시야가 탁 트인 것이 전망이 아주 좋았으나, 남쪽을 내려다보았을 때 습사미의 집 방향은 나무 숲에 가려서 그의 집이 보이지 않았다. 전성자는 아무 말도

하지 않았으나 습사미는 집으로 돌아오자 사람들을 시켜 나무들을 베라고 하였다. 도끼로 몇 차례 내려쳐서 나무 밑동이 좀 파였을 때 습사미는 다시 명하여 나무 베는 일을 중지시켰다. 그의 가신家臣 중 한 사람이 "어찌하여 또 갑자기 명을 바꾸십니까?" 하였더니, 그가 "예부터 이런 속담이 있지 않은가. 연못 속의 물고기를 눈으로 다 헤아려 셈할 수 있으면 상서롭지 못하다 하였거늘, 요사이 전성자가 대사大事를 꾸미고 있는데 내가 그를 보고서 마음속의 은밀한 것을 읽어낸다면 필경 내 일신에 위험이 닥치지 않겠는가? 나무를 베지 않은 것은 죄 될 것이 없으나, 남이 말하지 않은 것을 알고 있다면 그 죄는 심각할 것이다."라고 하면서 더 이상 나무를 베지 못하게 하였다.

양자(楊子. 양주楊朱일 것으로 추측됨. 전하는 사적은 거의 없으나 '이기설利己說'을 주장하였다고 한다)가 송나라의 동쪽 지방을 지나가다가 여관에 묵게 되었다. 그 주인에게는 두 명의 첩이 있었는데, 못생긴 여자는 귀하게 대접을 받고 잘생긴 여자는 반대로 누추한 차림새로 보아 천시받고 있는 것 같았다. 이에 양자가 그 까닭을 물으니, 그 여관의 주인이 "잘생긴 여자는 스스로 미인이라 생각하지만 나는 그가 잘생겼다고 생각지 않으며, 못생긴 여자는 스스로 못생겼다고 하나 나는 그가 못생겼다고 여겨지지 않은 까닭이오."라고 하였다. 양자는 깨닫는 바가 있어 자신의 학생들에게 "행동과 처신이 현명하면서 스스로가 현명하다고 자만하는 마음을 버릴 수 있다면 어디를 간들 미명美名을 얻지 못하겠는가?"라고 훈시하였다.

위衛나라 사람 중에 자신의 딸을 시집보내면서 이렇게 일러주는 사람이 있었다. "시집을 가서도 꼭 네 앞으로 재물을 따로 모아 두는 것이 있도록 하여라. 남의 집에 시집갔을 때 내쫓기는 것이 대부분이며, 해로偕老토록 남편과 함께 사는 것은 요행일 뿐이란다." 그의 딸은 시집을 가서 아비의 말대로 남몰래 재산을 모았다. 결국 이를 본 시어머니가 사사로이 재물을 끌어모은 것이 많다고 하여 내쫓고 말았다. 딸이 친정으로 돌아올 때 가지고 온 재물이 처음 그녀가 출가할 때 마련해 갔던 혼수의 배나 되었다. 그 아비는 자신이 딸에게 잘못을 가르친 데 대해 반성하기는커녕, 딸이 아주 총명하다고 기뻐하며 이전보다 더 부자가 되었다고 좋아했다. 지금 세상의 신하들 중에 관직을 맡고 있는 자들은 모두 이와 같은 무리들인 것이다.

노단魯丹이 중산中山의 임금을 세 차례나 만나 유세하였지만 그의 의견은 받아들여지지 않았다. 그래서 그는 황금 오십 근을 풀어서 왕의 측근들에게 나누어 주었다. 얼마 후 다시 왕을 만나니 아직 아무런 말도 꺼내지 않았는데 왕은 그에게 술과 음식을 내오게 하였다. 노단은 알현을 마치고 나오며 숙소에 들르지도 않고 바로 중산을 떠났다. 도중에 그의 수레를 모는 하인이 "연속으로 알현하여 왕이 겨우 알아주기 시작하였는데 무슨 까닭에 이렇게 떠나십니까?" 하고 물으니, "무릇 남의 말에 의해 나를 잘 대우하였다면 반드시 또 남의 말을 듣고 나에게 죄를 줄 것이다."라고 하였다. 아직 국경을 빠져나가지 못하였는데, 중산의 한 공자가 그를 모함하여 말했다. "그는 조나라를 위하여 우리 중산을 정탐하러 왔었을 것입니다." 하였더니 중산의 임금은 그 말을 듣고 노단을 체포해 죄를 다스렸다.

전백정田伯鼎은 모사謀士들을 거느리기 좋아하였기에 그들의 힘을 모아 자기가 섬기던 군주를 구하고 보존할 수 있었다. 초나라의 백공승白公勝 역시 모사와 무사武士들을 길렀는데, 그는 반대로 난을 일으켰다. 두 사람은 똑같이 선비들을 거느리기 좋아했으나 그들을 쓰고자 한 뜻은 서로 달랐다.

공손지公孫支는 자신의 발을 스스로 자르면서까지 백리해百里奚의 아들 백리시百里視를 천거하였고, 수조豎刁는 스스로 거세하면서까지 출세하고자 하여 결국 환관의 신분으로 제환공의 총애를 받았다. 스스로 자신의 몸을 상하게 했던 행동은 같았으나 그 둘의 의도는 서로 달랐다. 혜자가 "한 미치광이가 동쪽으로 도망갔다. 뒤쫓는 자 역시 동쪽으로 달려갔는데, 그들이 동쪽으로 달려간 것은 같으나 동쪽으로 달려간 목적은 서로 다르다."라고 하였다. 그러므로 같은 일을 하는 사람에 대해서는 상세히 살피지 않을 수 없다고 말을 하는 것이다.

二十三.
세림 하

본편은 총 37개의 고사로 이루어져 있으며 각각의 고사는 모두 사람의 신지혜를 일깨우는 내용을 담고 있다.

백락(伯樂. 말의 외관을 보고 품급을 감정해 내는 능력이 뛰어났던 사람)이 두 사람에게 뒷발질 잘하는 말을 감별하는 법을 가르쳐 주고 조간자(趙簡子. 춘추시대 진晉의 재상 조앙趙鞅으로 시호가 간자이다)의 마구간에 가서 말을 살펴보게 했다. 한 사람이 한 필匹의 말을 골랐고, 다른 한 사람은 뒤에서 그 말을 살펴보고는 엉덩이를 세 번이나 툭툭 쳤는데도 말은 뒷발질을 하지 않았다. 말을 고른 사람이 자신의 감별이 잘못된 것 같다고 하자 다른 한 사람이 "당신의 선택이 잘못된 것이 아닙니다. 그 말은 어깨뼈가 휘어져 있고 앞다리에 종기가 있습니다. 말이 뒷발질하기 위해서는 앞다리에 의지해서 뒷다리를 올리는 것인데 종기가 나 있는 앞다리로는 몸을 지탱할 수 없기 때문에 뒷다리를 차올리지 못한 것입니다. 당신은 앞다리에 종기가 나 있는 것을 알아내지 못한 것이지 뒷발질 잘하는 말을 고르는 데 서툰 것이 아닙니다."라고 말했다. 인간만사人間萬事는 응당 합당한 결과가 생기기 마련이어서 앞다리에 종기가 생기면 몸을 지탱할 수 없는 것이니 이러한 이치는 오직 지혜로운 사람만이 아는 것이다.

혜자가 "민첩한 원숭이도 우리 안에 갇히면 우둔한 돼지와 다를 것이 없습니다."라고 했듯이 형세가 불리하면 재능을 펼칠 수가 없다.

위衛의 장수 문자文子가 증자曾子를 방문했는데 증자는 일어서지도 않고 윗사람만이 앉는 방향인 서남쪽의 상석上席을 차지하고서 자기 자리에 앉은 채로 문자를 맞이했다. 이에 문자는 마부에게 "증자는 정말 어리석은 사람이야! 나를 군자라고 생각했다면 나에게 경의를 표해야 했을 것이고 나를 무뢰한無賴漢이라 생각했다면 나를 멸시해야 했을 것이야. 증자가 아직 좌절하지 않은 것은 오직 운運일 뿐이야."라고 말했다.

주주翢翢라는 새가 있는데 머리는 무겁고 꽁지는 굽어 있어 강에서 물을 마시려고 하면 강으로 굴러떨어지곤 했다. 그래서 다른 한 마리의 새가 꽁지를 물어 굴러떨어지지 않게 하면서 물을 먹는다. 이처럼 사람도 일을 하고자 할 때 힘이 부족하면 다른 사람의 협력을 구할 수밖에 없다.

뱀장어는 뱀을 닮았고 누에는 뽕나무벌레와 비슷하다. 사람들은 뱀을 보면 놀라고 뽕나무벌레를 보면 징그러워 모발이 곤두선다. 그런데 어부들은 뱀장어를 손으로 만지고 여

자들은 누에를 치면서 무서워하지 않는다. 이처럼 이익을 위해서는 모두 맹분(孟賁, 전국시대 위나라 사람으로 소뿔을 손으로 뽑았다고 전한다)이나 전제(專諸, 춘추시대 오나라 사람으로 공자 광光을 위해 오왕 요僚를 시해했다고 한다)처럼 용감한 사람이 되는 것이다.

백락은 자기가 싫어하는 사람에게는 천리준마千里駿馬를 감별하는 법을 가르쳤고, 좋아하는 사람에게는 노마駑馬를 감별하는 법을 가르쳤다. 왜냐하면 천리준마는 흔치 않아 어쩌다 겨우 한두 마리가 있을 뿐이어서 이익을 얻으려면 시간이 많이 소요되지만, 노마는 그 수가 많아 매일 매매가 이루어져 짧은 시간 내에 이익을 얻을 수가 있기 때문이다. 이를 《주서》에서는 "평범한 말이 오히려 크게 쓰인다."라고 했다.

환혁桓赫이 말하길 "조각을 하는 요령을 말하자면 코는 될수록 크게 하고 눈은 작게 조각하는 것이 좋습니다. 왜냐하면 큰 코는 작게 고칠 수 있지만 처음에 작게 조각된 코는 크게 고칠 수 없으며, 작게 조각된 눈은 크게 고칠 수 있지만 크게 조각된 눈은 작게 고칠 수 없기 때문입니다. 모든 일이 이와 같아서 어떤 일이든지 나중에 고칠 수 있으면 잘못되는 일이 드문 것입니다."라고 했다.

숭후崇侯와 악래惡來는 자신들이 주왕紂王에게 처형당하지 않을 줄은 알았으면서 어찌 주왕이 무왕武王에 의해 망할 것은 몰랐으며, 비간과 오자서는 그 군주가 망할 것은 알았으면서 자신들이 군주의 미움을 받아 죽임을 당할 것은 어찌 몰랐다는 말인가? 말하자면 숭후와 악래는 군주의 마음은 알았으나 국사國事의 성쇠는 몰랐던 것이고, 비간과 오자서는 국사의 성쇠는 알았으나 군주의 마음을 몰랐던 것이니, 성인은 이 두 가지를 모두 갖추고 있는 것이다.

송나라의 재상은 막강한 권력을 갖고 있어 어떤 일도 제 마음대로 처리했다. 계자季子가 송의 군주를 만나러 간다는 말을 듣고는 양자梁子가 말하길 "송의 군주를 알현할 때 재상과 함께 알현하는 것이 좋을 것이오. 그렇지 않으면 재상의 의심을 사서 화를 면하기 어려울 것이오."라고 했다. 이 말을 듣고 계자는 송의 군주에게 국사는 재상에게 일임하시고 건강을 돌보시라고 간했던 것이다.

양주楊朱의 동생 양포楊布가 흰옷을 입고 외출했다가 비를 만나자 흰옷을 벗고는 검은 옷을 입은 채로 귀가하자 개가 양포인 줄 알아보지 못하고 짖어댔다. 양포가 이에 화가 나 개를 때리려고 하자 양주가 말리면서 말하길 "너 역시 이런 경우를 당하면 그러할 것인데 어찌 개를 때리려고 하느냐. 만약 개가 방금 전에 나갈 때는 흰색이었는데 검은색이 되어 돌아온다면 너도 이상하게 여길 것이 아니냐."라고 했다.

혜자가 말하길 "활의 명인 예羿가 깍지를 손가락에 끼우고 방패를 들고서 활시위를 당기면 미개한 월나라 사람일지라도 과녁을 들고 나설 것이지만 어린아이가 활시위를 당길 때에는 그 어머니라도 방 안으로 들어가 문을 걸어 잠글 것입니다. 이와 같이 믿음이 있으면 미개한 월나라 사람일지라도 예羿를 의심하거나 두려워하지 않지만 의심스러울 때는 그 어머니조차도 자기 자식을 피하게 됩니다."라고 하였다.

제나라 환공이 관중에게 물었다. "부유함의 한계가 있습니까?" 이에 관중이 "물物이 한계에 이르면 물物이 없어집니다. 부富가 한계에 이르면 스스로 만족하게 됩니다. 즉 사람들이 마땅히 만족하고 부에 대한 욕심을 버려야 함에도 그러지 못하고 부를 얻으려 하다 스스로 망해 버리는데 이것이 바로 부의 한계라 할 수 있습니다."라고 하였다.

송나라의 거상巨商 감지자監止子는 금 백 냥의 옥덩어리를 상인들이 앞다투어 사려고 하자 일부러 옥덩어리를 떨어뜨려 깨트리고는 금 백 냥을 변상하고서 그 옥덩어리를 차지했다. 감지자가 옥덩어리의 깨진 부분을 갈고 닦아서 가공하자 그 값어치는 천 일千鎰이나 되었다. 어떤 일을 시도하다 실패하는 경우가 있더라도 시도해 보지 아니함보다 나음은 이 경우를 가리키는 것이다.

초나라의 왕에게 수레 모는 재주를 보이고 싶어 하는 사람이 있었는데 여러 수레꾼들이 시기하자 "저는 사슴을 잘 다룰 수 있습니다."라고 말했다. 이렇게 하여 왕을 배알하게 되었고 왕이 수레를 몰았지만 사슴을 따라잡지 못했다. 그러나 그는 손쉽게 사슴을 따라잡았다. 왕이 그의 수레 모는 재주를 칭찬하자 이에 여러 수레꾼들이 자기를 시기했기 때문에 그렇게 말했었다고 털어놓았다.

초나라가 공손조(公孫朝, 영윤令尹 자서子西의 아들)에게 진陳나라를 정벌하도록 했는데 그의 장인丈人이 그를 떠나보내며 "북방의 진晉나라는 강성하니 신중해야만 할 것이다."라고 당부했다. 이에 공손조는 "장인어른, 걱정하실 필요 없습니다. 제가 장인어른을 위해 진晉나라를 평정하겠습니다."라고 대답했다. 이 말을 듣고서 그의 장인은 "그래 나는 이

제 진陳의 남문南門 밖에 기거해야 하겠구나."라고 말했다. 공손조가 "무엇 때문에 그곳에 기거하려고 하십니까?"라고 묻자, 장인은 "월나라의 구천을 비웃기 위함이야. 다른 나라를 정벌하는 일이 이렇게 쉬운 일이건만 그는 어찌하여 십 년이란 긴 세월 동안 고초를 겪었단 말인가."라고 말했다.

요임금이 허유許由에게 천하를 물려주려고 하자 허유는 도망쳐서 어떤 이의 집에 머물게 되었다. 그 집주인은 허유를 믿지 못하여 자신의 가죽 모자를 감추었다. 천하를 마다하고 도망쳐 온 사람을 도둑으로 의심해 가죽 모자를 감추다니 이것은 허유가 어떤 사람인지 모르는 까닭이다.

돼지에 기생하는 기생충 세 마리가 서로 다투고 있는 것을 지나가던 기생충이 보고서 "무엇 때문에 서로 싸우는 것이냐?"라고 물었다. 이에 세 마리의 기생충들은 "살찐 곳을 서로 차지하기 위해서 싸우는 것이다."라고 대답했다. 이에 지나가던 기생충은 "섣달그믐날이 다가오면 이 돼지는 띠풀을 태운 불에 그슬려질 것인데 지금 무엇을 하고 있느냐?"라고 말했다. 이 말을 듣고 기생충들은 함께 돼지의 피를 빨아댔고 이에 돼지는 점점 살이 빠져 사람들은 그 돼지를 잡아먹지 않았다.

회蚘라는 벌레가 있다. 몸은 하나인데 입이 두 개라, 두 개의 입이 서로 먹이를 다투어 물어뜯게 되어 결국에는 자신을 죽이고 만다. 신하 된 자들이 서로 다투다 결국 나라를 망하게 하는 경우 그 신하들은 이 회와 같은 족속이다.

집을 백분白粉으로 칠하고 그릇을 씻으면 깨끗해진다. 인생살이도 이와 다를 바가 없어 씻거나 백분을 바를 필요가 없어야 잘못이 적은 것이다.

공자公子 규糾가 노나라로 망명하여 제나라에 대한 반역을 꾀하고 있다는 소문을 듣고 환공이 사자를 보내어 그를 살피게 했다. 그 사자가 "공자 규는 우스운 일을 보아도 즐거워하지 않고 멍하니 딴생각에 잠겨 있는 것이 아마도 난리를 일으킬 것 같습니다."라고 보고하자 이에 노나라 사람을 보내어 그를 죽였다.

공손홍公孫弘이 월나라의 풍속을 따라 머리를 짧게 깎고 월왕의 기병騎兵이 되자 공손희公孫喜는 사람을 보내 절교를 선언하면서 "너와 나는 이제 더 이상 형제가 아니다."라고 말했다. 그러자 공손홍은 "나는 머리카락을 잘랐을 뿐이지만 그는 다른 사람을 위해 목숨을 바쳐 싸우고 있소. 내가 그에게 무슨 말을 하겠소?"라고 말했다. 후에 공손희는 주남周南에서 싸우다가 전사했다.

무뢰한과 이웃하여 사는 사람이 있었는데 집을 팔고 다른 곳으로 피하려고 했다. 그러자 사람들이 말리며 "그 무뢰한은 너무나도 많은 죄악을 저질러 왔으니 이제 곧 업보를 받게 될 것이오."라고 말했으나 그 사람은 "그렇게 되기 전에 나도 그에게 당하게 될까 두렵소."라고 대답하고는 떠나버렸다. 그래서 "위험한 징조가 있으면 지체하지 않는다."라는 말이 있다.

공자가 제자들에게 "누가 윤자서尹子西의 명예욕을 자제토록 이끌 수 있겠는가?"라고 하자 자공子貢이 "제가 하겠습니다."라고 말하고는 윤자서에게 충고했는데, 그는 아무런 걱정을 하지 않았다. 이에 공자는 "그는 포부가 원대하여 재리財利를 숨기지 않고, 품행이 정숙하며 심지가 굳어 굽은 것은 굽은 것이고 바른 것은 바르다는 식이어서 화를 면하기가 어렵겠구나."라고 했다. 과연 얼마 후 백공白公 승勝이 난리를 일으켜 자서는 죽임을 당했다. 그래서 "품행이 정직하다 해도 그 바라는 바가 좌절당할 수도 있다."라는 말이 있다.

진晋의 중행문자中行文子가 도망가다 어떤 마을을 지나가게 되었다. 시종이 "이 마을의 향관鄕官은 공의 옛 동료인데 왜 여기서 쉬어가지 않으십니까? 여기서 기다리면서 뒤따라오는 수레를 기다리시지요."라고 말했다. 문자가 "내가 전에 음률音律을 즐겼을 때 그는 나에게 금琴을 보내 주었다. 또 패옥佩玉을 좋아할 때는 옥환玉環을 보냈었다. 이처럼 그는 나의 잘못을 충고하려 하지 않고 내 뜻에 영합하려 하기만 했다. 이제 그가 나를 이용하여 다른 사람의 뜻에 영합할까 두렵다."라고 말하고는 급히 마을을 떠났다. 과연 그 향관은 뒤따라오던 두 대의 수레를 진晋의 군주에게 바쳤다.

주조周䈙가 궁타宮他에게 "저를 대신해 제나라 왕에게 '만약 위魏나라에서 권세를 잡도록 도와주시면 위나라가 제를 섬기게 하겠습니다.'라고 말해 주시오."라고 하자 궁타는 "아니 되오. 만약 그렇게 말하면 당신이 위나라에 아무런 세력을 갖고 있지 않음을 드러내게 되오. 제왕은 위나라에 아무런 세력이 없는 당신을 도와 위나라 권세가들의 원한을 사려고 하지는 않을 것이오. 그러니 '왕께서 바라신다면 신이 위나라가 왕을 받들도록 만들겠습니다.'라고 말하는 것이 좋을 것이오. 그렇게 말하면 제왕은 그대가 위나라에 세력이 있다고 여기게 되어 필히 그대를 믿을 것이니 공은 제나라의 도움을 얻을 것이고 이로 인해 위나라에서 권세를 얻게 될 것이오."라고 말했다.

백규白圭라는 사람이 송나라의 대윤大尹에게 말하길 "송나라의 군주가 장성하게 되면 친히 국정을 담당하게 될 것이오. 그렇게 되면 공은 할 일이 없게 될 것이오. 현재 송의 군주는 나이가 아직 어려 명예를 매우 중히 여기니, 초楚가 그의 효성을 칭찬케 함이 좋을 것이오. 그렇게 되면 태후太后가 공을 신뢰하게 되어 송의 군주는 공의 관직을 박탈하지 못하게 되고 공은 오래도록 송의 국정을 맡아볼 수 있을 것이오."라고 했다.

관중과 포숙이 서로 "제의 군주는 난행亂行이 극심하니, 필히 왕위를 잃을 것이오. 제의 공자 가운데 가히 군주로서 보필할 만한 이는 규 아니면 소백小白뿐이오. 그러니 우리 두 사람이 한 사람씩을 모시어 먼저 영달을 얻은 사람이 다른 사람을 천거해 주도록 합시다."라고 이야기하고는, 관중은 공자 규를, 포숙은 공자 소백을 보필했다. 나라 사람들이 과연 제왕을 시해하니 소백이 먼저 제나라로 돌아와 군주가 되었고 노나라 사람들은 관중을 잡아 제나라로 압송하였다. 이에 포숙이 관중을 극구 천거하여 재상의 자리에 오르게 되었다. 속담에 "무함(巫咸, 은殷 중종의 관리로 무술巫術에 뛰어났다고 전한다)이 제아무리 기도에 뛰어나도 자신에게 미칠 화를 막지 못하고, 편작(扁鵲, 전국시대의 명의)이 제아무리 의술에 뛰어나도 자기 몸을 치료할 수는 없다."라는 말이 있다. 관중같이 뛰어난 사람도 포숙의 도움을 얻어 영달을 얻었다. 이에 "노예가 자기의 가죽옷을 팔려고 해도 사람들은 의심스러워 선뜻 사려 하지 않을 것이고, 선비가 아무리 자기를 자랑해도 그 누구도 믿지 않을 것이다."라는 말이 있다.

초나라의 왕이 오나라를 정벌하려고 하자 오나라는 저위궐융沮衛蹶融을 시켜 술과 고기를 보내 초나라 군을 위로하게 했다. 초의 장군이 "이 자를 포박하라. 죽여서 그 피를 북에다 칠하라." 하고 소리치고는 궐융에게 묻기를, "너는 여기에 오면서 점을 쳤었느냐?"라고 하자 "점을 쳤었소."라고 대답했다. "길조였는가?"라고 물으니 "길조였소."라고 대답하자, 초나라 사람이 "지금 초의 장군이 너를 죽여 그 피를 북에 칠하려 하는데 어떻게 된 것이냐?"라고 물었다. 이에 저위궐융은 "그래서 길조인 것이오. 오나라에서 나를 보낸 것은 초 장군의 속셈을 살펴보기 위함이었소. 만약 장군이 노한다면 오나라는 도랑을 깊게 파고 둑을 높이 쌓아 방어할 것이고, 만약 노하지 않는다면 스스로 해이해져서 방심하게 될 것이오. 지금 장군이 나를 죽인다면 오나라는 경계를 게을리하지 않을 것이오. 내가 점을 친 것은 나라를 위함이었지 나 한 사람을 위함이 아니었소. 나 한 사람이 이 나라를 구할 수 있다면 어찌 길조가 아니겠소? 또 내가 죽어 신령함을 발하지 못하면 나의 피를 발라본들 아무런 소득이 없을 것이고, 신령스러움이 있다면 신은 북을 울리지 않을 것이오."라고 대답했다. 이 말을 듣고 초나라 사람들은 그를 죽이지 못했다.

지백이 구유仇由를 치려고 했으나 길이 험난하자 큰 종을 만들어 구유의 군주에게 보냈다. 군주는 크게 기뻐하며 종의 운반에 지장이 없도록 길을 넓히기로 했다. 이에 적장만지赤章曼枝는 "안 됩니다. 이렇게 함은 작은 나라가 큰 나라를 섬길 때 행하는 것인데, 지금 도리어 큰 나라가 작은 나라에 종을 보내니 반드시 군대가 뒤따라올 것입니다. 종을 받아서는 안 됩니다."라고 간언했다. 구유의 군주는 그의 말을 듣지 않고 종을 받아들였다. 이에 적장만지는 수레의 폭을 작게 하여 말을 다그쳐 제나라로 도망쳤다. 그가 제나라로 도망친 지 7개월 만에 구유는 멸망하고 말았다.

월나라는 오나라를 정벌하고 난 후 또 초에서 군사를 빌려 진晉을 침략했다. 이에 초의 좌사左史 의상倚相이 초왕에게 "월나라는 오나라를 쳐부수었습니다. 그러나 정예 병사들은 기운이 다했고 용사들은 생명을 잃었고 갑옷도 해어졌습니다. 그런데도 지금 우리에게 군사를 빌려 진을 공격하려고 하는 것은 우리에게 그들의 건재함을 보여 주려는 것입니다. 그러니 이때 우리가 출병하여 오의 땅을 나누어 가져야 합니다."라고 말했다. 이 말을 듣고 초왕은 "옳다." 하고는 군사를 일으켜 월나라 군사를 향해 진군했다. 월왕이 이에 크게 노하여 초군을 공격하려 하자 대부 문종文種이 "아니 되옵니다. 이미 우리 용사들은 목숨을 잃은 이가 많고 갑옷은 낡았습니다. 우리가 그들과 싸운다면 반드시 패할 것이니 땅을 나누어 줌이 상책입니다."라고 말했다. 이에 노산露山의 땅 오백 리를 나누어 주었다.

초나라가 진陳나라를 공격했을 때 오나라는 진나라를 구하기 위해 출병했다. 두 나라의 군대는 삼십 리의 거리를 두고 대치하고 있었는데, 10일 동안이나 비가 내리다가 날이 개어 밤에 별이 떠올랐다. 초나라의 좌사 의상이 자기

子期에게 "비가 열흘 동안 내리는 사이 적의 무기를 모으고 병졸을 집합시켜 오나라가 군대가 필시 공격할 것 같으니 대비해야만 할 것입니다."라고 말하고는 전열을 가다듬기 시작했다. 과연 진영이 갖추어지기 전에 오나라 군대가 쳐들어왔으나 초의 진영이 갖추어진 것을 보고는 후퇴했다. 이에 의상이 "오의 군대는 우리를 공격했다가 후퇴했으니 육십 리를 행군한 것입니다. 그러니 장수도 쉬어야 하고 병사들도 식사를 해야만 합니다. 지금 우리가 삼십 리를 행군하여 공격한다면 반드시 그들을 물리칠 수 있습니다."라고 말했다. 이에 자기는 의상의 말에 따라 오의 군사를 크게 무찔렀다.

한나라와 조나라 사이에 충돌이 일어나 한은 위나라에 군사를 청하면서 "조나라를 치기 위해 원병을 청합니다."라고 했으나, 위나라 문후는 "나와 조나라는 형제와 같은 사이여서 군대를 보낼 수 없소."라고 거절했다. 조나라가 또 한을 치기 위해 원병을 청했으나 문후는 "과인과 한은 형제와 같은 사이여서 원병을 보낼 수 없소."라고 거절했다. 두 나라는 모두 원병을 얻지 못해 화를 내면서 돌아갔다. 그러나 문후가 자기들을 화해시키려고 했음을 알고는 두 나라 모두 위나라를 받들었다.

　제나라가 노나라를 무너뜨리고는 노에게 참정讒鼎을 요구하니 노나라는 가짜를 보냈다. 제나라와 노나라 간에 '진짜다, 가짜다' 하고 서로 다투다, 제나라 사람들이 악정자춘(樂正子春, 증자曾子의 제자)을 오게 하여 그에게 물어보자고 하였다. 이에 노나라가 악정자춘을 청했다. 악정자춘이 "어찌하여 진짜를 보내지 않았습니까?"라고 묻자 노나라의 군주는 "매우 아끼는 물건이기 때문입니다."라고 대답했다. 그러자 악정자춘은 "저도 역시 저의 신의를 매우 아낍니다."라고 대답했다.

　한韓나라의 공자 구咎가 양왕襄王의 뒤를 이어 즉위했으나 아직 나라가 안정되지 않았다. 구의 동생 의슬蟻瑟은 주나라에 있었는데 주나라는 그를 한의 군주로 추대하려 했으나 한나라의 백성들이 그를 지지하지 않을까 두려워했다. 주나라의 신하인 기무회綦毋恢가 "백 대의 전차로 의슬을 호송하고 가서 의슬이 왕위에 오를 수 있으면 그를 보호하기 위해 파병했다고 하고, 그렇지 못하면 반역도를 데리고 왔다고 말하면 될 것입니다."라고 했다.

　제나라의 정곽군靖郭君이 설薛 지방에 성을 쌓으려 하자 많은 사람이 찾아와 그를 만류했다. 이에 정곽군은 손님을 들여보내지 말라고 청지기에게 일렀다. 제나라 사람 가운데 "저는 세 마디 말만 할 터이니 만나게 해 주시오. 세 마디 이상 말을 하면 나를 물에 넣어 삶아 죽여도 좋소."라고 말하며 만나기를 청하는 이가 있어 정곽군이 그를 만나보았다. 이 손님은 정곽군 앞으로 다가와 '해대어海大魚'라고 세 마디만 하고는 돌아가려 했다. 이에 정곽군이 "그 의미를 들려줄 수 있겠소?"라고 말하자 손님은 "저는 감히 죽음을 장난으로 생각지 않습니다."라고 대답했다. 정곽군이 다시 한 번 "나를 위해 그 말의 의미를 말해 줄 수는 없겠소?"라고 간청하자 대답하길 "군께서는 대어大魚가 있다는 말을 들은 적이 있으십니까? 그물로도 잡지 못하고 주살로도 잡지 못하나 요동치다 물 밖으로 나오게 되면 땅강아지나 개미가 물어뜯어도 어찌할 수가 없습니다. 제나라란 군에게 있어서는 바다와 같은 것입니다. 군께서 오랫동안 제나라에서 권세를 누린다면 설 땅에 성을 세워 무엇합니까. 만약 제나라에서 권세를 잃는다면 설의 성이 하늘에 닿도록 높이 솟아도 아무런 이익이 없을 것입니다."라고 했다. 이에 정곽군은 "그대의 말이 옳소."라고 시인하고는 성 쌓기를 그만두었다.

  초왕의 동생이 진秦나라에 사신으로 갔는데 진은 그를 돌려보내 주지 않았다. 중사中射의 자리에 있는 관리가 "저에게 백 금百金을 준다면 제가 구해 오겠습니다."라고 말했다. 그는 백 금을 싣고 진晉나라에 가서 숙향叔向을 찾아가 "초왕의 동생이 진秦에 잡혀 있는데 진나라가 돌려보내지 않고 있습니다. 그래서 백 금으로 그 일을 부탁드리고자 합니다."라고 말했다. 이에 숙향이 백 금을 받고는 진晉나라의 평공平公을 만나서 "우리는 호구성壺丘城을 쌓을 수 있습니다."라고 말했다. 평공이 "어째서 그런가?"라고 묻자 "초왕의 동생이 진秦나라에 잡혀 있는데 진나라가 돌려보내 주지 않고 있습니다. 이것은 진나라가 초나라를 미워하기 때문이니 우리가 호구성을 쌓더라도 감히 간섭지 못할 것입니다. 만약 못 쌓게 한다면 우리는 '초왕의 동생을 돌려보내 주어라. 그러면 우리도 성을 쌓지 않겠다'고 말하면 됩니다. 진秦나라가 만약 초왕의 동생을 돌려보내 준다면 우리는 초나라에 덕을 쌓게 됩니다. 만약 돌려보내 주지 않는다면 끝내 초나라와 관계가 좋지 않을 것이니 분명히 우리가 호구성 쌓는 것을 금하지 못할 것입니다."라고 말했다. 이에 평공이

"그렇다."라고 말하고는 호구에 성을 쌓기 시작했다. 그러고는 진공秦公에게 "우리를 위해 초왕의 동생을 돌려보내 주시오. 그러면 성을 쌓지 않겠소."라고 말했다. 그래서 진秦은 그를 돌려보냈다. 이에 초왕은 크게 기뻐하여 순금 백 일을 진晉나라에 보냈다.

오왕 합려가 초나라의 영郢을 공격했는데 세 번 싸워서 세 번 모두 이겼다. 왕이 자서子胥에게 "이제는 퇴각해도 좋지 않겠소?"라고 묻자 자서가 "사람이 물에 빠지더라도 한 모금을 마시고 그만둔다면 죽지 않을 것인데, 쉬지 않고 마시기 때문에 죽는 것입니다. 그래서 지금 기회가 생겼을 때 초나라를 완전히 꺾어버려야 할 것입니다."라고 대답했다.

정나라 사람에게 아들이 하나 있었는데 그 아들이 관직을 구하러 가면서 가족들에게 "무너진 담을 반드시 다시 쌓으십시오. 그렇지 않으면 악인이 물건을 훔쳐 갈 것입니다."라고 했다. 그 이웃 사람도 역시 그 가족들에게 같은 말을 했다. 그런데 제때에 담을 수리하지 않아 결국 도둑맞고 말았다. 이에 정나라 사람들은 그 아들은 총명하다고 말하고, 똑같은 말을 했던 그 이웃 사람은 도둑이 아닌가 의심했다.

二十四.
관행

관행觀行에서는 도道로써 자신을 시험하여 자신을 바로잡아야 함과, 가능한 형세形勢에 따라 행하기 쉬운 도를 구해야 함을 이야기하고 있는데 그 취지가 도가道家에 가깝다.

옛사람들은 눈이 있었으나 자신의 얼굴을 볼 수는 없었기에 거울로 자신의 얼굴을 비추어 보았고, 지혜가 있었으나 자신의 옳고 그름을 스스로 알기에는 부족했으므로 이에 도道로 자신을 바르게 했다. 거울에 얼굴의 작은 흉터가 비추어지는 것이 거울의 책임은 아니며, 도에 비추어 보아 잘못이 드러남이 도의 잘못이 아니다. 눈이 있더라도 거울이 없으면 수염이나 눈썹을 바르게 가다듬을 수 없으며 언행에 도를 잃어버리면 잘못 미혹迷惑에 빠져도 그것을 알 수가 없다.

서문표(西門豹, 위魏나라 사람)라는 사람은 성미가 매우 급해 부드러운 가죽을 가지고 다니면서 마음을 부드럽게 했으며, 동안우(董安于, 진晉나라 조간자의 가신家臣)는 마음이 너무 너그럽기만 하여 팽팽하게 당겨진 활시위를 가지고 다니면서 성미를 급하게 하려고 애를 썼다. 이처럼 어떤 일을 도모함에 있어 여유 있는 것으로 부족한 것을 보충하고, 긴 것으로 짧은 것을 이어주듯이 하면 현군賢君이라 일컬을 수 있다.

세상에는 만고불변萬古不變의 세 가지 진리가 있는데, 그

첫째는 지혜만으로 공을 세울 수 있음은 아니라는 것이며, 그 둘째는 힘만으로 거사擧事할 수 있음은 아니라는 것이며, 그 셋째는 강하다고 해서 언제나 이김은 아니라는 것이다.

그러한 연유로 요임금과 같은 지혜가 있더라도 여러 사람들의 도움을 얻을 수 없으면 큰 공을 세울 수 없다. 오획烏獲과 같은 천하장사도 사람들의 도움이 없으면 거사할 수 없으며, 고대의 용사인 맹분孟賁, 하육夏育과 같이 강하더라도 법술法術을 갖추고 있지 않으면 항상 이길 수 없는 것이다.

이처럼 세상에는 어떻게 할 수 없는 상황, 이룰 수 없는 일이 있는 법이다. 때문에 오획이 천균千鈞의 무게는 가벼이 움직이면서도 자기 몸은 무겁게 여기는 것은 제 몸이 천균의 무게보다 더 무거운 것이 아니라 그 상황이 순조롭지 않기 때문이다. 이주(離朱, 이루離婁라고도 하며, 시력이 아주 좋았던 사람)가 백 보百步 밖의 물체도 똑똑하게 볼 수 있으면서 자기의 눈썹을 볼 수 없는 것은 백 보의 거리가 가깝고 눈썹이 멀리에 있는 것이 아니라 이치를 따져 보자면 눈썹을 보는 것이 불가능하기 때문이다.

그러한 까닭에 현명한 군주는 오획이 자기 몸조차 일으키지 못한다고 해서 문책하지 않으며, 이주가 자기 눈썹을 보지 못한다고 해서 비난하지 않는다. 순조로운 상황 아래 쉬운 방법을 사용한다면 힘이 부족하더라도 공명을 얻을 수 있다. 때에는 성쇠가 있고 일에는 이해利害가 있고 사람에게는 생사가 있다. 군주 된 사람이 이 세 가지로 인해 기쁨, 슬픔의 내색을 하게 되면 금석과 같이 지조가 굳은 사람도 군주에게서 마음이 멀어지게 되고, 성현들도 군주 마음의 얕고 깊음을 넘볼 것이다.

그런 연유로 현명한 군주는 사람됨을 잘 살피어 곤란한 일은 시키지 않고, 남이 자신을 관찰하지 못하게 한다. 요임금도 혼자서는 큰 공을 이룰 수 없었고 오획도 자기 몸을 일으킬 수 없었으며 맹분과 하육도 항상 승리하지는 못했다는 점을 깨닫는 것이 사람의 행위를 관찰하는 방법의 전부라 할 수 있다.

二十五.
안위

안위 安危 에서는 국가를 혼란스럽게 하는 여섯 가지 행동과 국가를 안정시키는 일곱 가지 방법 등 나라를 다스리는 도리를 설명하고 있다.

나라를 안정되게 하는 방법에 일곱 가지가 있고 위태롭게 하는 길에 여섯 가지가 있다. 나라를 안정되게 하는 방법은 첫째, 옳고 그름에 따라 상과 벌을 주어야 하며 둘째, 선악에 따라 화복이 내려져야 하며 셋째, 사람을 죽이고 살리는 일은 법도에 따라 이루어져야 하며 넷째, 사람을 평가할 때 좋아하고 싫어하는 선입견으로 그 사람의 현명함, 우매함을 평가해서는 안 되며 다섯째, 인재를 등용함에 있어서는 세간의 훼예毁譽에 구애됨 없이 그 사람의 우매함, 지혜로움으로 결정해야 하며 여섯째, 어떤 일을 함에 있어서는 일정한 표준에 따라야지 결코 억측臆測에 따라서는 안 되며 일곱째, 백성을 다스림에 있어서는 믿음이 있어야 하며 거짓이 있어서는 안 된다는 것이다.

나라를 위태롭게 하는 길은 첫째, 사사로이 법률을 고치는 일이며 둘째, 임의로 법률을 폐지하는 일이며 셋째, 자신의 이익을 위해 다른 사람에게 해를 끼치는 일이며 넷째, 다른 사람의 불행을 즐거워하는 일이며 다섯째, 다른 사람의 평안을 위태롭게 하는 일이며 여섯째, 사랑해야 할 바를 가까이하지 않으며 미워할 바를 멀리하지 않는 것이다. 이렇게 되면 사람들은 삶의 즐거움을 잃게 되고 죽음에 대한 두려움을 잊게 된다. 사람들이 삶을 즐거워하지 않으면 군주가 존경받지 못하게 되며, 죽음을 두려워하지 않게 되면 법령이 잘 행해지지 않게 된다.

천하의 모든 사람이 지혜와 역량을 다해 표준과 법도를 따르면 어떤 일이라도 행하기만 하면 성공할 것이고, 가만히 있더라도 마음이 평온할 것이다. 천하를 다스림에 있어 사람들이 삶을 즐거워함이 옳고 자신의 몸만을 아끼는 것이 그릇됨을 알게 한다면 소인은 줄어들고 군자는 점점 많아져 사직은 길이 보존되고 국가는 오래오래 평안할 것이다.

멋대로 달리는 마차에 지혜로운 공자가 타고 있을 리 없고 뒤집히려고 하는 배 안에 지혜롭고 청렴한 백이 같은 사람이 있을 수가 없다. 호령은 나라의 배나 마차와 같은 것이어서 그것이 안정되면 지혜롭고 겸양을 갖춘 사람들이 나타나지만 위태로우면 어리석기만 한 다툼만이 일어날 뿐이다. 이처럼 국가를 평안하게 하는 방법이란, 배가 고프면 먹을 수 있게 하고 추우면 옷을 입을 수 있게 하는 것으로, 그렇게 하면 호령하지 않더라도 자연히 평안하게 되는 것이다.

옛날의 성군은 그 법도를 전적典籍에 남기고 있는데, 자연의 도리에 따르고 있기에 후대에도 이 법도를 받들고 있다.

오늘에 이르러서는 배가 고파도 먹을 수 없고 추워도 옷을 입을 수 없기에 맹분, 하육 같은 용사도 그 용맹을 발휘하지 못하게 되었고, 자연의 법도를 어겼기 때문에 요임금, 순임금 같은 성군이라 하더라도 성공을 거둘 수 없게 되었다. 용맹스럽고 성실한 사람들이 그 재능을 다 펴지 못하니 군주가 나라를 평안하게 할 수 없음은 당연한 일이다. 군주된 자가 탐욕을 부려 백성들이 더 이상 공물을 바치지 않는다고 질책만 한다면 백성들은 이제 더 이상 남은 것은 없다며 반감을 갖게 될 것이고, 이렇게 되면 법도를 소홀히 대할 것이다. 법도로 말미암아 나라가 다스려지는 것이어서 백성들이 법도를 경시하게 되면 공을 세울 수도, 이름을 천하에 떨칠 수도 없게 된다.

옛날에 명의 편작은 중병을 치료할 때 칼로 뼈를 잘랐다고 한다. 또 성인이 위태로운 국가를 구하고자 했을 때는 군주의 귀에 거슬리는 간언을 서슴지 않았다고 한다. 뼈를 자름은 당장은 몸에 조금의 고통을 주지만 이로써 몸이 다시 건강해지는 이로움을 누릴 것이며, 귀에 거슬리는 간언은 잠시 기분이 상하겠지만 오랫동안 나라가 복을 누리게 해준다. 그래서 중병을 앓는 사람은 고통을 참아야만 병이 나을 수 있고, 의지가 꿋꿋한 군주는 충간을 받아들여 나라를 복되게 한다.

고통을 참아야만 편작이 그의 의술을 다 발휘할 수 있고, 귀에 거슬리는 간언이 받아들여져야 오자서 같은 충신이 좌절하지 않고 그 자신과 나라를 위한 정책을 펼칠 수가 있다.

병이 있음에도 작은 고통을 참지 않는다면 편작 같은 명의도 그 의술을 펼치지 못할 것이며, 나라가 위태로움에도 귀에 거슬린다고 하여 충언을 듣지 않으려 한다면 성인이라도 그 뜻을 펼치지 못하게 된다. 이처럼 이로움이 오랫동안 지속되지 않으면 공명도 영원히 존립할 수가 없다.

군주 된 사람이 그 자신은 요임금처럼 선정을 베풀려고 노력하지 않으면서 신하들은 모두 오자서 같은 충신이길 바라는 것은 은나라의 모든 백성이 비간처럼 충성스럽기를 바라는 것과 다를 바 없다. 모든 백성이 비간처럼 충성스럽다면 위로 군주는 나라를 잃지 않을 것이고, 아래로 백성들은 생명을 보전할 수 있을 것이다. 신하들의 됨됨이를 생각하지 않고서 모두들 비간 같은 충신이길 바란다면 전성자와 같은 간신이 나타나 나라가 위태로워질 것이다. 요순堯舜이 베풀었던 선정을 버리고 걸주桀紂가 행했던 악정을 실시한다면 백성들의 장점은 더 이상 발전되지 못하고 단점은 메워 볼 생각도 할 수 없는 것이다. 장점을 더 이상 발전시키지 못하니 나라에 아무런 공이 있을 수 없고 단점을 메울 수 없으니 백성들은 삶을 즐거워하지 않을 것이다. 공을 세우지 못한 군주가 삶을 즐거워하지 않는 백성들을 다스리려고 해도 그 다스림은 일반 백성들에게 미치지 않는다. 이와 같이 되면 군주는 백성을 부릴 수 없고 백성들은 군주를 받들지 않게 된다.

나라가 위태로워지느냐 평안해지느냐는 옳고 그름을 가리지 않음에 있는 것이지 그 나라의 강하고 약함에 있는 것이 아니며, 나라의 존망은 그 나라가 허장성세虛張聲勢냐 실속이 있느냐에 달려 있지 백성의 수가 많고 적음에 달려 있는 것은 아니다. 이처럼 제나라는 전차를 만 대나 가진 큰 나라였지만 허울만 그럴듯하여 군주가 국정을 이끌지 못하고 실질적 역량을 키우지 못해 신하가 나라를 찬탈할 수 있었다. 은나라는 만민을 다스리는 천자의 나라였으나 옳고 그름을 가리지도 않고 공업功業이 없음에도 상을 내리고 참언讒言과 아첨만을 일삼는 무리들이 사악한 방법으로 높은 지위를 차지했고, 죄 없는 사람을 처형했고 날 때부터 꼽추인 사람의 등을 갈라 바르게 하려 했으니 오래갈 수 없었다.

이처럼 거짓됨을 옳다고 하고 천성天性을 그르다고 하였기에 주와 같은 작은 나라가 은과 같은 큰 나라를 이길 수 있었다. 현명한 군주는 나라 안을 공고히 하므로 나라 밖에서 패하지 않는다. 나라 안을 다스림에 있어 실수가 있으면서 멀리 나라 밖에서 패하지 않은 사람이 없다. 이런 연유로 주나라가 은나라를 빼앗기란 정원에서 물건을 줍는 것처럼 용이한 일이었다. 만약 은나라의 조정에 빈틈이 없었더라면 주나라는 변경에서 꼼짝도 할 수 없었을 것인데 어찌 천자의 자리를 찬탈할 생각을 할 수 있었겠는가.

현명한 군주의 다스림은 법도에 어긋나지 않으며 그 법도는 백성들의 바람과도 부합하는 것이어서 백성들을 다스림에 그를 받들고 후세에도 그를 기리는 것이다. 요임금은 당시 굳은 약속이 없었음에도 그의 다스림은 널리 크게 미쳤고 순임금은 척촌尺寸의 영토도 없었지만 그의 덕이 멀리 후세에까지 이어졌다. 이처럼 도를 세우고 그 덕이 멀리 후세에까지 미친다면 가히 현명한 군주라 할 수 있다.

二十六.
수도

수도守道는 국가를 보전하는 방법이란 의미이며, 본편에서는 법도를 세움에 있어서 상을 풍족하게 하고 위세 또한 족하게 해야만 권선징악 할 수 있고 그렇게 함으로써 국가를 보존할 수 있음을 말하고 있다.

성왕聖王이 창제한 법률은 포상의 기준이 엄정하여 선을 권하기에 족하고 위엄이 넘쳐 포악함을 억제하기에 족하여 법률의 효능을 족히 다할 수 있다. 나라를 다스리는 신하들 가운데 공이 큰 사람은 지위를 높게 해 주고 힘을 다한 사람은 상을 후하게 내리고 정성을 다한 사람은 명예를 얻도록 해야 한다. 그러면 선한 일이 봄에 만물이 새싹을 피우듯이 많이 생기고 악한 일은 가을에 낙엽이 지듯이 없어지게 된다. 백성들은 힘을 다해 선을 권장하고 즐거이 정성을 다하니 이것을 일러 군주와 백성이 서로 잘 어우러졌다고 말할 수 있다. 군주와 백성이 잘 어우러짐에 힘을 쓰는 자들은 법도를 따라 진秦나라의 장사 임비任鄙와 같은 사람이 되려고 애쓰고, 싸움에 나가서는 죽음을 두려워하지 않고 맹분, 하육 같은 용사가 되길 원하며, 도를 지키고자 하는 사람은 모두 금석 같은 굳은 절조를 가져 오자서와 같이 절개를 지키며 죽기를 원하게 된다. 힘을 쓰는 사람은 임비처럼 되려 하고 싸움에 있어서는 맹분, 하육 같은 용사가 되려 하며, 금석같이 굳은 마음을 가진다면 군주는 베개를 높이 베고 편안히 쉬고 있어도 나라는 평안하기만 할 것이다.

옛날 나라를 잘 다스렸던 사람은 백성들이 가장 중요하게 여기는 것으로 가벼이 여기는 것을 금지했으며, 백성들이 가장 두려워하는 것으로 가장 소홀히 하는 것을 그치게 했다. 그러면 군자나 소인배 모두가 정직하게 될 것이고, 도척盜跖 같은 대도大盜도 증자曾子, 사어(史魚. 춘추시대 위나라의 대부로 사추史鰌라 하기도 한다) 같은 청렴한 인물이 될 것이다. 어떻게 그렇게 될 것을 알겠는가? 탐욕에 가득 찬 도둑이라도 계곡 아래로 내려가 황금을 가지려고 하지 않는데 그렇게 하면 생명을 보존하기 힘든 까닭이다. 맹분, 하육 같은 용사라도 적의 역량을 헤아려 보지 않고 싸운다면 그 용명을 오래 이어갈 수 없다. 도척이라 할지라도 손익을 헤아려 보지 않고는 이익을 얻을 수 없는 것이다.

현명한 군주는 금령禁令을 집행하여 맹분, 하육도 언제나 이길 수 없게 제재를 가하며, 도척 같은 도둑도 탈취하지 못하게 한다. 이처럼 맹분, 하육 같은 용사도 범할 수 없는 금령을 만들고 도척 같은 대도도 뺏을 수 없도록 금령을 지키면 난폭함도 근후하게 되고 사악함도 정직하게 된다. 이와 같이 용사도 함부로 행동하지 않고 대도도 선량하게 되면 온 천하가 무사공평無事公平하게 되고 백성들의 마음도 순정純正해진다.

군주 된 자가 법도를 저버리고 백성들의 신망을 잃어버리면 백이같이 청렴한 사람들이야 소란을 일으키지 않겠지만 전성자나 도척 같은 이들의 환란은 피할 수가 없다. 지금 천하를 둘러보니 백이 같은 이는 한 사람도 보이지 않으면서 간사한 사람들은 뒤를 이어 나타나니 법도를 세워야만 한다. 법도가 확실하면 백이 같은 이들은 그 옳음을 잃지 않을 것이고 도척 같은 이들도 잘못을 저지를 수 없게 된다. 법이 분명하면 재주가 있다고 해서 우매한 사람들을 핍박하지 못하고 강하다고 해서 약자를 침해할 수 없으며 무리가 많다고 해서 소수를 억누를 수 없다. 천하를 요임금의 법도로 다스리면 충정忠貞한 선비는 그 분수를 지키고 간사한 이들은 감히 요행을 바라지 못한다. 천금이나 되는 많은 돈도 명궁 예羿에게 보호를 맡긴다면 백이인들 빼앗기지 않을 것이고 도척이라도 감히 빼앗을 수 없을 것이다.

요임금의 명찰明察함은 간사함을 용납지 않을 것이니 천하에 사악함이 사라질 것이고, 예羿는 활을 쏘아 실수가 없으므로 천금을 잃지 않을 것이다. 이와 같이 되면 책에 재여

(宰予. 춘추시대 노나라 사람으로 공자의 제자)나 육경六卿의 무리 같은 난신들이 기록될 리가 없고, 오자서나 부차에 관한 일도 기록될 리가 없다. 또 손오(孫吳. 춘추시대의 손무孫武와 전국시대의 오기吳起로 용병술에 뛰어났고 병법서를 남겼다)의 병법도 자연히 쓸모가 없어질 것이며 도척의 욕심도 자연히 없어질 것이다. 군주는 나라 근심에 부릅뜬 눈으로 이를 악문 채 한탄할 필요 없이 금전옥루金殿玉樓에서 화려한 생활을 즐길 수 있고, 신하들도 실의에 빠져 분노하며 탄식할 일 없이 굳건한 성안에서 옷자락 휘날리며 팔짱낀 채 여유롭게 있을 수 있다. 우리를 사용치 않고서 호랑이를 굴복시키고, 법도를 제정치 않고 간사함이 없게 하고, 증명서를 사용하지 않고 거짓을 막기란 맹분, 하육 같은 용사도 힘들어 했고, 요순 같은 현군도 어려워했다.

울타리를 만들어 호랑이를 굴복시킴은 쥐를 방어하기 위함이 아니라 연약한 사람일지라도 능히 호랑이를 제압할 수 있게 하기 위함이며, 법도를 세움은 증자, 사어 같은 군자를 상대하기 위함이 아니라 혼용한 군주라도 도척 같은 무리를 막을 수 있게 하기 위함이다. 또 증서를 만드는 것은 미생(尾生. 약속을 잘 지켰던 사람으로 다리 밑에서 여인을 만나기로 약속했다가

물이 차는데도 그녀를 기다리다 죽었다고 한다)같이 믿음이 두터운 사람에게 적용하기 위함이 아니라 사람들이 서로 속이지 않게 하기 위함이다. 비간같이 목숨을 아끼지 않는 충절을 바라지 말고, 또 난신의 환란이 없음을 요행으로 여기지 말고, 약한 사람이 능히 강한 사람을 제압할 수 있게 하고, 무능한 군주라도 쉽게 집행할 수 있는 법도에 의지해야 한다.

오늘날 군주를 위해 충심을 다해 보필하고 백성을 위해 은덕을 베푸는 것보다 이로운 것은 없다. 이렇게 하면 군주는 망국의 우환이 없을 것이고 충신은 목숨을 잃을지도 모른다는 걱정에서 벗어날 것이다. 관직을 높이고 상을 내림이 법도에 따라 분명하면 사람들은 법도에 따라 힘을 다할 것이고, 관직에 있는 자는 충절을 위해서 목숨도 버릴 것이다. 맹분, 하육의 용기를 안다면 무모하게 목숨을 버리지 않을 것이고, 도척의 탐욕을 안다면 한갓 재물을 위해 생명을 버리지는 않을 것이니 나라를 지키기 위한 방법은 모두 갖추어진 것이다.

二十七.
용인

용인用人에서는 군주가 인재를 중용할 때 법도에 따라야 함을 말하고 있는데 사상은 법가의 사상과 부합하나 염치, 인의 등을 내세운 것은 오두五蠹편과 상반된다.

옛말에 의하면 인재를 선용善用했던 사람은 반드시 천리에 따르고 인정에 순응하여 상벌을 공과에 따라 분명히 했다고 한다. 천리에 따르니 힘을 적게 들여도 공이 이루어지고, 인정에 순응하니 형벌을 내리는 일이 드물어도 명령이 잘 행해지며 상벌을 구분하여 시행하니 백이의 청렴과 도척의 탐욕이 혼돈되지 아니하여 시비와 선악이 분명하게 구별된다.

이러한 나라의 신하 된 자는 국가를 위하여 공을 세워 작위爵位를 받고 백성들에게 재능을 펴 보이니 관직에 오르고 법도를 준수하여 맡은 바 일을 완수하기에 힘쓴다. 신하들 모두 재능에 알맞은 일을 하니 그 관직을 감당함에 남음이 있고 맡은 일을 쉽게 이루어 낸다. 그럼에도 여력이 있다고 생각하는 이는 한 사람도 없으니 겸직의 부담을 지려고 하지는 않는다. 그런 연유로 가슴에 사무친 원한이 있을 수 없고 밖으로 조괄趙括과 같은 화를 당하지 않는다. 현명한 군주는 신하들의 맡은 바 직책에 간섭하지 않으니 쟁변爭辯이 일어나지 않고 신하들에게 겸직을 시키지 않으니 그 재능이 여유롭게 향상되며 여러 사람이 함께 일하게 하지 않으니 서로 공을 다투지 않는다. 이처럼 쟁변이 그치고 저마다 재능이 더욱 발전하니 강약을 겨루지 아니하고 세상에는 빙탄氷炭과 같은 대립이 없게 되고 세상의 어느 나라도 해롭게 하지 않으니 이것이 다스림의 최고 경지이다. 법도를 무시하고 자기 임의대로 나라를 다스린다면 요임금이라도 나라를 바르게 다스리지 못할 것이다.

규구(規矩. 규規는 고대의 원을 그리는 기구이고 구矩는 고대의 방형方形을 그리는 기구)를 사용하지 않고 함부로 억측만을 일삼는다면 해중(奚仲. 하왕조 우왕 때 마차의 장인으로, 처음으로 마차를 만들었다고 전한다)이라 하더라도 한 대의 마차도 만들지 못할 것이다. 자 없이 길고 짧음을 구분하는 일은 왕이(王爾. 고대의 뛰어난 장인)라도 반도 맞추지 못할 것이다. 평범한 군주라도 법도를 지키고 졸렬한 장인匠人이라도 자를 사용한다면 나랏일이나 목수 일에 한 치의 오차도 없을 것이다. 그러므로 군주 된 사람은 성현이나 뛰어난 장인도 쉽게 이루지 못하는 방법이 아니라 보통 수준의 장인이라도 실수하지 않는 방법을 적용하여 힘을 다한다면 공명을 이룰 수 있다.

현명한 군주는 능히 얻을 수 있는 포상 제도를 제정하고 능히 피할 수 있는 형벌 제도를 제정한다. 그런 연유로 현자는 상을 얻기 위해 힘을 다할 뿐 오자서와 같은 화를 입지 않고, 어리석은 자들도 죄를 저지르지 않으려고 힘써 꼽추의 등을 펴겠다고 꼽추의 등을 가르는 일을 하지 않으며, 맹인도 평지에서 거처하여 깊은 계곡으로 떨어지는 일이 없고 우매한 사람도 조용히 있을 뿐 위험에 빠지지 않는다. 이처럼 군주와 신하가 서로 은애恩愛로 맺어진다.

옛사람이 말하길 "사람의 마음은 알 수 없는 것이어서 희로喜怒의 감정은 추측할 수가 없다."라고 했다. 그래서 표지를 만들어 눈에 보이게 하고 북을 쳐서 귀에 들리게 하며 법을 제정하여 그 마음을 다스린다.

군주가 이 세 가지 쉬운 방법을 버리고 추측하기 힘든 마음만 따라 행동하게 되면 윗사람은 분노가 쌓이게 되고 아랫사람은 원한이 쌓이게 된다. 이처럼 윗사람은 분노가 쌓이고 아랫사람은 원한이 쌓이면 양쪽 다 위태로워진다. 현명한 군주의 표지는 눈에 쉽게 띄어 기꺼이 약속할 수 있고, 그 가르침은 이해하기 쉬워 말을 듣고 따르며 그 법도는 따르기가 쉬워 명령이 잘 시행된다. 이 세 가지가 이루어지게 되면 군주 된 사람은 사심을 버리고 신하 된 사람은 법도를 준수해 표지만 봐도 이에 따라 행동하고 먹줄을 따라 나무를 자르고 잘린 부분을 따라 꿰매게 되니, 윗사람은 개인적 위엄만을 내세우는 독해毒害를 끼치지 않고 아랫사람은 우매하거나 졸렬하다고 해서 형벌을 받지 않는다. 그래서 윗사람은 화내는 일 없이 현명한 지혜를 가지게 되고 아랫사람은 죄를 짓지 않고 충성을 다한다.

"어떤 일을 행하면서 아무런 결점이 없게 함은 요임금이라도 쉬이 할 수 없다."라는 말이 있다. 그래서 세상에는 변고가 없을 수 없는 것이다. 군주 된 사람이 작록爵祿을 흔쾌히 베풀어 신하들이 부귀를 쉽게 얻을 수 있게 하지 않으면 나라의 위급을 구할 수 없다. 그래서 현명한 군주는 염치에 힘쓰고 인의를 내세운다. 옛날 개자추介子推는 아무런 작록도 받지 못했으면서 의로써 문공을 따랐고, 문공이 허기를 참지 못하자 자신의 허벅지 살을 베어 먹이는 인을 행했다. 그래서 군주는 그 선행을 기려 기록으로 남겼다. 군주는 사람들이 공(公: 국가)을 위해 힘을 다함에 기뻐하고, 사(私: 개인)를 위해 군주의 권위를 탈취함에 괴로워한다. 신하 된 자는 재능에 알맞은 관직을 맡으면 안도하고, 한 사람이 두 가지 일을 맡게 되면 괴로워한다. 그래서 현명한 군주는 신하들이 괴로워하는 일을 없애 주고, 군주에게 즐거운 일을 행하니 군주, 신하 양쪽의 이익을 위하여 이것보다 나은 것은 없다. 가령 권신의 내정을 살피지 않고, 중대한 일을 가벼이 넘겨버리고 가벼운 죄에도 엄한 벌을 내리고 조그만 실수를 오랫동안 원망하고 항상 순간적 쾌락만을 추구한다면 거듭 덕을 베풀더라도 재난을 초래하게 된다. 이것은 마치 손을 끊어버리고 옥수(玉手)를 붙이는 것과 같은 일이다. 그래서 세상에는 찬탈(篡奪)의 근심이 끊이지 않는 것이다.

군주 된 자가 백성들이 지키기 어려운 법률을 제정하여 어길 때마다 사정을 두지 않고 처벌하면 백성들은 사사로이 원한을 갖게 된다. 신하들이 그들의 장점을 잃어버리고 그들의 임무를 만족스럽게 해내지 못하면 점점 원한이 쌓이게 된다. 힘들고 괴로운 사람을 위로하지 않고, 슬퍼하고 근심에 쌓인 사람을 가여워하지 않고, 자기 기분 기쁘다고 해서 소인배를 칭찬하고, 현명한 사람과 우둔한 사람을 똑같이 포상하고, 화난다고 해서 군자에게 해를 입히고, 백이 같은 사람이 도척 같은 사람과 함께 욕을 당하게 되면 신하들은 군주를 배반하게 된다.

만약 연나라의 군주가 안으로 자기 백성을 미워하고 밖으로 노나라 백성들만을 사랑한다면 연나라 백성들은 그 군주를 위해 일하지 않고 노나라 백성들도 그에게 귀의하지는 않을 것이다. 연나라 백성들은 미움을 받았으므로 힘을 다해 공을 세우려 하지 않고 노나라 백성들은 사랑을 받았으나 목숨을 버리면서까지 연나라 왕을 가까이하려고 하지는 않는다. 이처럼 신하들이 나라에 해만 끼친다면 군주는 누구의 도움도 얻지 못하고 홀로 설 수밖에 없다. 빈틈만 노리는 신하가 누구의 도움도 얻지 못하는 군주를 보필한다면 이것은 매우 큰 위험이다.

활을 쏘는 데 과녁을 버리고 마음대로 쏜다면 비록 매우 작은 물건에 명중했다고 하더라도 교묘하다 인정받지 못하며 법도를 저버리고 마음 내키는 대로 화를 내면 살육당한다 할지라도 간사한 무리들이 두려워하지 않게 된다. 죄는 갑이 지었는데 화는 을에게 돌아가면 원한이 쌓이게 된다.

그래서 잘 다스려지는 나라에서는 상벌을 시행함에 있어 개인적 희로의 감정이 개재되지 않는다. 그런 연유로 성인은 형법에 따라 극형을 내려도 죽은 사람을 욕되게 하지는 않으니 간사한 사람도 복종하게 된다. 화살이 과녁에 명중하는 것처럼 상벌이 법도에 맞게 되면 요임금과 명궁 예가 부활한 것과 다름없다 하겠다. 이렇게 되면 군주는 걸임금,

주 임금처럼 패망하지 않을 것이고 신하들도 비간과 같은 참화를 당하지 않을 것이다. 그래서 군주는 높이 베개 베고 쉴 수 있으며 신하들은 그 소임을 즐거이 이행하게 되니 도는 천지를 뒤덮고 덕은 만세에 이어진다.

군주 된 사람이 구멍을 메우지는 않고 백토白土, 적토赤土를 칠하기에 힘쓴다면 폭풍, 질우疾雨에는 반드시 무너질 것이다. 눈앞의 화를 막지는 않고 맹분, 하육 같은 용사의 죽음만을 경모하고, 내부의 근심에는 주의하지 않고 멀리 변경의 금성金城만을 견고히 하며, 조정 현사들의 모의는 받아들이지 않고 천 리 먼 곳의 대국과 친교를 맺으려고 한다. 이런 상황에서 일단 환란이 일어나면 맹분, 하육 같은 용사로도 구하지 못하며 우호 관계에 있는 대국의 힘도 미치지 못하니 이보다 더 큰 화는 없다. 오늘날 군주를 위한 충성스러운 계책은 비유하자면 연나라 왕이 노나라 사람을 아끼지 않게 하고, 옛날 성현들의 치적을 경모하지 않게 하고, 물에 빠진 사람을 구하기 위해 멀리 월나라 사람에게 도움을 청하지 않게 하는 것이다. 이와 같이 군주와 신하가 서로 아끼며 나라 안에서 공업을 이룩하면 멀리 나라 밖까지 명성이 자자하게 된다.

二十八.
공명

공명功名에서는 군주가 공업功業을 이루는 방법을 설명하고 있는데, 공업을 이루는 중요한 요소로 천시天時, 인심人心, 기능技能, 세위勢位의 네 가지를 이야기하고, 그중에서 세위의 중요성을 특별히 강조하고 있다.

 현명한 군주가 공명을 이룰 수 있는 네 가지 요인은 천시天時, 인심人心, 기능技能, 세위勢位라고 할 수 있다. 천시를 어기고는 비록 열 명의 요임금이라 할지라도 겨울에 이삭 하나를 얻을 수 없고, 인심을 거스르고는 맹분, 하육이라도 백성들이 힘을 다해 일하게 할 수 없다. 그런 연유로 천시에 맞으면 애쓰지 않아도 곡식이 저절로 자라며 인심을 얻으면 독촉하지 않아도 백성들 스스로 힘을 다할 것이다. 기능을 이용하면 재촉하지 않아도 자연히 신속하게 이루어지며, 세위를 얻으면 힘써 나아가지 않아도 공명이 저절로 이루어진다. 흐르는 물과 같이, 떠 있는 배와 같이 자연의 법칙을 지키며 지속적인 정책을 펴 나가면 가히 현명한 군주라 일컬을 수 있다.

 재능이 있어도 세위(권세, 지위)가 없으면 현명하더라도 용렬한 사람을 다스리지 못한다. 이처럼 일 척 높이의 나무가 높은 산 위에 서서 천 인(仞, 길이의 단위로 8척尺 혹은 7척이 1인仞이다) 깊이의 계곡을 내려다보는 것은 그 나무가 큰 것이 아니고 그 위치가 높기 때문이다.

걸임금이 천자가 되어 천하를 능히 제압할 수 있었던 것은 그가 현명했기 때문이 아니라 그 권세가 컸기 때문이다. 요임금이 한갓 필부匹夫에 불과했다면 세 가구의 집도 잘 다스리지 못했을 것인데 그것은 그가 무능해서가 아니라 그의 지위가 낮기 때문이다. 천 균(千鈞, 균鈞은 중량의 단위로 30근斤이 1균鈞이다) 무게의 물건도 배에 실으면 물에 뜨지만, 치수(錙銖, 고대 중량의 단위로 6수銖가 1치錙, 24수銖가 1냥兩이다) 무게의 가벼운 것도 배에 싣지 않으면 물속에 가라앉는다. 이는 천 균이 가볍고 치수가 무거운 것이 아니라 의지할 세력이 있고 없음의 차이다.

키 작은 나무가 높이 임할 수 있는 것은 높은 곳에 자리잡았기 때문이고 우둔한 자가 현명한 사람을 제압할 수 있는 것은 권세 때문이다. 군주 된 사람은 천하의 모든 이가 힘을 모아 받드니 그 권세가 안정되고, 모두가 한마음으로 그를 지지하니 그의 지위가 존귀하게 된다. 신하 된 자는 자신의 장점을 지키고, 가진 바 능력을 다하니 충성스러워진다. 존귀한 군주가 충성스러운 신하를 다스린다면 길이 안락을 누리게 되고 공명이 이루어질 것이다. 명목과 실질이 서로 부합하여 이루어지고 얼굴과 그림자가 서로 상응하여 이루어지듯이 군주와 신하도 그 바라는 바는 같고 맡은 바 임무가 다를 뿐이다.

군주의 근심은 군주와 신하가 함께 어우러지지 못하는 데 있다. 그래서 "한 손으로 손뼉을 치면 아무리 빨리 쳐도 소리가 나지 않는다."라는 말이 있다. 신하의 근심은 한 가지 일에만 전념하지 못하는 데 있다. 그래서 "오른손은 원을 그리고 왼손은 네모를 그리면 둘 다 잘 그려지지 않는다."라는 말이 있고, 또 "정치가 잘 행해지는 나라에서는 군주는 북채와 같고 신하는 북과 같으며, 신하의 재능은 수레와 같고 그 임무는 말과 같다."라는 말도 있다.

사람이 여력이 있으면 어떤 일에나 적응하기 쉽고 재주에 교묘함이 남아 있으면 어떤 일이나 쉽게 할 수 있다. 공을 세우고자 하는 사람이 힘이 부족하거나 측근들의 믿음이 부족하고, 명성을 얻고자 하는 사람이 세력이 부족하고 가까운 사람과는 친하나 멀리 있는 사람과는 친밀하지 못할 때 명목과 실질이 상응하지 못하는 것이다. 성인의 덕이 요순과 같고 품행이 백이와 같아도 지위와 세력이 없으면 공도 이룰 수 없으며 명성 또한 얻지 못한다. 그래서 옛날에 공명을 이루었던 사람은 여러 사람이 힘을 합해 그를 도왔고 측근들은 신의를 지키며 그를 지지했고 멀리 있는 사람들도 그 이름을 칭찬했고 존귀한 사람들은 그 권세를 더해 주었던 것이다. 이렇게 하여 태산 같은 큰 공이 길이 나라에 세워지고 일월日月 같은 찬란한 명예가 오래도록 천지에 두드러진다. 이것이 요임금이 군주의 지위에 올라 명예를 지켰고 순임금이 신하의 위치에서 공을 세울 수 있었던 연유이다.

二十九.
대체

대체大體는 정체整體, 요령要領의 의미이다. 본편에서는 정치는 대체를 장악하고 법도에 의존하여 사람들이 법을 어기는 죄를 짓지 않도록 해야 함을 말하고 있어 도가의 사상에 가까운 점이 있다.

옛날 대체大體를 갖추었던 사람들은 천지와 강해江海를 바라보며, 산이 높으므로 깊은 계곡이 생기고 일월日月이 널리 두루 비추며 어김없이 사계절이 변화하고 구름이 덮이면 바람이 일어나는 이치를 배웠다. 지혜가 양심을 해쳐서는 안 되며 사욕으로 인해 인격이 손상당해도 안 된다. 법술에 따라 난리를 다스려야 하고 상벌로 시비를 가려야 하며 저울로 경중을 가려야 한다. 하늘의 이치에 어긋나서는 안 되며 사람의 본성을 해쳐서도 안 된다. 털을 불어서 작은 부스럼을 찾아내서는 안 되며 구태여 더러운 때를 씻어내고 숨겨진 것을 찾아내서도 안 된다. 목수는 나무를 자를 때 먹줄 밖으로 잘라도 안 되고 먹줄 안으로 잘라도 안 된다. 법도의 한계 너머까지 채근해서도 안 되며 그 한계 안에서는 해이해서도 안 된다.

자연에 의거하여 정해진 이치를 지킬 뿐이다. 개인의 화복은 도법道法에 의해 결정되는 것이지 윗사람의 애오愛惡의 감정에 의해 결정되는 것은 아니며, 개개인의 영욕榮辱은 자신에게 원인이 있고 다른 사람에 있는 것이 아니다.

그래서 태평성세에는 법도가 마치 아침 이슬과도 같이 순박純樸하고 정명精明하여 마음속에 원한이 쌓일 리 없고, 입으로 불만을 토로할 이유도 없다. 그래서 먼 원정길에도 마차가 피폐해지지 않으며 군대의 깃발이 산과 늪에서 서로 뒤엉키는 경우도 없으며 백성들이 오랑캐를 정벌하다 목숨을 잃는 경우도 없고 웅준雄俊한 용사가 전장에서 희생되지도 않으니, 호걸의 이름이 전적典籍에 기록되는 일도 없고 그들의 공훈이 기구에 새겨지는 일도 없으며 사서史書도 백지로 비어 있게 된다.

그래서 "간략한 것보다 큰 이로움은 없고 평안함보다 더 오래 이어지는 복은 없다."라는 말이 있다. 석공이 천수를 누린다면 규구規矩와 먹줄을 사용해서 태산을 바로잡아보려고 할 것이고, 맹분, 하육이 간장干將과 같은 보검寶劍을 얻는다면 만민을 다스리려고 할 것이다. 그러나 아무리 재주가 뛰어나고 위엄이 있다 해도 태산을 바로잡을 수는 없고 만민을 다스릴 수는 없다. 그래서 옛날 천하를 다스리던 자는 석공에게 재주를 다한들 결국 태산의 모양을 해치고 마는 그런 일은 시키지 않았고, 맹분, 하육 같은 용사에게 힘을 다 쏟아 결국 만민의 마음을 해치고 마는 그런 일은 시키지 않았다. 자연의 도리를 따르니 사회의 법도가 바로 서고, 간사함이 사라지고 군자는 세상을 즐길 뿐이다. 동요하지 않고 평안히 천명을 따르고 대체를 지키니 법을 어겨 죄짓는 이도 없고 고기가 물을 잃는 화가 없게 된다. 이렇게 되면 천하에 환란이 줄어들게 된다.

천자天子가 하늘 같지 않으면 만민을 거느릴 수 없고, 천자의 마음이 땅과 같지 않으면 만물을 포용할 수 없다. 태산은 한 줌 흙에 호오好惡의 감정이 없기에 그렇게 높이 솟을 수 있었고, 강과 바다는 작은 시냇물을 꺼리지 않았기에 그처럼 풍부해진 것이다. 그래서 천자는 천지의 형세를 간직하고 있어 만물이 구비되고 산과 바다의 높고 깊음에 마음을 두니 국가가 부유해진다. 군주가 분노하여 독해毒害를 끼치는 일이 없으니 백성들 또한 원한이 쌓여 환란을 일으키지 않는다. 이처럼 군주와 백성 서로가 순박함을 나누고 도법道法에 의거하면 길이 이로움이 쌓이고 대공이 이루어져 생전에 명예를 얻을 것이고 후세에 덕이 이어질 것이다. 이것이 다스림의 극치인 것이다.

현대인을 위한 고전 다시 읽기 06
한비자1

보급판 1쇄 인쇄 · 2018. 7. 1.
보급판 1쇄 발행 · 2018. 7. 15.

발행인 · 이상용 이성훈
발행처 · 청아출판사
출판등록 · 1979. 11. 13. 제9-84호

주소 · 경기도 파주시 회동길 363-15
전화 · 031-955-6031 팩시밀리 · 031-955-6036
E-mail · chungabook@naver.com

ISBN 978-89-368-1134-1 04800
ISBN 978-89-368-1128-0 04800 (세트)

Copyright ⓒ 2018 by 청아출판사
저자의 동의 없이 사진과 내용의 일부를 인용하거나 발췌하는 것을 금합니다.

* 잘못된 책은 구입한 서점에서 바꾸어 드립니다.
* 본 도서에 대한 문의 사항은 이메일을 통해 주십시오.